Schatzkammer rheinisches Braunkohlenrevier.
Geschichten aus der Vergangenheit

Eine Veröffentlichung
der Stiftung zur Förderung der Archäologie im rheinischen Braunkohlenrevier

herausgegeben durch

Thomas Otten
Milena Karabaic
Rolf Schönewerk

zum 20-jährigen Stiftungsjubiläum am 17. Mai 2010

Carl Dietmar

Schatzkammer
rheinisches Braunkohlenrevier

Geschichten aus der Vergangenheit

Verlag Philipp von Zabern · Mainz

Impressum

168 Seiten mit 84 Farb- und 5 Schwarzweißabbildungen

Titel: Dokumentation eines römischen Brunnens im Braunkohlentagebau Garzweiler (oben) und Münzen aus dem keltischen Schatzfund von Niederzier (unten).
Rückseite: Beisetzung eines jungsteinzeitlichen Clanchefs.

Bibliografische Information der Deutschen Nationalbibliothek
Die Deutsche Nationalbibliothek verzeichnet diese Publikation in der Deutschen Nationalbibliografie; detaillierte bibliografische Daten sind im Internet über *http://dnb.d-nb.de abrufbar.*

Weitere Publikationen aus unserem Programm finden Sie unter:
www.zabern.de

© 2010 by Verlag Philipp von Zabern, Mainz

ISBN: 978-3-8053-4246-9 (Buchhandelsausgabe)
ISBN: 978-3-8053-4263-6 (Stiftungsausgabe)

Redaktion: Michaela Aufleger, Michaela Diepenseifen und Andrea Schenk,
LVR-Amt für Bodendenkmalpflege im Rheinland
Gestaltung: Gerald Habel, Scancomp GmbH Wiesbaden
Printed in Germany by Philipp von Zabern
Printed on fade resistant and archival quality paper (PH 7 neutral) · tcf

Inhalt

Vorwort

Die Gewinnung von Kohle hat in Nordrhein-Westfalen, dem einstigen Land der Zechen und Stahlwerke, der Kumpels und Stahlkocher, eine lange Tradition. Doch während die Steinkohleförderung im Ruhrrevier mehr und mehr eingestellt wurde, liefern die Braunkohlentagebaue im Rheinland weiterhin einen Beitrag zur Energieversorgung der Bundesrepublik Deutschland. Seitdem die Braunkohle vollmechanisiert im so genannten „Tagebau" gefördert wird, ist es zu einschneidenden Veränderungen der historisch gewachsenen und seit jeher dicht besiedelten Landschaft in den Abbaugebieten gekommen. Diese in der Fachsprache als „Konversion" bezeichneten Veränderungen fanden und finden in einer traditionsreichen Kulturlandschaft statt. Im Zuge von Rekultivierungsmaßnahmen ist eine Umwelt in neuer Form entstanden.

In gleichem Maße, wie die Entstehung der Braunkohle bis in das Tertiär zurückreicht, entstammt auch die archäologische und paläontologische Substanz, die bei der Braunkohlengewinnung angetroffen wird, vergleichbar weit zurückliegenden Epochen.

Die Bodendenkmalpflege versucht, den Verlust an „Zeitzeugen" rheinischer Landschafts- und Kulturgeschichte, vor allem der Vor- und Frühgeschichte, des Mittelalters und auch der Neuzeit, so weit wie möglich zu kompensieren. Es ist ihr Anliegen, Bau- und Bodendenkmäler, Altsiedlungen und Ortschaften – und damit auch die regionale Identität – durch Forschung und Dokumentation zumindest als „Urkunden" der Nachwelt zu erhalten.

Die rheinische Archäologie und Bodendenkmalpflege hat sich daher seit Langem der wissenschaftlichen Erforschung dieser historisch gewachsenen Kulturlandschaft und ihrer archäologischen Relikte verschrieben. Sie ist dazu seit dem Jahr 1990 in besonderem Maße in der Lage, wurde seinerzeit doch in einer beispielhaften Kooperation zwischen dem Land Nordrhein-Westfalen, der Rheinbraun AG, wie sie damals noch hieß, und dem Landschaftsverband Rheinland als Träger der amtlichen Bodendenkmalpflege die Stiftung zur Förderung der Archäologie im rheinischen Braunkohlenrevier – kurz: Archäologiestiftung – gegründet. Bundesweit gibt es keine zweite Archäologiestiftung vergleichbaren Umfangs und Ausstattung.

Die Gründung vor nunmehr 20 Jahren erforderte von den Akteuren Weitsicht, Durchsetzungskraft und Geschick, galt es in den Jahren bis 1995 doch, die Stiftung mit einer genügenden Kapitaldecke auszustatten, um die per Satzung festgelegten, anspruchsvollen Ziele zu erfüllen.

Gleich zu Beginn war klar, dass die Stiftung Schwerpunkte setzen musste. Denn jährlich wurden mehr als 300 Hektar Land in Anspruch genommen. Welche Ziele setzte sich die Stiftung also? Welche Strategien entwickelte sie, um den Befunden den größtmöglichen archäologischen Ertrag und Erkenntniszuwachs abzuringen?

Die Stiftung konzentrierte sich von Anfang an ganz wesentlich auf modellhafte Forschungsvorhaben; im Rahmen von Prospektionen und Ausgrabungen stehen die Entwicklung und Verfeinerung archäologischer Methoden und Technologien im Vordergrund. Die Fragestellungen lassen sich meist nur aufgrund großflächiger Untersuchungen und der damit möglichen Komparatistik und Mengenstatistik in angestrebter Schärfe fassen. Als Beispiel seien die Forschungen zur jungsteinzeitlichen Besiedlung des Rheinlandes genannt. Auswertung, Dokumentation und Publikation dieser Forschungsarbeit kommen nicht zuletzt der Förderung des wissenschaftlichen Nachwuchses zugute.

Die ungeheure Menge an Grabungsdokumentationen und Fundmaterial, an Archivalien und Sekundärquellen, die es wissenschaftlich aufzuarbeiten gilt, kann nur durch die Vergabe von Stipendien an Studierende sowie Magister-, Promotions- und Habilitationskandidaten in vertretbarer Zeit bewältigt werden.

Durch die enge Kooperation mit Forschungsinstituten und Universitäten, insbesondere den Universitäten Köln und Bonn, sind bis heute mehr als 200 Förderprojekte entstanden, darunter allein 60 Promotionen, die mit einer Summe von über 10 Millionen Euro gefördert wurden.

Um ein derartiges Programm in nur 20 Jahren Stiftungszeit umzusetzen, bedarf es neben einer entsprechenden finanziellen Ausstattung auch einer günstigen Konstellation von Einrichtungen, die sich einer Sache verschreiben und sich über das eigentliche Stiftungsgeschäft hinaus engagieren. Neben den Kapitalgebern der Stiftung, der RWE Power AG und dem Land Nordrhein-Westfalen, ermöglichte erst der Landschaftsverband Rheinland mit seiner Fachdienststelle, dem LVR-Amt für Bodendenkmalpflege im Rheinland mit seinem breiten gesetzlichen Aufgabenspektrum, die intensive Betreuung von Projekten und Stipendiaten, aber auch von Besucherinnen und Besuchern zahlreicher Veranstaltungen der Stiftung. Der Landschaftsverband Rheinland führt die Geschäftsstelle der Stiftung sowie die Außenstelle in Titz-Höllen, deren Mitarbeiter alle archäologischen Projekte im rheinischen Braunkohlenrevier betreuen.

Ob in Politik oder Verwaltung, Unternehmen oder Wissenschaft: Überall standen hinter der Stiftung engagierte Menschen, die die Bewahrung, Dokumentation und Erforschung des historischen Erbes der Region zu ihrer gemeinsamen Sache machten. Daran hat sich bis heute nichts geändert.

Als gemeinnützige Einrichtung trägt die Archäologiestiftung gleichzeitig auch eine hohe Verantwortung gegenüber der Öffentlichkeit. Die Bürgerinnen und Bürger haben ein berechtigtes Interesse an der Kulturlandschaft des rheinischen Braunkohlenreviers. Seine Geschichte wird durch Ausstellungen, durch öffentliche Führungen zu Ausgrabungsbereichen, durch Veranstaltungen in den Dienststellen der Bodendenkmalpflege erlebbar gemacht. Die Besucherzahlen beim jährlichen „Tag der Archäologie", an dem aktuelle Ausgrabungen besichtigt, die schönsten Funde des vergangenen Jahres ausgestellt und neueste Projekte der Archäologen erklärt werden, sprechen für sich.

Auch die Verleihung des „Archäologiepreises" für besondere wissenschaftliche Arbeiten gehört zu dieser Verantwortung. Der Preis ist nicht nur in der Fachwelt, sondern auch in der Öffentlichkeit auf große Resonanz gestoßen – was sicher auch an den faszinierenden und spannenden Geschichten liegt, die die Archäologen den Befunden und Funden entlocken.

Dies hat die Herausgeber auch bewogen, für diesen Jubiläumsband ein besonderes Konzept und Format zu wählen – man war sich einig, keine wissenschaftliche Publikation, keine Reihung neuester Forschungsberichte oder Detailstudien, sondern ein äußerst interessant geschriebenes Lesebuch zur Geschichte einer Jahrtausende alten Kulturlandschaft herauszugeben. Die Idee und Konzeption dazu ist Professor Dr. Heinz Günter Horn zu verdanken, der Dr. Carl Dietmar als Autor gewinnen konnte. Dieser hat es verstanden – unterstützt von den Wissenschaftlern des LVR-Amtes für Bodendenkmalpflege im Rheinland –, aus den Erkenntnissen archäologischer und historischer Forschung gleichermaßen spannende wie wissenschaftlich fundierte Geschichten zu erzählen, die uns mitten hinein in die lebendige Welt der Archäologie führen – für diese Leistung gebührt ihm unser großer Dank.

Dr. Thomas Otten
Ministerium für Bauen und Verkehr
des Landes Nordrhein-Westfalen

Milena Karabaic
LVR-Dezernentin
Kultur und Umwelt

Dr. Rolf Schönewerk
Chefjustitiar
der RWE Power AG

Die letzte Hinterlassenschaft des Neandertalers

Eine altsteinzeitliche Jagdstation auf dem Kahlenberg (Jülich-Kirchberg/Kreis Düren)

Im Sommer 1998 förderten Grabungen auf dem Kahlenberg (bei Jülich-Kirchberg), die im Vorfeld des Braunkohlentagebaus Inden durchgeführt wurden, umfangreiches Fundmaterial zutage, das der mittleren Altsteinzeit zugeordnet werden konnte (vor etwa 50 000–40 000 Jahren). Gefunden wurden hauptsächlich Feuersteinartefakte, darunter beidseitig bearbeitete Geräte, etwa Faustkeile und Halbkeile. Der Kahlenberg, ein Geländesporn, der im Westen und Südwesten zum Schlangengraben, einem kleinen Parallelbach des Merzbachs, abfiel, gilt als der fundreichste mittelpaläolithische Platz des rheinischen Braunkohlenreviers. Die Fundstücke vom Kahlenberg, der vermutlich als Jagdstation genutzt wurde, gehören nach Auffassung der Archäologen zu den „letzten kulturellen Hinterlassenschaften des Neandertalers"; vor etwa 40 000 Jahren trat nämlich der moderne Mensch, der *homo sapiens sapiens*, erstmals in Europa auf – und verdrängte auch im Rheinland allmählich den Neandertaler.

Der Älteste, den alle nur „Elch" nennen, blickt lange um sich.

Er war vom Ufer aus auf den kleinen Hang hinaufgestiegen, von wo man einen freien Blick auf das Umland hat. Einige Pappeln, Birken und Erlen boten hier oben Schatten.

Schließlich hat er sich dafür entschieden, an dieser Stelle zu lagern.

Von hier aus, so dachte er, konnten die Männer Ausschau halten nach dem Wild, das den Fluss als Tränke nutzte. Der Fluss bot aber auch ihm und seinen Gefährten frisches Trinkwasser – und im Flussbett und im Flussschotter hatte er reichlich Steinknollen gefunden, die zu Werkzeugen verarbeitet werden konnten, Faustkeilen, Schabern, Bohrern und dergleichen mehr.

Er rief den am Ufer wartenden Männern zu, ihm zu folgen. Die Gruppe bestand aus sechs erwachsenen Männern und zwei Heranwachsenden, sie schritten langsam den Hang empor, man hörte Stöhnen und Fluchen, denn alle waren schwer bepackt, mit Speeren, mit Keilmessern und mit Beuteln, in denen sich weitere Steinwerkzeuge befanden. Zwei der Männer trugen große Fleischstücke von Beutetieren mit sich. Sie schwitzten, die meisten der stark behaarten Männer hatten wegen der großen Wärme lediglich Lederstücke um die Lenden geschlungen.

Der „Elch" machte ihnen klar, dass sie hier an dieser Stelle, am Rand des Tales, ihr Lager aufschlagen sollten. Die Männer sahen sich um, sie drückten mit Gesten und Grunzen ihre Zustimmung aus. „Guter Platz für Jagd", sagte einer. Er ließ seinen Speer fallen und setzte sich erst einmal auf den Boden, andere begannen aus Ästen und Schilfgräsern kleine Hütten zu bauen.

Die Sonne stand nur noch halbhoch am Himmel, als der „Elch" mit den beiden Jugendlichen zum Ufer hinabkletterte, um Feuersteinknollen zu sammeln. Es bedurfte keiner großen Anstrengung, in kurzer Zeit hatten sie eine große Menge zusammen, die sie zum Lager schleppten.

Zwei der Männer beauftragte der „Elch", nach dem Wild Ausschau zu halten, zwei andere teilten mit ihren Feuersteinmessern das Fleisch, der Rest der Gruppe machte sich daran, die dem Flussschotter entnommenen Flintknollen zu zerlegen. Mit einem wei-

Messer und Spitzschaber gehörten zu den Gerätschaften des Neandertalers, die technologisch perfekt gearbeitet waren.

cheren Stein versetzten sie dem harten Feuerstein gezielte Schläge, die sie schon hunderte Male vollführt hatten, indem sie die Knollen mit dem mitgebrachten Werkzeug bearbeiteten. Nur die besten durch Abschlag entstandenen Kernsteine sollten sie weiterverarbeiten, nach Fehlschlägen wurden die misslungenen weggeworfen.

Einer der Jäger hatte inzwischen ein Feuer entfacht, indem er mit einem kleinen Stein auf den Rand eines Kieselsteins schlug, bis Funken flogen. Die Funken fielen auf ein Stück getrockneten Baumpilzes, der sofort erglomm und in ein Stück Birkenrinde eingerollt wurde. Der Mann blies kräftig in den glimmenden Zunder, bis eine kleine Flamme hervorloderte, und nährte diese mit kleinen Ästen.

Das Feuer brannte.

Nun konnten sie das Fleisch, das sie mit sich geführt hatten, zu einer wohlschmeckenden Mahlzeit zubereiten.

Alle Jäger waren guter Dinge. Einige holten Wasser und Feuerholz, andere hatten sich schon niedergelassen. Die Jungen suchten sich gegenseitig nach Zecken und anderem Ungeziefer ab, das sie im Laufe des Tages befallen hatte. Der „Elch" saß an der Feuerstelle – und mit einer kleinen Steinspitze kürzte er seinen mächtigen Bart.

Die Horde, die der „Elch" genannte Älteste anführte, gehörte zu einer Menschenart, die nach ihrem bekanntesten Fundplatz, dem Neandertal bei Düsseldorf, benannt wurde. Dort wurden 1856 menschliche Fossilfunde geborgen, die heute im LVR-LandesMuseum Bonn aufbewahrt werden. Am Fundplatz selbst, in Mettmann, dokumentiert seit 1996 das „Neanderthal Museum" die Fundgeschichte, die seinerzeit eine Sensation war – gleichzeitig wird den Besuchern die Entstehungs- und Urgeschichte des Menschen erfahrbar gemacht.

Heute weiß man durch moderne Analysen, dass die Erbgut-Sequenz (DNA) des Neandertalers, des *homo neanderthalensis*, sich deutlich von jener des *homo sapiens* unterscheidet. Die gemeinsame Wurzel dieser beiden Arten dürfte daher, so eine Annahme, auf eine Zeit vor 550 000 bis 690 000 Jahren zurückreichen. Es ließ sich auch keine engere Verwandtschaft des Neandertalers zur europäischen Bevölkerung noch zu Teilen asiatischer, afrikanischer oder australisch-ozeanischer Bevölkerungsgruppen feststellen.

Die ersten bekannten Neandertaler traten in der letzten Zwischeneiszeit auf, vor rund 125 000 Jahren. Während dieser etwa 10 000 Jahre dauernden Warmzeit war das Klima in Deutschland etwa um zwei Grad Celsius wärmer und feuchter als heute. Große Laubwälder breiteten sich aus. Die Wälder waren der Lebensraum für Waldelefant, Waldnashorn, Hirsch, Flusspferd, Wildschwein, Löwe und Bär. In den Grasfluren weideten Pferde, Wisente und Auerochsen. Sippen und Gruppen der Neandertaler hielten sich vornehmlich an Flussufern und an Seen auf, die gleichzeitig die wichtigsten Verbindungswege zwischen den Gruppen darstellten.

Aus dieser Zeit stammen auch die frühesten Hinweise auf das Vorkommen des Neandertalers im Rheinland. Wissenschaftler des LVR-Amts für Bodendenkmalpflege im Rheinland fanden 2006 in einem Grabungsfeld, das wie der Kahlenberg im Bereich des Braunkohlentagebaus Inden liegt, drei ovale Vertiefungen, die nach ersten Erkenntnissen Behausungen waren. Im weiteren Umkreis entdeckte man 600 Werkzeuge aus Feuerstein, die offensichtlich zum Schneiden von Fell oder Fleisch verwendet worden sind. Die Wissenschaftler gehen davon aus, dass Feuersteingeröll an der Erdoberfläche die Neandertaler an diesem Platz zum Bleiben bewogen hat. Aus dem Feuerstein stellten die Neandertaler nämlich exakt Werkzeuge der Art her, wie sie auch in unmittelbarer Nähe der Behausungen gefunden wurden, eine Art Messer mit Rücken und Schneidenabschlag, Klingen und ein Faustkeil. Das Alter dieses Neandertalerlagers wurde auf etwa 120 000 Jahre datiert.

Dagegen ist die Jagdstation am Kahlenberg wesentlich jünger – anhand des Fundmaterials ordnete man sie in die Zeit des sogenannten „Micoquien" (benannt nach einem Fundort in Frankreich) ein, ans Ende des europäischen Mittelpaläolithikums (vor etwa 50 000–40 000 Jahren). Damals hatten sich die Klimaverhältnisse dramatisch geändert. Vor etwa 75 000 Jahren begann eine Zeit, die durch immer schnellere und heftigere Klimaumschwünge geprägt war – ausgelöst durch den Golfstrom, der in verschieden langen Intervallen, manchmal über mehrere Tausend Jahre, ausbleiben konnte und so in Europa Kaltphasen hervorrief; seinem Wiederauftreten folgten Warmphasen, in denen die durchschnittliche Temperatur heutige Werte erreichte, mit hohen Temperaturen im Sommer, denen sehr kalte Winter gegenüberstanden. Eine Folge des Wechselklimas war, dass sich keine ausgedehnten Wälder in Mitteleuropa halten konnten; in den Kaltphasen bildete die Steppentundra die vorherrschende Vegetation. Die Neandertaler jagten nun auch kleinere Pelztiere wie Fuchs und Hase, um das Fell der Tiere zu Kleidung zu verarbeiten. In erster Linie war der Neandertaler aber Großwildjäger – Mammut, Moschusochse, Bison, Rentier, Hirsch, Bär und Pferd: Das waren die Beutetiere, die er bevorzugt bejagte.

Am Horizont zeigte sich die aufgehende Sonne. Die Jäger der kleinen Gruppe schliefen noch, zugedeckt mit Fellen und Lederdecken. Vor den Hütten glommen zwei Feuerstellen.

Es war der „Elch", der als Erster wach wurde. Ein wenig schläfrig kroch er aus seiner Hütte. Er streckte sich, dann griff er sich ein Stück Keule, das über der Feuerstelle lag und an dem sich noch etwas Fleisch befand, und biss zu. Bevor er seine Notdurft verrichtete, warf er ein Bündel Äste ins Feuer, um es wieder zu entfachen.

Später, als alle wach sind, setzen sich die Männer um eine Feuerstelle. „Wir brauchen frisches Fleisch", sagt der „Elch" und alle nicken. Der „Elch" deutet reihum auf die erwachsenen Männer und sagt: „Wir gehen jagen." Die Jungen, so schlägt er vor, sollen die Waffen und Geräte ausbessern, sie sollen das Feuer bewachen und am Feuer die Klingen der Feuersteinmesser schärfen. Als in der Ferne eine Herde Wildpferde sichtbar wird, schlagen sich die Männer an die Brust und stoßen Kampfschreie aus – die Jagd kann beginnen.

Der „Elch" schickt zwei der Männer voraus, sie sollen der Herde folgen und die Tiere beobachten. Er und die anderen Männer wollen, bevor sie die Jagd aufnehmen, im Fluss baden – und sie wollen ein Bienennest ausräuchern, das einer der Jäger entdeckt hat. Alle freuen sich auf den süßen Honig. Doch plötzlich springen alle auf – einer der Männer, die der „Elch" vorausgeschickt hat, steht am Ufer, er hält seinen Speer über den Kopf und er schreit unablässig: „Mammut! Mammut! Mammut!"

Alle aus der Gruppe rennen den Hügel hinunter, der „Elch" ist als Erster unten, er fragt den Mann: „Wo ist das Mammut?"

Der Jäger ist noch außer Atem. Er zeigt in den Laubwald, der ganz in der Nähe beginnt. „Mammut, ein großes Mammut!" Die Männer folgen dem Jäger, der ihnen den Weg weist. Nicht weit vom Fluss entfernt liegt ein kleiner See. Und dann sehen sie alle das Tier – im seichten Ufergewässer liegt ein Mammutbulle. Er ist offensichtlich nicht zum Trinken ins Wasser gestiegen, es ist ein geschwächter Bulle, das erkennt der „Elch" sofort, ein verletztes Tier, das seine Wunden kühlen, seine Schmerzen lindern will. Sein Leiden, das ist allen klar, macht es unaufmerksam, macht es zu einer leichten Beute für die Gruppe. Die Männer stoßen begeisterte Laute aus.

Der „Elch" legt den Zeigefinger auf seine Lippen. Er bedeutet den Männern, dass er als Erster angreifen werde, dass er als Erster seinen Holzspeer in den Leib des mächtigen Tieres stoßen werde. Die Männer sind einverstanden, der „Elch" ist der stärkste, der geschickteste Jäger, das wissen alle. Ohne dass das Mammut es gewahr wird, rennt der „Elch" ins Uferwasser – das Tier stößt einen durchdringenden Schmerzenslaut aus, als seine rechte Seite vom Speer des „Elchs" durchbohrt wird. Es erhebt sich taumelnd, versucht, den „Elch" mit einem Schlag seines Rüssels zu treffen, dann richtet es seine gewaltigen Stoßzähne ge-

gen die Männer, die nun ebenfalls von allen Seiten in den mächtigen Leib einstechen. Aus zahlreichen Wunden spritzt Blut heraus, das sich mit dem Seewasser vermischt. Doch weil das Mammut schon tief in den Seeboden eingesunken ist, kann es sich nicht wenden und drehen, das Tier ist den Angriffen der Jäger fast wehrlos ausgesetzt. Schließlich knickt es ein und fällt auf die Seite – die Männer stoßen ein ausgelassenes Triumphgeheul aus, als der verendende Koloss zusammenbricht. Nur seine rechte Seite und der Kopf ragen noch aus dem Wasser. Einer der Jäger springt auf den Leib des Tieres, das nur noch pfeifende Klagelaute ausstößt – mit einem großen Stein schlägt er wie von Sinnen auf den Kopf des Mammuts ein.

„Das Mammut ist tot, große Jäger haben das Mammut getötet", sagt der „Elch", als das Tier sein Leben ausgehaucht hat.

Die Männer sind außer sich, sie stoßen Schreie aus, bespritzen sich mit Wasser – und sie tanzen lachend um den Kadaver herum. Schließlich beginnen sie, das Mammut auszuweiden. Mit Steinmessern schneiden sie zunächst leicht abtrennbare Fleischteile ab, etwa an den Oberschenkeln, in erster Linie aber sind sie darauf aus, an die nahrhaften Innereien des Fleischbergs zu gelangen. Doch nicht nur zur Fleischversorgung muss das erlegte Tier herhalten, man schlägt ihm auch die Stoßzähne ab und schneidet große Knochenteile und Sehnen heraus, die als wertvolles Rohmaterial für Werkzeuge, Waffen und Kleidung dienen.

Der „Elch" ist mehr als zufrieden. Ohne Treibjagd ist es der Gruppe gelungen, für die ganze Sippe, die zwei Tagesmärsche entfernt lagert, einen lange Zeit reichenden Nahrungsvorrat zu beschaffen.

Das ist ein guter Ort, um zu jagen, dachte er.

Die Menschen der Altsteinzeit suchten nach immer gleichen Kriterien ihre Lagerplätze und Jagdstationen aus. In der Regel lagerten sie unterschiedlich lang an den Randhöhen von Tälern; im westlichen Rheinland befinden sich solche Jagdstationen vor allem an früheren Hauptterrassen der Maas – auch die Schotter im Schlangengraben bei Jülich-Kirchberg sind vermutlich durch einen urzeitlichen Arm der Maas geschaf-

Die wildromantische Düsselschlucht mit dem Fundplatz des namengebenden Neandertalers auf einem Ölgemälde von B. C. Koekkoek aus dem 19. Jahrhundert. Das Tal ist heute durch den Steinabbau komplett verändert.

Ein Neander-taler beim Zerteilen der Jagdbeute.

fen worden. Der Maas-Schotter enthielt ungewöhnlich große Mengen an Feuerstein und somit verfügten die Gruppen, die den Kahlenberg als Jagdstation benutzten, über ein ideales Rohstofflager in unmittelbarer Nähe. Die gefundenen Geräte, Halbkeile, Faustkeilblätter, Keilmesser und blattförmige Schaber deuten darauf hin, dass der Kahlenberg nur als kurzzeitiges Jagdlager benutzt wurde, das man für ein oder mehrere Tage errichtete.

Der Neandertaler war – das sei nochmals gesagt – in der Hauptsache ein Großwildjäger. Die auf der Jagd erlegten Tiere wurden in der Regel an Ort und Stelle verarbeitet, nur ein Teil der Jagdbeute nahm man zu den Lagerplätzen mit. Die Lagerplätze befanden sich hauptsächlich unter freiem Himmel, seltener in Höhlen und Grotten (hier zumeist im Eingangsbereich) oder unter Felsschutzdächern. Hüttenartige Behausungen, deren Gestänge aus Ästen bestand, die man mit Fellen und Häuten, Moosen, Gräsern und Blättern bedeckte, boten – im Zusammenspiel mit Feuerstellen – Schutz gegen Kälte und Raubtiere. Gelegentlich dürften auch Baumwürfe für den Hüttenbau genutzt worden sein. Gegen die Kälte schützten sich die Neandertaler zudem mit Pelzkleidung, sie fertigten aus Tierhäuten und -fellen Kleidungsstücke an. Geschnitten wurden die Lederteile mit Steinklingen, zusammengenäht mit Sehnen und Knochenahlen. Für den Winter brauchten die Menschen eine Art Schuh – auch zur Anfertigung dieser frühen Schuhe wurde Leder gegerbt, weich und haltbar gemacht.

Aus der Vielfalt der Werkzeuge der Neandertaler sind meist nur Steinwerkzeuge erhalten. Das Rohmaterial, hauptsächlich Feuerstein und Quarzit, transportierten sie als Knollen oder als bereits präparierte Kernsteine zu den Lagerplätzen. Dort wurde ein breites Spektrum an zweiseitig flächig bearbeiteten Geräten hergestellt – Faustkeile, Fäustel und Keilmesser. Am Ende des mittleren Paläolithikums waren die Menschen imstande, kunstvoll gearbeitete Steinspitzen mit blattförmigem Umriss herzustellen, so genannte „Blattspitzen", die wahrscheinlich als Speerspitzen oder multifunktionale Messer verwendet wurden.

Werkzeuge aus organischen Materialien haben sich dagegen nur in Ausnahmefällen erhalten. Gebrauchsspuren an Steinwerkzeugen zeigen aber, dass die Neandertaler ebenso intensiv Holzbearbeitung betrieben. Die Neandertaler benutzten auch schon Geschossspitzen aus Knochen und hölzerne Wurfspeere. Besonders günstige Erhaltungsbedingungen führten dazu, dass 1994 in einem Braunkohlentagebau bei Schöningen (Niedersachsen) neun Wurfspeere geborgen werden konnten. Aus kleinen Fichtenstämmen hergestellt, wiesen sie eine Länge von bis zu 2,50 Metern auf. Schon 1948 war in Lehringen (ebenfalls Niedersachsen) das Skelett eines Waldelefanten entdeckt worden, der im Uferbereich eines kleinen Sees eingesunken war. Im Körper des Elefanten, zwischen den Rippen, steckte eine etwa 2,40 Meter lange Eibenholzlanze, deren gesamte Oberfläche äußerst sorgfältig bearbeitet worden war.

Der Neandertalermensch war in weiten Bereichen des Vorderen Orients, Nordafrikas, Mittel- und Südeuropas verbreitet. Man nimmt an, dass er durch das Vordringen des *homo sapiens* in den Westen Europas abgedrängt wurde – die jüngsten Fossilien stammen von der Pyrenäenhalbinsel. Dort ist er vor rund 30 000 Jahren ausgestorben. Es gibt aber bislang keinen Nachweis für eine direkte Konfrontation zwischen *homo neanderthalensis* und *homo sapiens*. Die Abwanderung des Neandertalers in südliche Rückzugsgebiete und sein Aussterben könnte auch mit der Veränderung der lebenswichtigen natürlichen Ressourcen zusammenhängen.

Der Übergang von der mittleren Altsteinzeit zum Jungpaläolithikum wird als die größte Umwälzung in der Menschheitsgeschichte bezeichnet – seit dieser Zeit lebt nur noch eine Menschenart in Europa, der *moderne Mensch*.

Der Jagdzauber des Schamanen

Die Hirschgeweihmasken von Bedburg-Königshoven (frühes Mesolithikum)

Grabungen im Braunkohlenabbaugebiet von Bedburg-Königshoven erbrachten im Jahre 1987 einen ungewöhnlichen Fund: Die Archäologen entdeckten in den Ablagerungen eines verlandeten Altarmes der Erft, in dessen Nähe schon Jahre zuvor ein mittelsteinzeitlicher Siedlungsplatz lokalisiert worden war, gleich zwei Hirschgeweihmasken – Hirschgeweihe, deren Schädelknochen jeweils zwei gebohrte Löcher aufwiesen. Ein Geweih stammte von einem Vierzehnender, das andere von einem Zwölfender. Die Lochung am Hinterhaupt ermöglichte es, das Geweih am Kopf eines Menschen zu befestigen – es ist also durchaus nicht unwahrscheinlich, dass die Geweihe als Kopfschmuck gedient haben, vielleicht als rituelles Ornat von Schamanen, verwendet bei der Beschwörung des Wildes, bei der Vermittlung zwischen dem Diesseitigen und dem unbekannten, übermächtigen Jenseits.

Noch heute tragen Schamanen in Sibirien derartige Hirschgeweihmasken.

Mandru wickelte die Keule des erlegten Frischlings in die Schwarte, auch Herz und Lunge, die er dem Tier herausgeschnitten hatte, legte er hinein. Das restliche Fleisch verbarg er unter einem Strauch und deckte es mit Grasbüscheln zu.

Dann ging er langsam, aber festen Schrittes in die Schlucht. Er hatte seinen langen Fellmantel angezogen, er trug mehrere Ziergehänge aus Wildschweinzähnen über dem Mantel, um den Hals eine Kette aus polierten Keilereckzähnen.

Die Bäume in der Schlucht wurden von einer mächtigen Eiche überragt. Ihr rissiger Stamm hatte seltsame Auswüchse und war so dick, dass zehn starke Männer nötig gewesen wären, ihn zu umfassen. Das Gezweig glich einem dunklen Zelt, die Spitzen der Äste berührten fast den Boden.

Im Stamm des Eichbaums befand sich eine große Öffnung, gleichsam eine Höhlung, ein aufgerissener Mund mit wulstigen Lippen. Oberhalb dieser Öffnung waren von Menschenhand zwei schwarze Löcher eingebrannt worden. All das verlieh dem massiven Baum das Aussehen eines Ungeheuers mit weit geöffnetem Rachen und kohlschwarzen, drohenden Augen.

Es war der heilige Baum Kuo-Pio-Su, den Mandru aufsuchte.

Bevor Mandru sich dem Waldgeist näherte, kniete er nieder und setzte das schwere Geweih eines Rothirschs auf, den die Jäger der Horde vor geraumer Zeit gejagt und erlegt hatten. Durch das Fell hindurch, oberhalb der Ohren, hatte Mandru am Schädeldach zwei Löcher gebohrt, durch die er nun einen langen Lederstreifen zog, den er an seinem Hinterkopf verknotete.

Dann legte er seine Gaben am Fuße des Baumes hin, dessen untere Zweige mit Geschenken behängt waren, Felle von Hermelinen, Bibern, Eichhörnchen – Geschenke, die die Jäger dem mächtigen Kuo-Pio-Su, dem Geist des Waldes, dargebracht hatten, um seine Gunst zu erlangen.

Mandru kniete sich umständlich auf dem Boden nieder. Er schloß die Augen und wartete.

Endlich bewegte der Geist seine Zweige, Mandru glaubte Geflüster aus dem Blattwerk zu vernehmen.

Er richtete den Oberkörper auf.

„Allmächtiger Geist, Herr des Waldes, Urahne der Ahnen unserer Horde – Mandru ist zu dir gekommen. Nimm das beste Stück seiner Beute!"

Eine der beiden mittelsteinzeitlichen Hirschgeweihmasken von Bedburg-Königshoven, die ein Schamane wohl bei kultischen Handlungen trug.

Mandru warf das Fleisch in den geöffneten Rachen des Geistes, zuletzt das Herz des Frischlings.

„Beschütze Mandrus Gefährten, deine Söhne", rief er und hob beide Arme, „beschütze deine Söhne, Vater des Waldes, wenn sie den Auerochsen jagen, lass sie gute Beute machen!"

Ein leises Raunen zog durch die Bäume.

Aus dem Innern des Eichbaumes hörte Mandru plötzlich seltsame Laute. Der große Geist verzehrt die Nahrung, so dachte Mandru, die Nahrung, die er ihm gebracht hatte. Kuo-Pio-Su ist Mandru wohlgesinnt.

Im Wald begann es zu dunkeln.

Mandru verließ die Schlucht leichten Herzens. Die Hirschgeweihmaske hatte er wieder abgenommen, er trug das Geweih in seiner Linken.

Ein Uhu flog über ihn hinweg, er verlor eine lange rötliche Feder, die dicht vor Mandru auf die Erde fiel. Er las die Feder auf, steckte sie in das Lederband, das er noch immer am Kopf trug.

Er gelangte zum Fluss, der ruhig wie ein silbernes Band im hellen Mondlicht lag. Am jenseitigen Ufer standen Weiden und Erlen – dort hatte seine Sippe ihr Sommerlager aufgeschlagen.

Die Söhne und Töchter Kuo-Pio-Sus erwarteten Mandru schon.

Mandru war – so würden wir heute sagen – geistlicher Führer seines Clans, Priester, Magier und Heiler in einer Person. Für diese allumfassende Funktion wird, auch in der Wissenschaft der Ur- und Frühgeschichte, der Terminus *Schamane* verwendet, mit dem bis heute ostsibirische Völkerschaften ihre Kultfunktionäre bezeichnen.

Der Begriff *Schamane* ist wahrscheinlich vom tungusischen Wort šaman hergeleitet und bedeutet so viel wie „der Wissende" (nach anderer Deutung „der Erregte"). Seit wann der „Schamanismus" der Vorzeit, wahrscheinlich die älteste und ursprünglichste Form „religiös-spiritueller" Betätigung, in den menschlichen Gemeinschaften praktiziert wurde, ist nicht exakt zu bestimmen. Höhlenmalereien und Felszeichnungen, in denen Tiergeister sowie Menschen, die die Geister beschwören, dargestellt sind, geben in dieser Hinsicht nur vage Hinweise.

Im Leben der nomadisierenden Jäger und Sammler der mittleren Steinzeit (etwa 10 000 – 5400 v. Chr.) nahm der Schamane, so vermutet man heute, eine zentrale Stellung ein. Er unterhielt die Kontakte zu den allgegenwärtigen Geistern, die ihm zumeist in Tiergestalt erschienen. Er war zugleich Zauberer und Wahrsager, aber auch ein Weiser, der Brücken zu verborgenen Wirklichkeiten baute. Um derartige magische Handlungen vollziehen zu können, um Kontakt mit den beseelten Naturmächten aufzunehmen, versetzten sich die Schamanen in verschiedene Bewusstseinsebenen, von Trance und Ekstase bis zur Bewusstlosigkeit – der angestrebte Entrückungszustand wurde mit Tanz, Gesang und Trommelklängen, aber auch durch Fasten und andere Autosuggestionstechniken zu erreichen versucht.

Und nicht zuletzt begleitete der Schamane die Seelen der Verstorbenen ins Jenseits – er fungierte so als Vermittler zwischen der menschlichen Welt und dem Jenseits, der Welt der Geister.

Dass derartige „schamanische" Vorstellungen und Praktiken bei den Wildbeutern, den Jägern und Sammlern der Steinzeit, sehr verbreitet waren, ist leicht nachvollziehbar – jeder Tag war in der damaligen, äußerst feindlichen Umwelt fast zwangsläufig davon geprägt, die Nahrungsbeschaffung möglichst erfolgreich zu bestreiten und das bedeutete, Tiere des Landes, des Wassers und der Luft zu jagen und zu erlegen. Von den Ergebnissen der Jagd hing das Überleben des Einzelnen und der Sippe/Horde ab – die auf der Jagd erlegten Tiere lieferten alles, was der Mensch zum täglichen Leben brauchte, vor allem Fleisch.

Und so war es eine der vorrangigen Aufgaben des Schamanen, das „Jagdglück" zu beschwören, die Kräfte der Natur, die Geister des Waldes und der Steppe günstig zu stimmen – und die Tiergeister zu beschwichtigen.

Mandru kehrte an den Fluss zurück.

Vier kleine Behausungen waren in sicherer Entfernung zum Wasser errichtet worden, ihr Gerüst bestand

Detail der zweiten Hirschgeweihmaske.

wo ein junges Mädchen immer wieder kleine Bündel von Reisig in die Flammen warf. Über dem Feuer bruzzelte ein Wildschwein, das auf einem Spieß aufgezogen worden war. Mandru schickte das Mädchen fort.

Dann breitete er die Arme aus.

„Kuo-Pio-Su, der Herr des Waldes, hat unser Opfer angenommen!", sagte er mit leiser Stimme.

„Der große Geist ist mit uns, morgen brechen wir auf zur Jagd", rief nun Dabu, der als der beste Jäger der Sippe galt. Die anderen bekundeten ihre Zustimmung durch schrille Schreie. Wieder begannen die Hunde zu bellen. Die Frauen brachten rohlederne Behälter, in denen Saft aus Kirschen und Himbeeren, gesüßt mit Bienenhonig, aufbewahrt wurde – an einem Abend wie heute, so hörte Mandru die alte Kunja sagen, dürfe man getrost etwas Besseres als Wasser trinken.

Der Sommer war die beste Zeit, den gefährlichen Auerochsen zu jagen – wenn sie in der Brunft standen, waren die Bullen weniger aufmerksam, schon zwei, drei Jäger reichten aus, ein ausgewachsenes, großes Tier zu erlegen.

Nachdem Mandru in der Frühe des nächsten Tages erneut sein eindrucksvolles Ornat übergeworfen hatte, rief er die Jäger am Fluss zusammen – er begann, leise zu singen, er forderte sie auf, den Tanz des Auerochsen zu tanzen. Es war eine Zeremonie, bei der sich die Tänzer ständig umkreisten und ihre Waffen, Speere und Pfeile, auf den imaginären Stier richteten, der sich – wie alle sahen, selbst die kleinen Kinder – angstvoll in der Mitte des Kreises bewegte. Mandru, der rhythmisch seine Trommel bearbeitete, ahmte das Fauchen und Schnaufen des in die Enge getriebenen Tieres nach – und als alle Pfeile und Speere abgefeuert waren, stöhnte und brüllte er wie im Todeskampf.

Dann ließ er die Trommel fallen – das Zeichen, dass der Stier erlegt war!

Die Tänzer schrieen, als sei die Jagd schon vorüber – und Mandru feuerte sie mit ausgebreiteten Armen an: „Der große Geist hat uns erhört! Kuo-Piu-Su wird uns reiche Beute bescheren!", rief er immer wieder.

Dabu hatte vorgeschlagen, dass sie zu viert auf die Pirsch gehen sollten, er wollte neben Tapio, einem al-

aus gebogenen Weidenstangen, die mit Fellen, Zweigen und eingeflochtenen Blättern bedeckt waren.

In Ufernähe herrschte emsiges Treiben, die älteren Kinder balgten miteinander, Frauen weideten mit Steinschabern ein junges Reh aus, über offenem Feuer wurden Fische geräuchert, die Dabu, ein großer, kräftiger Mann, kurz zuvor aus seinem Einbaum ans Ufer geworfen hatte. Einige Männer saßen auf dem Boden und waren damit beschäftigt, Steinspitzen an ihren Pfeilen anzubringen.

Die Hunde, die die kleine Horde seit dem Frühjahr mit sich führte, bellten laut, als sie Mandru wahrnahmen.

Er forderte die Erwachsenen, gerade mal fünf Männer und sechs Frauen, auf, an eine Feuerstelle zu kommen, ten und erfahrenen Jäger, den jungen Kauko mitnehmen, es sei an der Zeit, dem Jungen beizubringen, wie man einen gehörnten Riesen zur Strecke bringe.

Mandru war der Vierte im Bunde, er hatte seinen Schmuck nach der Zeremonie wieder abgelegt, nun war er ein Wildbeuter wie die anderen auch. Dabu, der große Jäger, war jetzt der Anführer. Nachdem sie auf die andere Seite des Flusses übergesetzt waren, bahnte Dabu sich und den anderen – alle trugen Speere und Bögen mit sich – einen Weg durchs Gestrüpp, bis er einen schmalen Pfad fand, den die Tiere des Waldes benutzten. Hin und wieder mussten die vier Jäger über umgestürzte Bäume klettern, immer wieder hörten sie, wie Zweige knackten. Mandru glaubte, Elche mit Kälbern gesehen zu haben, doch die Tiere waren ins Gebüsch geflüchtet, verschwanden gänzlich im Dickicht.

Auf einer Lichtung, deren Gras vom Blitz versengt worden war, blieb Dabu stehen. Er hielt den Zeigefinger seiner Rechten vor den Mund, mit seinem Speer wies er nach vorne: Aus dem Gestrüpp am Waldesrand, nur wenige Schritte von ihnen entfernt, ragte ein riesiger, bärtiger Kopf heraus, kurze, krumme Hörner wurden als nächstes sichtbar, sie staken im wolligen Fell des Schädels.

Der riesige Stier verließ das schützende Gebüsch und schritt ruhig auf die Lichtung. Er ließ einen grimmigen Blick über die schmächtigen menschlichen Gestalten schweifen, die es gewagt hatten, seinen Weg zu kreuzen. Er zeigte keine Spur von Angst – doch Mandru sah, wie das Weiße seiner Augäpfel mit Blut unterlief.

Mandru ließ das zottige Tier keinen Moment aus dem Auge.

Er bemerkte, dass Dabu hinter einem Gestrüpp Deckung suchte und die Begleiter durch Zeichen anwies, nicht anzugreifen.

Der Stier machte sich nach kurzem Zögern von dannen.

Erst am Nachmittag stießen die Jäger schließlich auf zwei Kühe, die hinter einem umgestürzten Baum lagerten.

Nachdem sie sich näher herangeschlichen hatten, stieß Dabu einen schrillen Schrei aus und schoss seinen ersten Pfeil ab, der sich in die Flanke des kleineren der beiden Tiere bohrte. Es erhob sich unter lautem Schnauben, auch Kauko zielte nun auf dieses Tier, das zu flüchten versuchte, verfehlte es aber, Tapio lief noch ein paar Schritte auf die kleine Lichtung und warf seinen Speer, der in der Seite der Kuh stecken blieb. Von weiteren Pfeilen getroffen, taumelte das Tier, knickte mit den Hinterbeinen ein und stürzte. Es röchelte erbärmlich, als die Jäger ihre Beute erreichten – das zweite Tier war verschwunden.

„Manchmal ist es besser, den großen Stier nicht zu töten – die jungen Kühe sind weniger gefährlich, und sie schmecken besser", sagte Dabu.

Kauko kniet nieder. Als er seine Steinklinge aus dem Gürtel zieht, bäumt sich die weidwunde Kuh noch einmal auf – Kauko kann den spitzen Hörnern nicht ganz ausweichen, er schreit auf, am rechten Arm hat er eine blutende Wunde. Während Dabu dem Tier die Kehle durchschneidet, kümmert sich Mandru um den Verletzten. Er legt ein Stück Eichenrinde auf die Wunde und befestigt sie sanft mit einem Lederriemen.

„Kauko ist stark, Kauko wird bald wieder jagen können", sagt er.

Kauko lächelt.

Und er geht den Männern schon wenig später zur Hand, als die die Beute zerlegen, indem sie zunächst die Körperteile des Tieres trennen. Es ist nämlich schier unmöglich, einen ganzen Auerochsen zum Lager zu schleppen. Und diese erlegte Kuh soll nicht die einzige Jagdbeute dieses Sommers bleiben.

Mandrus Zauber, davon sind alle überzeugt, zeigt bereits seine Wirkung.

Der Fundplatz Bedburg-Königshoven gilt hinsichtlich der Jagdgewohnheiten der Menschen des frühen Mesolithikums als besonders aussagekräftig. Die dort gemachten Funde bestätigten Erkenntnisse, die man anhand von Knochenresten anderer Fundstellen, etwa der in Grevenbroich-Gustorf, bereits gewonnen hatte – die Menschen der Mittelsteinzeit waren hervorragend ausgerüstete Jäger, die die Jagd mit größter Intensität betrieben. Der frühere Altarm der Erft

Ein Schamane bei den sibirischen Tungusen trägt eine Hirschgeweihmaske, die den mittelsteinzeitlichen Exemplaren von Bedburg-Königshoven gleicht. (Zeichnung des holländischen Reisenden N. Witsen, 18. Jahrhundert).

een Schaman ofte Duyvel-priester.
in 't Tungoesen lant

diente den Menschen, die hier im Sommer siedelten, als Abfallplatz für ihren „Hausmüll". Alle nicht mehr verwertbaren Teile der Jagdbeute wurden offensichtlich einfach ins Wasser geworfen. Dass Auerochsen die wichtigste Jagdbeute waren, belegen allein die Knochen und Zähne von elf Tieren, darunter Knochen von Auerochsenkälbern, deren Alter man ungefähr bestimmen konnte (zwei der Tiere waren weniger als sechs Monate alt, eines weniger als 18 Monate). Schlag- und Schnittspuren an den Knochen ließen aber auch erkennen, welche Techniken die mesolithischen Menschen zum Zerlegen und Entfleischen ihrer Jagdbeute entwickelt hatten, die Archäologen sprechen von einer „standardisierten und genormten Form der Weiterverarbeitung". Schon bei der Abtrennung von Körperteilen entstanden derartige Schlag- und Schnittstellen, andere Spuren, darunter Schnitte an Schulterblättern oder Rippen, weisen auf das Ablösen des Fleisches hin, wieder andere auf das Enthäuten. Doch nicht nur

Fleisch und Fell wurden verwertet, sondern auch das Knochenmark und die Sehnen.

Außer den Knochen von Auerochsen wurden in Bedburg-Königshoven die Überreste von mindestens zwei Rothirschen, von einem Reh, einem Pferd, einem Wildschwein sowie von einem Biber, zwei Dachsen und einem Hund gefunden. Es gilt aber als sicher, dass die Jäger des Mesolithikums auch Großsäugetiere wie Ur, Wisent und Elch gejagt und erlegt haben, selbst Schwäne, Enten und Wildhühner gehörten zur Jagdbeute. Im Gegensatz zur eiszeitlichen Gruppenjagd auf große Herden, die man im offenen Gelände jagte, benötigten die Menschen des nacheiszeitlichen Mesolithikums für die Jagd auf vereinzelt auftretende Tiere spezialisierte Fernwaffen, die *in puncto* Treffsicherheit und Reichweite ständig verbessert wurden.

Wichtigste Waffen waren Speer sowie Pfeil und Bogen. Vor etwa 20000 Jahren wurde die Speerschleuder erfunden, etwa armlange Schleuderstäbe mit einem Haken, der in das hintere Ende eines Speers greift. Aufgrund der katapultartigen Wurftechnik konnten die Speere fast doppelt so weit wie die herkömmlichen Stangenwaffen geworfen werden. Auch die Durchschlagskraft des Speeres wurde so erheblich erhöht. Speere wurden nun nicht nur mit den herkömmlichen, ständig verbesserten, oft dreieckigen Steinspitzen ausgerüstet, sondern auch mit Knochenspitzen, die bisweilen schon als Widerhaken verarbeitet waren.

Seit mindestens 10 000 Jahren vor unserer Zeitrechnung waren Pfeil und Bogen in Gebrauch. So datiert werden auch Fundstücke, mehrteilig zusammengesetzte Pfeile aus Kiefernholz, die in der Nähe von Hamburg entdeckt worden sind. Gegenüber Speer und Speerschleuder war die Bogenwaffe ein erheblicher waffentechnischer Fortschritt, in der Reichweite wie in der Treffsicherheit. Ein mesolithischer Jagdbogen, gefunden in Barleben/Ohrekreis, verfügte schon über einen Griff in der Mitte. Man hat ausgerechnet, dass dieser Bogen eine Zugkraft von etwa 25 Kilogramm entwickelte und Pfeile bis zu 50 Meter weit geschossen werden konnten. Dreieckige Pfeilspitzen, das haben Rekonstruktionen ergeben, zertrümmerten die Rippen größerer Tiere. Auch die Pfeile hat man damals bereits mit scharfen und widerhakigen Knochenspitzen bewehrt.

Nach allgemeiner Ansicht waren mesolithische Lagerplätze saisonal unterschiedlich angelegt; die Sommerlager bestanden aus kleinen Reisighütten, mit Zweigen und Blättern bedeckte Hütten aus Weidengeflecht, oder Zelten, deren Stangen ebenfalls aus Weiden bestanden, auf denen man Fell- und Lederstücke befestigte. Diese Hütten waren offensichtlich nur Schlaf- oder Schutzräume für ihre Bewohner, das tägliche Leben und die täglichen Arbeiten (etwa die Herstellung von Geräten und Werkzeugen) spielten sich auf dem Gelände davor bzw. im Freien ab.

Fleisch war natürlich nicht die einzige Nahrung der Menschen der Mittelsteinzeit. Rare Zeugnisse der Sammelwirtschaft sind zahlreiche, nur in verkohltem Zustand erhaltene Haselnussschalen, die man an einigen Fundplätzen entdeckte. Als einziger Süßstoff diente der Wildhonig – um ihn zu gewinnen, plünderte man die Stöcke der Wildbienen. Beeren sowie essbare Wurzel- und Knollenpflanzen bildeten einen weiteren wichtigen Nahrungsbestandteil; die Blätter vieler Pflanzen, z. B. Sauerampfer und Wegerich, garte man in Kochgruben, in denen auch Knochenfett ausgekocht wurde, zu Gemüsesuppen.

Und letztlich war auch der Fischfang in der Erft und in anderen Bachläufen ein willkommener Beitrag zum mesolithischen Speiseplan – auch jener Menschen, die sich als Söhne und Töchter des Waldgeistes Kuo-Pio-Su betrachteten.

Die ersten Bauern des Rheinlandes

Siedlungen der Bandkeramischen Kultur auf der Aldenhovener Platte (6./5. Jahrtausend v. Chr.)

Die ersten Bauern, die sich vor mehr als 7000 Jahren (etwa 5300 v. Chr.) im Bereich der fruchtbaren Löss-zone zwischen Köln und Aachen niederließen, stammten wahrscheinlich aus dem Rhein-Main-Gebiet; im Rheinland stießen sie auf Wildbeuter, mit denen sie vermutlich schon vorher gelegentliche Kontakte hatten. Zwischen den Bauern, deren Lebensgrundlagen mit Ackerbau und Viehzucht auf einer völlig neuartigen Wirtschaftsweise beruhte, und den Jägern und Sammlern kam es vermutlich zu partnerschaftlichen Kooperationen, die eine allmähliche Anpassung der Wildbeuter an die bäuerliche Lebensform zur Folge hatten, oft durch eheliche Gemeinschaften begleitet.

Die Kultur der ersten Bauern – nicht nur der des Rheinlandes, sondern ganz Mitteleuropas – wird als „Bandkeramik" bezeichnet. Der Name leitet sich von der bandförmigen Verzierung ihrer Tongefäße ab. Die Ansiedlungen bandkeramischer Bauern sind hierzulande am intensivsten im Gebiet der Aldenhovener Platte untersucht worden – dort wurden im Bereich des Braunkohlentagebaus Inden seit mehr als 30 Jahren umfangreiche und großflächige Ausgrabungen vorgenommen: Die Auswertung der Befunde und zahlreicher Einzelfunde führte zu einer Vielzahl von bemerkenswerten Ergebnissen, die unsere Kenntnisse über die Lebensweise der ersten rheinischen Bauern mehr und mehr vervollständigen.

Nuonk bedeutete seinen Gefährten mit der rechten Hand, hinter ihm zurück zu bleiben.

Er und seine Begleiter hatten sich drei Tage lang auf dem großen Fluss treiben lassen – bis sie jene Insel erreicht hatten, die ihnen als Anlegestelle diente. Hier hatten sie ihre Einbäume versteckt und waren durch das flache Wasser zum Flussufer gewatet. Zwei Tages-märsche hatten sie hinter sich gebracht, um diesen Landstrich, in dem die Waldmenschen lebten, zu er-reichen. Nuonk war schon mehrmals hier gewesen, er kannte einige der Waldmenschen, er hatte ihnen Ge-schenke überreicht, Schalen und Krüge, vor allem aber Pfeilspitzen. Sie hatten gemeinsam gegessen. Er hatte versucht, den Waldmenschen, die nur von der Jagd lebten, klarzumachen, wie fruchtbar dieses Land war. In diesem Land – das war seine Wunschvorstellung – könnte seine Sippe Felder anlegen, hier könnte man auch viel ertragreicher Viehzucht betreiben als in den alten Siedelplätzen, in denen man sich seit geraumer Zeit eingerichtet hatte.

Während seine Begleiter an der Biegung des klei-nen Flüsschens, die als Treffpunkt verabredet war, ein Feuer entfachten, blies Nuonk in sein Horn – er wollte den Waldmenschen damit lautstark verkünden, dass er ihr Land erreicht hatte. Er wusste, dass es nicht lange dauern würde, bis sich die ersten dieser hell-häutigen Menschen blicken ließen – er hatte fest-gestellt, dass sie ihn und seine Begleiter bereits seit ihrer Ankunft auf der Insel von Kundschaftern beob-achten ließen.

Sein Hornsignal wurde gehört.

Aus dem nahen Dickicht traten plötzlich einige Waldmenschen ans Ufer. Sie warfen wie auf Kom-mando ihre Waffen weg, ließen sich auf die Knie fal-len und streckten sich, mit dem Gesicht nach unten, lang auf den Boden hin.

Die typischen bandartigen Verzierungen auf der Gefäßkeramik gaben der ältesten Bauernkultur Mitteleuropas ihren archäologischen Namen: Bandkeramik.

Das war das Zeichen, dass sie keine bösen Absichten verfolgten.

Auch Nuonk warf sich auf den Boden, auch er wollte zeigen, dass er in Frieden gekommen war. Als er aufstand und ein paar Schritte nach vorne ging, ließ er seinen Speer zurück.

Zwei der Waldmenschen näherten sich Nuonk – wenige Schritte vor ihm knieten sie nieder und stellten ein Gefäß mit Honig auf den Boden. Einer der Männer legte dann seine Finger an die Lippen und stieß einen lauten Pfiff aus. Nun traten einige Frauen aus dem Wald hervor, sie hatten Stücke gebratenen Fleisches dabei, Stücke eines Elchs, den man am Tag zuvor erlegt habe.

„Lasst uns Freundschaft schließen", rief Nuonk feierlich aus.

Mittlerweile waren seine Gefährten auf der kleinen Lichtung angekommen, bestaunt von den Frauen der Waldmenschen – wie gewandt und kräftig und schön waren diese Jünglinge! Solche Menschen hatten sie noch nie gesehen.

Der Älteste der Waldmenschen verbeugte sich vor Nuonk.

„Seid willkommen, ihr Menschen vom Fluss", rief er aus, „unsere Lagerfeuer sollen die euren sein, wir wollen mit euch feierlich Freundschaftsbande, Blutsbande knüpfen, die allen unseren Familien zugute kommen! Mögen die Geister uns alle beschützen!"

Nuonk winkte seinen Begleitern. Sie legten die Geschenke, die sie aus ihrer Siedlung mitgebracht hatten, vor dem Ältesten der Waldmenschen auf den Boden – kunstvoll verzierte Gefäße, Ketten aus Muscheln, aber auch sorgfältig gearbeitete Speere und natürlich Feuerstein.

Einer der Waldmenschen griff zu einem hohlen Stück Holz, das mit Leder bespannt war, er begann, das Instrument rhythmisch zu bearbeiten, ehe er begann, mit kraftvoller Stimme zu singen – er sang von Jolodur, dem großen Jäger, und seinen Heldentaten.

Nuonk war zufrieden.

Das Festmahl konnte beginnen. Am nächsten Morgen, so beschloss er, wollte er den Waldmenschen zeigen, wo seine Sippe ihr Haus bauen und ihre Felder anlegen sollte.

Nuonk – wenn er denn so hieß – war der Anführer einer Gruppe, die „Pionierarbeit" leistete: Sie gehörte zu den ersten Ackerbauern und Viehzüchtern, die sich im Rheinland niederließen.

Als Ausgangspunkt der bäuerlichen Wirtschaftsweise, die im 6. Jahrtausend v. Chr. Europa erreichte, gilt der vorderasiatische Raum, das Gebiet des heutigen Syriens, des Libanon, der südöstlichen Türkei und des nördlichen Iraks. Dort begann die Umstellung auf eine völlig neue Lebensform, die durch Ackerbau, Viehhaltung, Bindung an einen festen Wohnplatz, regelrechten Hausbau und Produktion von Keramik geprägt war, vor etwa 12 000 Jahren. Sie breitete sich in den folgenden Jahrtausenden über Kleinasien nach Südosteuropa, das Mittelmeergebiet und schließlich nach Ostmittel-, Mittel- und Westeuropa aus.

Neben Ackerbau und Viehzucht war die Produktion von Keramik die kennzeichnende Wirtschaftsform der „Bandkeramiker". Die gängigen Gefäßformen waren Schalen, die bei der Zubereitung der Nahrung benutzt wurden und als Geschirr dienten, Flaschen, in denen man Wasser und Getreidekörner transportierte und aufbewahrte, und Kümpfe, kleine tiefe Schüsseln, die zum Garen verwendet wurden. Bei der Herstellung der Gefäße entwickelten die

Bandkeramiker allmählich eine große Kunstfertigkeit. Anfangs wiesen ihre Produkte eine ausgesprochene „Dickwandigkeit" auf, in späteren Zeiten wurden die Gefäße immer dünner und feiner gearbeitet. Gebrannt wurde die Keramik über dem offenen Feuer (im so genannten „Meilerbrand"), also ohne eine aufwändige Technik. Auch die Verzierungstechniken änderten sich. Der unverwechselbare Stil der älteren Bandkeramik, der der ganzen Kultur ihren Namen gab, äußerte sich in einfachen Linienzeichnungen wie Rauten-, Bogen- oder Schneckenformen. Später traten immer mehr Eindruckverzierungen auf, gefertigt in der so genannten Stichtechnik. Und oft lösten Punktreihen am Rand, als Füllungen der Linienformen oder parallel über das Gefäß verteilt, die einfachen Linienmuster ab.

Als sich erste Gruppen der Bandkeramiker im Bereich der rheinischen Bördelandschaften ansiedelten, war die gesamte Region noch mit dichten Mischwäldern, vornehmlich Linden- und Ulmenwäldern bedeckt. Die ersten Bauern erkannten wahrscheinlich die hohe Bodenqualität der Lössgebiete – und sie rodeten an deren Rändern, oberhalb von Flüssen und Bächen, den Wald für ihre Siedlungsplätze, an denen sie ihre Behausungen errichteten. Die Flussauen wiesen damals einen lichteren Baumbewuchs als heute auf – hier wuchsen auch die Eichen, deren Holz die Bandkeramiker zum Bau ihrer Häuser verwendeten.

Die Waldmenschen staunten.

Weniger als einen Mond weilten Nuonk und seine Gefährten erst in ihrem Land – und in dieser Zeit hatten sie seltsame Dinge getan.

Jeden Tag hatten sie mit ihren scharfen Äxten Bäume in der Nähe des Flussufers gefällt, die Stämme bearbeitet, von Ästen und Rinden befreit. Die stärksten und geschicktesten Männer des Waldes waren ihnen dabei behilflich gewesen, die Stämme auf eine Lichtung zu transportieren. Dort hatten die Flussmenschen zahlreiche kleine runde Löcher ausgehoben, Löcher, die in mehreren Reihen angeordnet waren – in diese Löcher hatten sie die Stämme eingelassen, die kräftigsten in die Mitte, ehe sie anschließend mit feuchtem Lehm und Holzkeilen in der Erde befestigt worden waren.

„Das wird unser Zuhause, unsere Hütte werden", hatte Nuonk den Waldmenschen erklärt. Er zeigte auf die mittleren Pfostenreihen – „diese Stämme werden das Dach tragen." Er hatte die Waldmenschen gebeten, die Rinden der gefällten Bäume zu sammeln. Seine Gefährten waren seit Tagen damit beschäftigt, die äußeren Pfosten – die niedriger waren als die in der Mitte – mit Flechtwerk aus Ästen und Gebüsch zu verbinden, an einer Seite hatte einer der Männer das Flechtwerk mit Lehm beworfen und auf diese Weise fast vollständig abgedichtet.

Der Älteste der Waldmenschen war immer wieder um die so seltsam angeordneten Holzstämme geschritten. Er schüttelte den Kopf.

„Braucht ihr so große Hütten?", fragte er schließlich.

Nuonk nickte. Wie zur Bestätigung hob er seine rechte Hand.

„Mehr Menschen als die Finger dieser Hand werden in dieser Behausung Obdach haben, werden Schutz finden vor Regen und Sturm, vor der Kälte der Nacht und der Hitze des Tages, in der Kälte des Winters und der Hitze des Sommers, unsere Vorräte werden wir in dieser Hütte lagern, unsere tägliche Nahrung wie das Saatgut."

Saatgut – das Wort hatten die Waldmenschen noch nie gehört.

„Wenn wir unsere Frauen, unsere Brüder, unsere Kinder vor der nächsten großen Kälte hierher holen", sagte Nuonk, „dann werden wir da oben" – er zeigte auf das höher gelegene Waldgebiet, über dem sich die Sonne anschickte unterzugehen – „Felder anlegen, Getreide einsäen, das ist Nahrung für uns alle, auch für euch! Nur einige Monde später werden wir die Frucht der Felder ernten, aus dem Korn Mehl zubereiten und daraus unser tägliches Brot backen."

Die Frauen der Waldmenschen blickten sich verständnislos an.

Asa, eine junge Mutter, die ihrem kleinen Sohn gerade die Brust reichte, zupfte an ihrem Fellrock. Sie, deren Mann erst kürzlich bei der Jagd tödlich verunglückt war, bewunderte die Fremden, die so prächtige, große Hütten bauten, viel größere, als die Waldmenschen besaßen.

Sie lächelte, als Nuonk an ihr vorbeischritt. Diese Menschen vom Fluss, dachte sie, sind viel geschickter als unsere Männer.

Große, häufig mehr als 20 Meter lange, im Schnitt etwa 6,50 Meter breite Häuser sind – neben der Produktion bandkeramischer Gefäße – das Merkmal der Kultur dieser Epoche. Im Inneren wiesen die Häuser, die im Rheinland zumeist in Nordwest-Südost-Orientierung angeordnet waren, eine hohe Zahl von dicht gestellten Pfosten auf, auf denen die Last des Daches ruhte. Die Wände waren deutlich leichter konstruiert, sie bestanden entweder aus einer Bretterwand oder aus einer lehmverputzten Flechtwerkwand. Etwa 45 Eichenstämme, so schätzen die Wissenschaftler, benötigten die Bandkeramiker zum Bau eines Hauses.

Die Langhäuser wurden nahezu im gesamten Verbreitungsgebiet der bandkeramischen Kultur in ähnlicher Bauweise errichtet. In Längsrichtung der Häuser sind fünf Reihen so genannter Pfostengruben (Standlöcher für Holzpfosten) zu erkennen. Die mittleren drei Reihen stammen von den quer gestellten Jochen, die das gewaltige, mit Stroh oder Rinde gedeckte Giebeldach trugen und sind daher größer und tiefer fundamentiert als die beiden äußeren Pfostenreihen der Hauswände. Die Hauswand bestand aus den Holzpfosten, die Zwischenräume waren mit Flechtwerk aus weichem Holz gefüllt. Der Lehm, mit dem die Wände verputzt wurden, ist in der Regel direkt neben den Häusern dem Boden entnommen worden, ca. zwei Meter tiefe so genannte „Kesselgruben" wurden in regelhafter Anordnung um die meisten Häuser gegraben. Als Erdkeller dienten sie wahrscheinlich der Lagerung von Vorräten.

Direkt neben den Häusern wurde auch das Getreide gemahlen, das zur Produktion von Fladenbrot, Brei oder Grütze verwendet wurde – wahrscheinlich auf Schiebemühlen, die aus grobkörnigem Gestein hergestellt worden waren.

Auf den Hochflächen oberhalb der Flussauen legten die bandkeramischen Bauern ihre ersten Felder an, sie nutzten Lichtungen und rodeten Wald im nahe gelegenen Hinterland. Sie schufen so förmlich „Inseln" von Ackerland innerhalb des geschlossenen Waldlandes – wo dann Vorläufer der heutigen Getreidearten angebaut worden sind. Die damals bekannten und angebauten Getreidesorten waren vor allem Einkorn *(Triticum monococcum)* und Emmer *(Triticum dicoccum)*, in einigen Regionen der bandkeramischen Kultur konnte auch der Anbau von Dinkel bzw. Spelz *(Triticum spelta)* nachgewiesen werden. Als Hülsenfrüchte waren Erbse und Linse bekannt, aber auch Lein bzw.

Flachs und Mohn als Öl- und Fettpflanzen wurden von den Bauern angebaut. Daneben sammelten sie eine ganze Reihe von wild wachsenden Pflanzen, wie Wildapfel, Schlehe, Walderdbeere und Haselnuss.

Bei der Ernte wurden wahrscheinlich nur die oberen Teile der Getreidehalme mit Steinsicheln abgetrennt. Die stehengebliebenen Halme wurden, so nimmt man an, in einem zweiten Ernteschritt als Baumaterial genutzt, z. B. für die Dachbedeckung der Häuser, vielleicht dienten die Flächen aber auch als Viehweide.

Wie die Bandkeramiker den Boden vor der Aussaat bearbeiteten, ist nicht eindeutig nachgewiesen. Die ältesten Funde von Hakenpflügen stammen aus einer

Verfärbungen von Gruben und Pfostenlöchern, markiert durch Fähnchen, sind die einzigen Überreste der einstmals großen bandkeramischen Häuser.

Modell einer Siedlung der Bandkeramik mit den typischen Langhäusern und Anbauflächen.

bedeutend späteren Zeit – wahrscheinlich wurde die Aufbereitung der Ackerkrume noch mit Furchenstöcken durchgeführt, mit von Hand geführten, nur flache Saatrillen erzeugenden Haken.

Die Grundlage der bandkeramischen Nutztierhaltung war der Wald. Das wichtigste Nutztier der ersten rheinischen Bauern war das Rind, daneben führten sie Schafe, Ziegen und Schweine ein. Neben ihrer Funktion als Lieferant von Nahrungsmitteln dienten die Tiere zur Herstellung von Dingen des „täglichen Bedarfs" – ihr Fell wurde für Kleidung und Leder ver-

wendet, aus Knochen wurden z. B. Schaber hergestellt. Die Tiere sind vermutlich das ganze Jahr über außerhalb der Behausungen gehalten worden. Stallungen waren höchstwahrscheinlich nicht vorhanden, das warme Klima dieser Epoche ermöglichte wohl eine ganzjährige Weidung. Waldweide und Laubheufütterung bildeten daher die Basis der Viehhaltung. Von den domestizierten Tieren ist der Hund das älteste, er erfüllte Aufgaben als Jagdhelfer und Viehhüter – nur in Krisenzeiten wurde er als Nahrungsmittel angesehen.

Nuonk blickte noch einmal zurück.

Das große Haus war so gut wie fertig.

Er war stolz auf das, was er und seine Gefährten in den zwei Monden geleistet hatten. Die Waldmenschen, so glaubte er, hatten sich damit einverstanden erklärt, dass er seine Sippe – mit allem Hab und Gut – zum Siedelplatz am Ufer des kleinen Flusses führen würde.

Die Reise flussaufwärts wird länger dauern als die flussabwärts, das wusste er aus Erfahrung. Und für den Weg zurück zu den Waldmenschen würde seine Familie keine Einbäume benutzen können, schon allein wegen der vielen Tiere, die sie mit sich zu führen gedachte. Doch er wusste, dass die Entscheidung, das neue Land zu besiedeln, unumgänglich war – weil das Land der Waldmenschen für den Anbau von Feldfrüchten ideal geeignet war.

„Wir kommen zurück, es wird viele Tage und Nächte dauern, doch vertraut darauf, dass wir zurückkommen", rief er den Waldmenschen zu, die versprochen hatten, das Haus zu bewachen und niemandem zu erlauben, sich in ihren Jagdgebieten aufzuhalten.

Asa hob ihren rechten Arm und winkte den Männern zu, die sich nun auf den Weg machten. Nuonk hatte sich in der Nacht zuvor zu ihr geschlichen – und ihr beigewohnt. Und ihr versprochen, sie zu seinem Weib zu machen, nach seiner Rückkehr aus dem Land, wo so viele Flüsse zusammenströmten.

Tod eines Clanchefs

Ein bandkeramisches Gräberfeld in Inden-Altdorf (5. Jahrtausend v. Chr.)

Es war schon eine kleine wissenschaftliche Sensation, als Archäologen im Jahre 2000 im Gebiet der Aldenhovener Platte ein bandkeramisches Gräberfeld entdeckten – das war nämlich erst der zweite Fund von Gräbern der bandkeramischen Kultur im Rheinland (nach Niedermerz/Aldenhoven).

Der Fundplatz lag auf einer Kuppe am Rand des Altdorfer Tälchens (westlich von Inden-Altdorf) im Bereich einer bandkeramischen Siedlungsanlage, die aus einer Haupt- und einer Nebensiedlung bestand. Beide Siedlungen waren mit Erdwerken umgeben, die Kleinsiedlung auf der Nordseite des Tälchens sogar mit einem massiv befestigten Erdwerk.

Insgesamt 120 Befunde konnten die Archäologen mit ziemlicher Sicherheit als Grabgruben einordnen, darunter 118 Körper- und zwei Brandgräber. Von den untersuchten Gräbern waren 83 verhältnismäßig „reich" mit Beigaben ausgestattet, mit Keramikgefäßen und Steingeräten. Sämtliche Gräber befanden sich in einer kalkhaltigen Bodenschicht, in der sich keine Skelettreste oder Leichenschatten erhalten können. Die Auswertungen der Archäologen konzentrierten sich auf Form, Größe und Ausrichtung der Gräber sowie auf das Beigabenmaterial. Und dabei stellte man fest, dass sowohl die verzierten wie die unverzierten Keramikgefäße als auch die Steinartefakte wahrscheinlich eigens als Grabbeigaben hergestellt worden sind.

Soions letzte Worte waren allen ein Rätsel.

„Der Schlafende hört nichts", hatte er geflüstert, bevor er sich ausgestreckt hatte und das Leben aus ihm gewichen und seine Seele zu den Ahnen zurückgekehrt war.

Alle im Dorf waren erschüttert, als sie am frühen Morgen von Soions Tod erfuhren. Sie hatten ihren Ältesten verloren, den Manne, dem sie alle so viele Jahreszeiten hindurch gehorcht hatten. Dem jeweils Ältesten zu gehorchen, das war die überlieferte Gewohnheit unter den Tal-Menschen, wie sie sich nannten, eine Ordnung, die das Zusammenleben der Stammesmitglieder regelte und das Leben des Clans gegen alle Gefahren und alle Feinde beschützen half.

Damit der Tod Soions die alte Ordnung nicht ins Wanken brachte, rückte an die Stelle des Toten noch am selben Tag ein neuer Ältester, der „graue" Kunda, dem alle ob seines Alters große Hochachtung zuteil werden ließen. Sein Haar war schlohweiß, aber Kunda war kein gebrechlicher Greis, er war stark, er war gesund und von Natur aus voller Energie. Und so gab es auch keinen Widerspruch, als die Alten des Clans vor das große Haupthaus traten und Kunda zum neuen Clanchef ausriefen.

Kunda hob beide Arme, als er in die Mitte des Platzes trat – fast alle Tal-Menschen waren zusammengekommen, nur einige Jünglinge hüteten außerhalb des Dorfes Schafe und Ziegen.

„Soion war alt, ja – er war uralt, er wurde immer schwächer und schwächer, er konnte nur noch mit Mühe laufen, er klagte ständig über Atemnot", so begann Kunda seine Ansprache, „nun aber ist Soion tot. Wer hat ihm das Leben genommen?"

Das war eine Frage, die sich die Tal-Menschen immer stellten, wenn einer der Ihren gestorben war. Der gewaltsame Tod durch Feinde, Menschen wie Raubtiere, war den Tal-Menschen nicht fremd, öfter aber wurden die Sippen von Hunger und Krankheiten heimgesucht, Krankheiten, die immer wieder Jung und Alt dahinrafften. Hunger und Krankheiten wurden den Menschen von den Geistern geschickt, das wussten alle im Dorf. Und viele Frauen starben bei der Geburt ihrer Kinder und viele Neugeborene starben kurz nach der Geburt – der Tod war immer gegenwärtig im Leben der Tal-Menschen.

Doch Soion war ein uralter Mann gewesen, ein hinfälliger Greis. Wer sollte ihm nach dem Leben getrachtet haben?

Kunda wusste, dass es von Vorteil war, erst einmal Soions Worte zu deuten. Vor allem die Jungen wollten wissen, was Soion damit ausgedrückt hatte.

„Soion schläft den ewigen Schlaf", sagte er, „Soion hört uns nicht, er hört nicht, was wir sagen – er hofft aber, dass wir ihn für seine lange Reise zu den Ahnen mit Nahrung versorgen, dass wir ihm seine Waffen mitgeben – Soion, ich verspreche dir, wir werden dir eine prächtige Lagerstatt bereiten."

Noch einmal, so beschied Kunda die Tal-Menschen, wolle man die Sonne aufgehen sehen – „dann werden wir Soion bestatten."

Und er zeigte auf die gegenüberliegende Talseite, auf den Hügel, wo die Tal-Menschen ihre Toten zu begraben pflegten.

Wann Menschen sich erstmals „intellektuell" mit dem Tod auseinandergesetzt haben und das Ableben von Gruppenmitgliedern zeremoniell verarbeitet haben, ist nicht nachweisbar. Es gibt Andeutungen, dass bereits der *homo erectus* vor rund 400 000 Jahren durch Schädelzerschlagung – das haben Funde in Bilzingsleben (Thüringen) vermuten lassen – Verstorbene rituell behandelt hat. Im Laufe der Altsteinzeit entwickelte sich dann aber ein vielfältiges Bestattungsbrauchtum, das von der Säuberung und Entfleischung des Leichnams bis zur selektiven Beisetzung einzelner Körperteile reichte. Belegt ist, dass die Neandertaler zumindest einzelne Mitglieder ihrer Horden beerdigt haben, teilweise wurden die Bestatteten sogar mit Beigaben versehen.

Wann die menschlichen Gemeinschaften begannen, ihre Toten nach bestimmten Regeln beizusetzen, sich

vielleicht sogar mit der Idee eines jenseitigen Lebens beschäftigten, lässt sich ebenfalls nur schwer zeitlich einordnen. Doch schon die frühesten Beigaben zeigen, dass man auf ein Leben nach dem Tod hoffte.

Die bislang ältesten in Mitteleuropa gefundenen Gräber – im Sinne von regelhaft angelegten und genutzten „Friedhöfen" – sind nicht älter als 10 000 Jahre. Sie wurden von mittelsteinzeitlichen Wildbeutern angelegt, wobei man die Verstorbenen in sitzender oder gehockter Haltung, in Rückenlage oder gestreckt, in Höhlen oder in Einzelgräbern begrub, und mit Resten erlegter Tiere und Ziergegenständen ausstattete. In zahlreichen Fällen waren Grabgruben wie Leichname mit rotem Farbpulver bestreut, zumeist mit Ocker, Symbol für Blut und Leben.

Das Gräberfeld in Inden-Altdorf (wie das in Niedermerz) war dadurch gekennzeichnet, dass ein großer Teil der im südlichen Bereich angelegten Gräber eine Ausrichtung von Nordost nach Südwest aufwies; bei den nördlichen Gräbern konnte keine eindeutige Ausrichtung festgestellt werden. Dennoch lässt sich hinsichtlich der Größe und des Aussehens der Grabgruben eine gewisse Regelmäßigkeit feststellen, die Länge der Gräber betrug durchschnittlich etwa 1,40 Meter, ihre Breite 0,60 Meter.

In der Ausstattung der Gräber hat man zwischen den Gräberfeldern in Inden-Altdorf und in Niedermerz indessen auffällige Unterschiede konstatieren können: In Niedermerz wurde überwiegend Steininventar gefunden, während in Inden-Altdorf eine Vielzahl von keramischen Beigaben dominierte.

Darüber hinaus führte der Vergleich der Grabkeramik von Inden-Altdorf mit dem Keramikinventar anderer Siedlungen auf der Aldenhovener Platte zu bemerkenswerten Erkenntnissen. Während sich die verzierte Feinkeramik in Form, Größe und nicht zuletzt in der Verzierung nicht von dem Material unterscheidet, das man im Bereich der Siedlung fand (die so genannte „Siedlungskeramik"), ist sie durchgängig weicher gebrannt.

Das lässt die Vermutung zu, dass es sich bei den in Gräbern gefundenen Keramikgefäßen um eine spezielle „Grabkeramik" handelt.

Am frühen Morgen des nächsten Tages machten sich die Männer des Dorfes daran, eine nicht allzu tiefe Grube zu graben. Inmitten der Gräber, die man für die verstorbenen Stammesangehörigen angelegt hatte, oben auf dem kleinen Hügel, hoben sie eine Grube aus, den Sand schoben sie mit den Händen und groben Stücken behauener Rinde beiseite.

Schon vor der Mitte des Tages, als die Sonne ihren höchsten Punkt erreichte, war die Grube fertig. Nun bedeckten die Männer den Boden mit Grasbüscheln, damit Soion sich auf einem weichen Lager niederlassen konnte.

Kunda führte den Zug der Tal-Menschen an, die den Leichnam Soions zur Bergkuppe hinauf begleiteten – man hatte eine Bahre angefertigt, auf der Soion ruhte. Die Alten, die ihn trugen, zeigten keine Regung, als sie den Körper des Toten in die Grube legten.

Einer der Alten kletterte ins Grab, drehte Soion auf die rechte Seite und knickte seine Arme an den Ellenbogen, seine Beine an den Knien ein – es sollte der Eindruck entstehen, als sei Soion in einen tiefen Schlaf gefallen.

Dann schütteten die Alten Ocker auf den Leichnam – „Rot ist die Farbe des Blutes, Rot steht für

Das Hocker-grab stammt aus dem band-keramischen Gräberfeld von Arnoldsweiler-Ellebach.

Wärme, Leben und Wiedergeburt", rief Kunda in diesem Augenblick, „Soion möge in der neuen Welt, in die er reist, in der Welt der Träume, in der Welt der Ahnen, als junger, starker und gesunder Mensch erwachen."

Nun musste der Tote noch für die Reise ausgerüstet werden.

„Soion" – Kunda stand unmittelbar vor der Grube, als er sich auf die Knie fallen ließ – „wird das gleiche Leben führen wie hier in unserer Gemeinschaft."

Nun sprach er den Toten direkt an: „Soion, du weiser Mann, in der Welt der Ahnen warten sie auf dich, deine Söhne und Enkel, die vor dir gestorben sind, deine Brüder und Schwestern, deine Eltern, die Eltern deiner Eltern, die Eltern der Eltern deiner Eltern – du wirst mit ihnen gemeinsam eine neue Hütte bauen und einen Einbaum aushöhlen, du wirst mit ihnen auf Fischfang gehen und Wild jagen, du wirst mit ihnen reiche Ernten einbringen."

Das war der Moment, in dem man Waffen und Werkzeuge, die Soion gehörten, ins Grab legte, ein Beil mit quer stehendem Blatt, Pfeil und Bogen sowie einige Steinklingen. Dann deckte man den Körper mit Bärenfell zu – der Verstorbene sollte keinesfalls frieren.

Schließlich kamen die Frauen des Dorfes – sie trugen verzierte Gefäße, die man am Tag zuvor eigens für Soions Bestattung angefertigt hatte. Es waren zahlreiche kleine und größere Krüge, Schalen und Fläschchen. Sie hatten die Gefäße aus Ton geformt, in den noch feuchten Ton wunderschöne Zierformen eingeritzt, die Gefäße dann nur kurz über dem Feuer gebrannt. Die Flaschen waren mit Wasser und Honig gefüllt, die Schalen mit Früchten und Fleisch.

Plötzlich wurde es laut. Zwei Enkel Soions zerrten einen Hund zum Grab. Das Tier bellte, jaulte, winselte, als es immer wieder versuchte, sich loszureißen.

Es war Soions Hund. Anscheinend spürte er, dass etwas nicht mit rechten Dingen zuging – er wollte um nichts in der Welt ans Grab seines Herrn.

Mit Mühe und Not schleiften die beiden jungen Männer den Hund an den Rand der Grube. Dann warf einer der Alten dem Tier gleich zwei Schlingen um den Hals, die Enkel zogen die Schlinge zu. Der Hund begann zu röcheln, die Zunge hing ihm zum Hals heraus, seine Augen erstarrten.

Karas, einer der Enkel, hob das Tier auf und rief: „Soion, großer Vater, nimm deinen Hund mit, er wollte nicht ohne dich hier verweilen!"

Dann warf er das Tier in die Grube, zu Füßen des Toten.

Am Abend brannte ein großes Feuer vor Soions Grab. Hell loderten die Flammen, als die Tal-Menschen Abschied von Soion nahmen. Immer wieder holten die Frauen neue Bündel Reisig, um das Feuer zu nähren, über dem hauptsächlich Fisch gegart und gebraten wurde. Die Hälfte des Fischs, den sie verzehrten, warfen die Menschen zurück ins Feuer oder in Richtung des Grabes. „Nimm, Soion, iss auch du davon", riefen die Männer, „du hast eine lange Reise vor dir!"

Kodscha, der Medizinmann, der sich seit Soions Tod in den Wald zurückgezogen hatte, war wieder aufgetaucht – seit Sonnenaufgang hatte er seine Schellentrommel bearbeitet, den ganzen Tag lang hatte dumpfer Trommelwirbel die Tal-Menschen begleitet, mal sehr laut, dann wurde es wieder leiser und leiser, um dann wieder Lautstärke aufzunehmen, schließlich stimmte Kodscha eine monotone Melodie an und erzählte in ermüdendem Sprechgesang vom langen Leben Soions, von seinen Abenteuern und Heldentaten.

Es hatte viel Streit und Ärger im Dorf der Tal-Menschen gegeben, in den letzten Monden. Die Jungen des Clans hatten Soion immer wieder vorgeworfen, nur die Beziehung zu Sippen in der Umgebung für wichtig zu erachten, dagegen den Austausch mit weiter entfernt lebenden Stämmen zu vernachlässigen, etwa zu den Gruppen im Land der untergehenden Sonne, die die besten Feuersteine zur Verfügung hätten. In vielen Dörfern, oft nur ein bis zwei Tagesmärsche entfernt, gäbe es nicht nur schönere Mädchen, nein – dort verwende man viel mehr Mühe darauf, kunstvoll gestaltete Krüge, Schalen und Flaschen zu brennen und gegen Messer und Klingen einzutauschen, die Clans in ganz weit entfernten Gegenden hergestellt hätten.

Kunda aber dachte nicht daran, Soions Wirken zu verurteilen.

Am Ende dieses Tages – man hatte Soions Grab längst mit Zweigen bedeckt und mit Sand zugeworfen – versuchte Kunda, den Tal-Menschen eine Antwort auf die Frage zu geben, die er selbst öffentlich gestellt hatte, es musste eine Antwort sein, die alle überzeugte.

„Brüder und Schwestern, Söhne und Töchter, es waren die Geister unserer Ahnen, die Soion zu sich gerufen haben, niemand trachtete ihm nach dem Leben, Soion geht den Weg in die Welt der Ahnen, zu ihren Dörfern, ihren Feldern, ihren Tieren, ihren Seen und Flüssen."

Die meisten Tal-Menschen deuteten ihre Zustimmung an, indem sie langsam mit dem Kopf nickten. Die Jungen aber blickten auf den Boden und schwiegen.

Soions und Kundas Sippe siedelte in der Zeit zwischen 5000 und 4500 v. Chr. auf der Aldenhovener Platte, in der letzten Phase der bandkeramischen Kultur, die hierzulande etwas länger dauerte als im übrigen Europa. Über das Ende der Bandkeramik im Rheinland gibt es mittlerweile neue Thesen und Theorien – die jüngste davon wurde aufgestellt auf der Basis der Untersuchung von 15 jungsteinzeitlichen Siedlungen bei Bedburg-Königshoven. Diese Siedlungen waren zwischen 1955 und 1993 im Vorfeld des Tagebaus Garzweiler ergraben und ausgewertet worden.

Der Autor der Studie, der Kölner Prähistoriker Erich Claßen, der jüngst den Archäologiepreis der

Beigaben aus dem bandkeramischen Gräberfeld von Inden-Altdorf: Keramikgefäße und Steinartefakte, wie Dechsel, Pfeilspitzen, Klingen, Kernstein, und eine Schwefelkiesknolle.

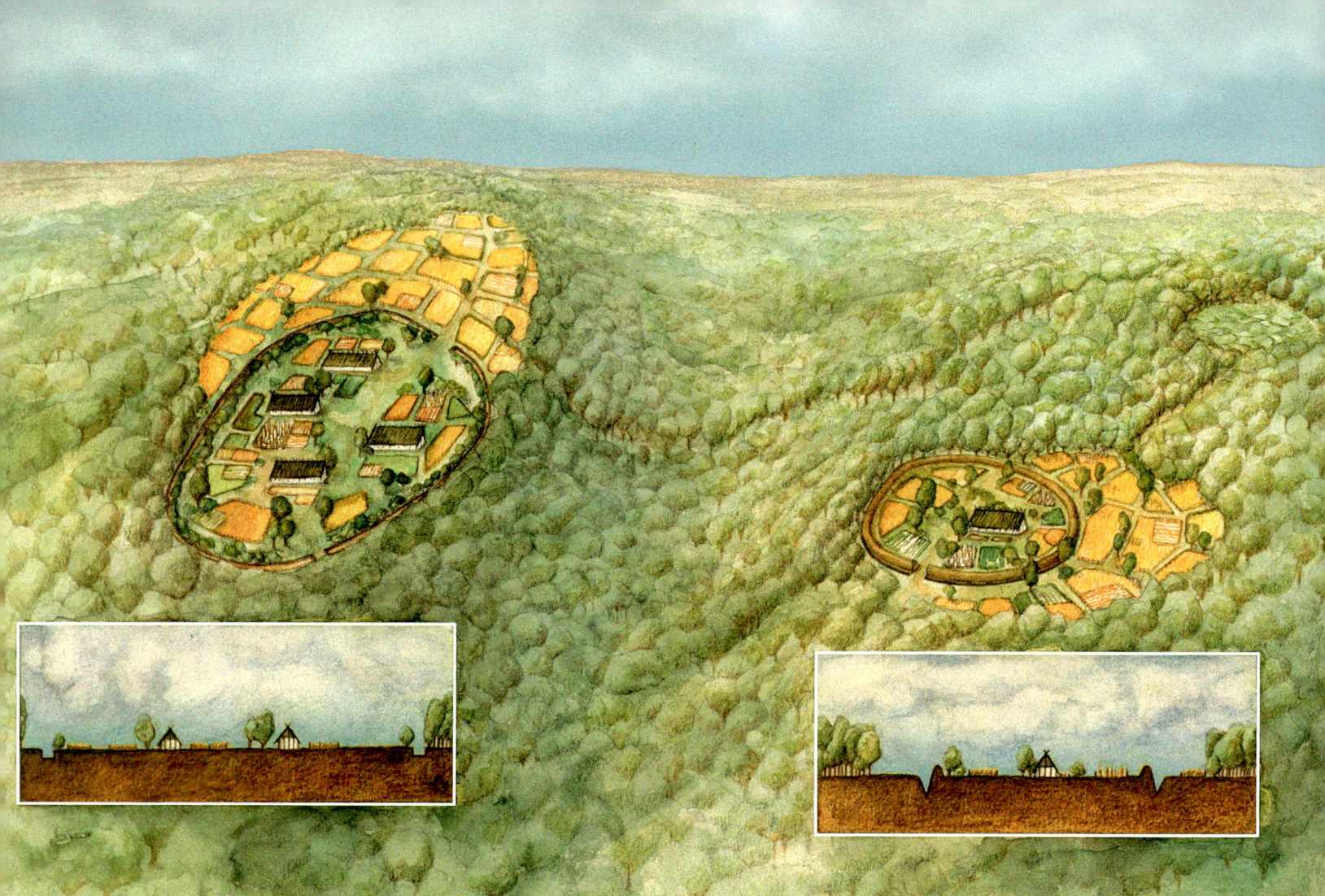

Rekonstruktion der bandkeramischen Kleinregion von Altdorf mit Großsiedlung (links), Erdwerk mit Innenbebauung (vorn rechts) und Gräberfeld (hinten rechts).

„Stiftung zur Förderung der Archäologie im rheinischen Braunkohlenrevier" erhalten hat, kommt zum Schluss, dass weder wirtschaftliche noch ökologische Schwierigkeiten zum Ende der ersten bäuerlichen Gesellschaft in der Region geführt haben. Dass zahlreiche Siedlungen damals aufgegeben worden sind, sei eine Folge des Zerfalls der bisherigen Beziehungsnetzwerke.

„Die ältere Generation der Bandkeramiker hatte offenbar Schwierigkeiten, die Vorteile ihrer traditionellen Werte zu vermitteln", so beschreibt Claßen in seiner Arbeit den Generationenkonflikt, „die Bauern standen nicht in einer Konkurrenzsituation um fruchtbares Land und auch die ökologischen Veränderungen können das Ende der Bandkeramik nicht schlüssig erklären. Ausgehend von den archäologischen Funden muss man schließen, dass allmähliche Veränderungen der Strukturen innerhalb der bandkeramischen Gesellschaft, also sozialer Wandel, mitentscheidend für ihr Ende waren."

Über mehrere Jahrhunderte weitergegebene Wertvorstellungen, die auf den ersten Blick auf eine stabile Gesellschaftsstruktur hindeuten, sollen nach Auffassung des Autors etwa vor 7000 Jahren allmählich an Bindungskraft verloren haben. Ein neues Selbstverständnis der nachfolgenden Generationen zeigte sich vor allem darin, dass sich zunehmend kleinere soziale Einheiten als Gruppen darstellten. Dies war das Ende der frühesten Bauernkultur des Rheinlandes – was aber nicht heißt, dass die bisher hier siedelnde Bevölkerung die Region verlassen hat, dass neue Menschengruppen ins Rheinland eingewandert sein könnten.

Es änderten sich, so glaubt Claßen annehmen zu können, die Bedeutung bestimmter Siedlungen und die materielle Basis der Kultur der Menschen – und damit ändern sich auch die archäologischen Funde, auf die wir heute stoßen wie etwa die Relikte der Siedlungen und die Form und die Verzierung der Tongefäße. Es habe sich gezeigt, dass wohl keine der Siedlungen bei Königshoven vom Zugang zu den Vorkommen des begehrten Rohmaterials des Rijckholt-Feuersteins (bei Maastricht) abgeschnitten worden war. Innerhalb der Siedlungsgruppen seien jedoch Unterschiede in der Produktionsintensität zu erkennen – in einigen der Dörfer wurden mehr Artefakte hergestellt; allerdings waren diese Siedlungen auch stärker von der „Belieferung" mit Rijckholt-Feuerstein abhängig als die anderen Siedlungen.

Da sich der Wandel in der Bedeutung bestimmter Siedlungen auch bei den Netzwerkanalysen der Keramikverzierungen zeigt, wird für die erste Hälfte des 5. Jahrtausends v. Chr. eine Änderung in der Gesellschaftsstruktur der hier siedelnden Gruppen angenommen: Mit der „jüngeren" Bandkeramik, der Zeit, in der Soion und Kunda lebten, setzte innerhalb der rheinischen Bandkeramiker-Gesellschaft ein Wandel ein, der auf einen Bruch mit verwandtschaftlich begründeten Traditionen hindeutet.

„Mit Stumpf und Stiel ausgerottet" – Cäsar und die Eburonen

Der Goldschatz von Niederzier

Einer der Stämme, die sich dem römischen Vordringen in Gallien mit äußerster Entschlossenheit widersetzten, waren die Eburonen, ein keltisch-germanisches Volk, das am linken Niederrhein (bis in die Kölner Bucht) siedelte. Von diesem Stamm ist nur der Hauptort namentlich bekannt, Atuatuca, der allerdings bisher nicht lokalisiert werden konnte. Es sind aber einige Siedlungen der Eburonen gefunden worden, eine davon wurde 1978 bei Niederzier (Kreis Düren) entdeckt. Den Ort haben seine Bewohner offensichtlich kurz vor der Mitte des 1. Jahrhunderts v. Chr. planmäßig verlassen – die Archäologen fanden dort aber einen Goldschatz, bestehend aus 46 Münzen, einem Armreif und zwei Halsreifen (insgesamt mehr als 500 Gramm reines Gold). Hat man bei der Aufgabe der Siedlung den Schatz vergraben (im Glauben, man kehre eines Tages zurück) oder wusste zu diesem Zeitpunkt niemand mehr von diesem Versteck?

Die beiden ubischen Kundschafter sind ratlos. Sie steigen von ihren Pferden, nähern sich langsam, die Tiere am Zügel führend, dem umwallten *oppidum*, das sie seit dem frühen Morgen aus sicherer Entfernung beobachtet haben. Nichts regte sich in der Ortschaft, es hatte kein Hahn gekräht, es war den ganzen Vormittag hindurch kein Lärm zu vernehmen, weder von Mensch noch von Tier, sie hatten überhaupt kein Lebewesen zu Gesicht bekommen.

Seltsam, dachte Mandubracius, einer der beiden, was hat das zu bedeuten?

Man hatte sie vorgeschickt, der Führer der ersten Kohorte, der *primipilus*, hatte ihnen eingeschärft, die Ortschaft zu beobachten, jede Bewegung festzuhalten, sie sollten auskundschaften, wie viele Bewaffnete sich innerhalb des Walles aufhielten. „Wir müssen vorsichtig sein", hatte er gesagt, „unsere Abteilung besteht nur aus zwei Kohorten, und wenn diese verfluchten, treulosen Eburonen in der Überzahl sind, müssen wir Verstärkung anfordern."

Nun standen die Kundschafter vor dem *primipilus*. Lucius Valerius Longinus diente seit fast 20 Jahren im römischen Heer, er war ein furchtloser, erfahrener Legionär, „der beste Soldat der Legion". Er hatte die Truppe hinter einem Wäldchen postiert, er wollte kein Risiko eingehen, er kannte schließlich die Eburonen, das waren harte Kämpfer, das hatte er den Manipelführern und den Centurionen, mit denen er gerade Kriegsrat hielt, schon mehrfach eingeschärft.

Lucius herrschte den Dolmetscher, einen Mann aus dem Stamm der Häduer, an: „Frag sie noch einmal, was sie gesehen haben!" Er verstand kein Wort, als der Häduer, ein Mann aus Zentralgallien, versuchte, sich mit den beiden Germanen zu verständigen, eine furchtbare Sprache, dachte Lucius nur, die sollen gefälligst Latein lernen, diese Barbaren.

Nach einiger Zeit wandte sich der Dolmetscher wieder an ihn. „Sie sagen, sie hätten niemanden im *oppidum* gesehen, keine Seele, weder Herr noch Knecht, weder Frau noch Kind, sie nehmen an, dass die Siedlung menschenleer ist."

Der *primipilus* dachte kurz nach.

„Das könnte ein Hinterhalt sein, vielleicht wollen sie uns in Sicherheit wiegen und uns in eine Falle

Julius Cäsar ließ als erster Römer sein Porträt auf Münzen prägen.

locken – schickt 20 Reiter vor, die Kundschafter sollen sie begleiten, bei der geringsten Gefahr sollen sie umkehren."

Und er bedeutete einem seiner Unterführer: „Wir bleiben hier."

Gallien im Jahre 51 v. Chr. – das Land zwischen Alpen, Pyrenäen und Rhein ist so gut wie unterworfen. Die letzte große Anstrengung der Gallier, das römische Joch abzuschütteln, war ein Jahr zuvor grandios gescheitert, Cäsars Sieg bei Alesia bedeutete das Ende des freien Galliens, der Führer des Aufstandes, Vercingetorix, hatte sich auf Gnade und Ungnade dem Sieger ausgeliefert.

Doch noch immer gibt es Widerstand gegen die Römer, Aulus Hirtius, Cäsars Sekretär und Freund (der das achte Buch des „Gallischen Krieges" verfasst und – anhand der Aufzeichnungen Cäsars – über die Ereignisse der Jahre 51 und 50 v. Chr. berichtet hat, weil der wegen des mittlerweile begonnenen Bürgerkriegs nicht mehr dazu gekommen war, sein großes Werk *De bello gallico* zu beenden), beginnt seinen Text mit dem schönen Satz: „Ganz Gallien war nunmehr völlig besiegt" – um im nächsten Satz mitzuteilen, Cäsar habe schon am Ende des Jahres 52 v. Chr. die Nachricht erhalten, dass „mehrere Stämme von Neuem und gleichzeitig Kriegspläne schmiedeten und im Geheimen miteinander verhandelten."

Nach diversen Kämpfen gegen die Stämme der Bituriger, Carnuten und Bellovacer führte Cäsar einen Teil seiner Truppen schließlich gegen ein Volk, das – laut seiner eigenen Aussage – schon längst besiegt war, die Eburonen. Cäsar war offensichtlich sehr nachtragend, er konnte es nicht verwinden, dass einer der Könige der Eburonen, Ambiorix, ein Mann, den Cäsar geradezu hasserfüllt verfolgte, immer wieder seinen Häschern entkommen war. „Cäsar selbst", so berichtet Aulus Hirtius, „rückte aus, um das Land des Ambiorix vollständig zu verwüsten. Da er nicht mehr damit rechnete, den Flüchtenden in seine Gewalt zu bekommen, so erforderte es, wie er meinte, seine Ehre als nächstes, dessen Land durch Vernichtung von Menschen, Gehöften und Vieh in eine solche Wüste zu verwandeln, dass dem Ambiorix der Hass seiner noch übrig gebliebenen Stammesgenossen wegen des so großen Unglücks, in das er sie gestürzt, jede Rückkehr unmöglich machen würde. So ließ er denn das ganze Land des Ambiorix teils von den Legionen, teils von den Hilfstruppen durch Massaker, Brand und Plünderung verwüsten, wobei viele Einwohner erschlagen oder gefangen genommen wurden."

Was war der Grund für den Hass des römischen Feldherrn gegen die Eburonen und gegen ihren König Ambiorix?

Die Eburonen zählten zu den *Germani cisrhenani*, zu den linksrheinischen Germanen, zu den Stämmen, die sich schon vor geraumer Zeit in Gallien angesiedelt hatten. Ihr Name soll mit der Eibe zusammenhängen, Eburonen sind die, „denen die Eibe heilig ist". Ihre Familien- und Sippenverbände lebten in kleinen Dörfern und Weilern zwischen Maas und Rhein. Sie bildeten mit den Condrusern und einigen anderen kleineren Völkern einen Stammesverband, der nach Aussage Cäsars 40 000 Krieger stellen konnte (was Historiker heute bezweifeln). Die Eburonen standen unter der Herrschaft zweier Könige, des Catuvolcus und des Ambiorix, der im Westen, in der Nachbarschaft zu den Atuatukern, residierte.

Im Herbst des Jahres 54 v. Chr. – Cäsar hatte seine Legionen, auf mehrere Stämme verteilt, in Winterlagern untergebracht, eines im Gebiet der Eburonen –

„begannen Ambiorix und Catavolcus plötzlich mit einem Aufstand und Abfall", heißt es lapidar im Kriegsbericht des Feldherrn. Die Eburonen stürmten gegen das Winterlager bei Atuatuca an, in dem eine Legion und fünf Kohorten stationiert waren, etwa 9000 Mann unter dem Kommando der Legaten Quintus Titurius Sabinus und Lucius Aurunculus Cotta. Nachdem ein erster überraschender Angriff der Eburonen gescheitert war, ließen sich die Römer auf Verhandlungen ein, in denen Ambiorix – mit Verweis auf die Wohltaten, die er von Cäsar empfangen habe – den römischen Befehlshabern nahelegte, das Winterlager aufzugeben und das Stammesgebiet der Eburonen zu verlassen; und er versprach den Römern mit seinem Eid den unbehelligten Durchzug durch sein Land. Nach hektischem Kriegsrat auf Seiten der Römer konnte sich Sabinus durchsetzen, der für den Abzug plädiert hatte. Am nächsten Tag verließen die Truppen in langer Marschkolonne das Lager – und gerieten in einem nahen Tal im waldreichen Gebiet in einen doppelten Hinterhalt: „Plötzlich erschienen die Feinde von beiden Seiten, sie bedrängten die Nachhut, verlegten der Vorhut den Aufstieg aus dem Tal und eröffneten so auf einem für uns höchst ungünstigen Gelände den Kampf."

Ambiorix, der die Eburonen anführte, übertraf seine Treulosigkeit noch, als er dem Sabinus in einer Waffenpause bedeutete, er hoffe, bei seinen Landsleuten Schonung für die Legionäre erwirken zu können; wenn Sabinus mit ihm reden wolle, werde ihm nichts geschehen. Im Verlauf der Verhandlungen wurden Sabinus, der seine Waffen niedergelegt hatte, und seine Begleiter „umstellt und schließlich niedergehauen". Danach fielen die Eburonen unter lautem Siegesgeheul über die restlichen Römer her, die sich unter dem Kommando des Lucius Cotta verzweifelt wehrten, der schwer verletzte Cotta fiel, „mit dem Schwert in der Hand". Einige Legionäre flohen des Nachts zurück ins Lager – „dort töteten sie sich in ihrer Verzweiflung ohne Ausnahme gegenseitig." Nur wenige Römer waren dem Gemetzel entronnen, „sie irrten", schreibt Cäsar, „in den Wäldern umher und gelangten schließlich ins Winterlager des Legaten Labienus, dem sie berichteten, was vorgefallen war."

Eineinhalb Legionen in eine Falle gelockt, aufgerieben und niedergemetzelt – das war die größte Niederlage, die Cäsar je erlitten hatte. Er schwor, sich Bart und Haar nicht scheren zu lassen, er trug das Trauergewand und wollte es erst ablegen, wenn er seine nicht im ehrlichen Kampf gefallenen, sondern heimtückisch zu Tode gebrachten Legionäre gerächt habe. Sein ganzer Zorn und seine Rachsucht konzentrierten sich auf Ambiorix, den Anführer der Insurgenten.

Doch es sollte noch eine gewisse Zeit vergehen, bis die Stunde der Rache gekommen war – Cäsar

Ein doppelter Graben schützte die Siedlung der Eburonen von Niederzier.

musste zunächst seinen an verschiedenen Plätzen stationierten Legionen zu Hilfe kommen, die von anderen aufständischen Stämmen bedrängt wurden. Dann wandte er sich gegen die Treverer, deren Anführer Indutiumarus getötet wurde, und die Menapier, die wichtigsten Helfer der Eburonen. Und weil germanische Scharen den Aufständischen zu Hilfe gekommen waren, überschritt Cäsar ein weiteres Mal den Rhein, um die Germanen vor weiteren Interventionen abzuschrecken. „Danach hatte Cäsar etwas mehr Ruhe in Gallien", schreibt er.

Erst im Sommer 53 v. Chr. ging es dann gegen die Eburonen, sie waren nicht vergessen. „Cäsar selbst brach, als die Zeit der Ernte nahte, zum Krieg gegen Ambiorix auf und schickte gleichzeitig Lucius Basilus mit der gesamten Reiterei durch den Ardenner Wald voraus. Dieser Wald ist der größte in ganz Gallien und erstreckt sich in einer Länge von 500 Meilen vom Rhein und dem Trevererland bis zu den Nerviern. Basilus tat, wie ihm befohlen. Schnell und wider aller Erwarten gelangte er ins Land der Eburonen und brachte eine Menge von ihnen, die völlig ahnungslos waren, auf den Feldern auf. Nach ihren Angaben ritt er dorthin, wo sich, wie es hieß, Ambiorix aufhielt." Mit viel Glück, so berichtet Cäsar weiter, sei Ambiorix entkommen, „trotz Verlustes seiner gesamten Kriegsausrüstung, die er bei sich hatte, und seiner Karren und Pferde entging er mit knapper Not dem Tod. Das kam freilich auch daher, dass sein Hof mitten im Walde lag und seine Begleiter bei der Enge des Raumes dem Angriff unserer Reiter eine Weile standhalten konnten. Während des Kampfes hob einer seiner Leute den Ambiorix auf sein Pferd und das Dickicht des Waldes deckte seine Flucht." Den Reitern folgten die Legionen – und das Strafgericht begann, Cäsar forderte die umwohnenden Völker auf, die vogelfreien Eburonen zu hetzen und ihr Land gemeinsam mit den Römern zu plündern. Die Eburonen sollten, wie Cäsar schrieb, „für ihre Verbrechen mit Stumpf und Stiel ausgerottet werden".

Die germanischen Reiter, die Lucius Valerius Longinus losgeschickt hatten, näherten sich langsam dem *oppidum*. Die meisten von ihnen gehörten dem Stamm der Sueben an, einem äußerst kriegerischen Germanenvolk, das auch schon gegen die Römer gekämpft hatte. Die Reiter umkreisten in sicherer Entfernung die Siedlung, hielten ihre Speere bereit. Es war Mandubracius, der als Erster bemerkte, dass ein Tor im Palisadenzaun, neben einem der hölzernen Wachtürme, offenstand. Der Befehlshaber, ein grober Klotz in grobem Wams, der aber immerhin ein wenig die Sprache der Römer zu sprechen verstand, ließ seine Leute anhalten.

„Wir gehen da jetzt hinein – die Pferde lassen wir hier", sagte er und stieg aus dem Sattel.

Es war etwa eine Stunde vor dem Mittag, als die Männer das Torhaus erreichten, das man so angelegt hatte, dass Wall und Palisade auf beiden Seiten rechtwinklig nach innen gebogen waren, sodass ein Feind, stand er vor dem Tor, von beiden Seiten von den Wehrgängen hinter der Palisade aus bekämpft werden konnte. Der Durchgang war etwa neun Fuß breit. Der Anführer gab zweien seiner Leute ein Zeichen – sie schlichen an der Palisade entlang, die Schwerter gezogen, und begaben sich in den Durchgang, der ziemlich tief war. Beide waren für einen Moment den Blicken der nachfolgenden Reiter entzogen, bis sie nach wenigen Momenten aus dem Schatten des Durchgangs traten und dem Sueben zu verstehen gaben, dass keine Gefahr drohe. „Da ist niemand!", rief der eine beschwichtigend.

Der Anführer machte eine Armbewegung, die Leute sollten ihm folgen, während er sich langsam in Richtung Tor bewegte; jeder versuchte, hinter dem Vordermann Schutz zu finden.

Hinter dem Durchgang war ein kleiner Platz, der halbkreisförmig von einigen Holzbauten umgeben war, armseligen Hütten, auf Stelzen gebauten Speichern. Einer der Männer kletterte geschwind die Holztreppe zu einem der Speicher hoch, riss die Tür auf und kroch ein Stück hinein: „Leer!", rief er dann und sprang auf den Boden hinunter. Die Männer lachten.

Das *oppidum* bestand, so schätzte Mandubracius, aus mehr als 200 Gebäuden, Gehöften, die verschiedene Häuser umfassten, Wohn-, Stall- und Speicherbauten. Mit mehreren Sueben durchstreifte er den Teil der Siedlung, die dem Sonnenuntergang zugewandt war. Sie betraten ein Gehöft, zu dem ein großer Garten und mehrere Viehkoppeln gehörten. Im Hof, in dessen Mitte der Brunnen stand, lagen einige Holzschaufeln herum, in einer Ecke hatte man achtlos eine Pflugschar liegen gelassen. Eine der Abfallgruben war voller Scherben. Mandubracius betrat vorsichtig das Wohnhaus, dessen Wände aus Lehm bestanden, den man auf hölzernes Flechtwerk aufgetragen hatte. An den Wänden standen niedrige Lehmbänke, teilweise noch mit Stroh bedeckt, die Herdstelle in der Mitte des Raumes war kalt und feucht – „hier war schon lange kein Feuer mehr entzündet worden", dachte der Ubier. Der Kesselhaken hing noch an einer Kette, den Kessel hatten die Bewohner mitgenommen. Nichts an Wert war zurückgeblieben. Mandubracius verließ das

Der wohl kultisch niedergelegte Schatzfund mit drei goldenen Ringen und 46 Münzen wurde nach der Räumung der Siedlung von den ehemaligen Einwohnern im Boden zurückgelassen – der Pfahl, der die Stelle markierte, jedoch entfernt.

Detail des Schatzfundes von Niederzier.

zählt, die Gallier würden sogar Menschenfleisch essen. Mandubracius schüttelte sich.

Neben dem Holzgeflecht hatte man einen zweiten Kultpfahl aus der Erde gerissen, um ihn mitzunehmen, offensichtlich einen, der aus dem Holz eines heiligen Baumes geschnitzt worden war. Mandubracius blinzelte etwas, er versuchte, in das Loch zu blicken, ging dann zum nächsten Haus. Er setzte sich in den Schatten, um aus dem Trinkschlauch einen kräftigen Schluck Wein zu nehmen.

Obwohl Cäsar im Jahre 53 v. Chr. eine große Streitmacht gegen die Eburonen eingesetzt hatte, gelang es nicht, den Stamm völlig zu besiegen oder gar auszurotten, wie der Feldherr in seiner Rachsucht befohlen hatte. „Ambiorix hatte Boten im Land umhergeschickt und seine Stammesgenossen angewiesen, auf ihre eigene Rettung bedacht zu sein. Infolgedessen flüchteten die Eburonen zum Teil in die Ardennen, zum Teil auch in weit ausgedehnte Moore. Viele verließen ihr Land und suchten mit Hab und Gut bei wildfremden Leuten Schutz und Sicherheit."

Manch einer gab sich gar selbst den Tod. „Catavolcus, der die eine Hälfte der Eburonen beherrschte und mit Ambiorix gemeinsame Sache gemacht hatte, war infolge seines Alters den Anstrengungen des Krieges und der Flucht nicht mehr gewachsen. Er verfluchte den Ambiorix unter allen nur denkbar möglichen Verwünschungen als den Urheber des unseligen Plans, und vergiftete sich dann mit dem Saft der Eibe" – er gab sich den Tod mit dem Gift jenes Baumes, welcher den Eburonen heilig war!

Das Land der Eburonen hatten die Römer indessen, so gut es ging, verwüstet – „alle Dörfer und Gehöfte, die man zu Gesicht bekam, gingen in Flammen auf und von überall her trieb man erbeutetes Vieh zusammen. Unsere Reiterei durchstreifte das Land und so kam es häufig vor, dass Feinde, die man gefangen nahm, sich nach Ambiorix umsahen, den sie eben noch auf der Flucht erblickt hatten, und dass sie steif und fest behaupteten, er könne ihrem Gesichtskreis noch nicht völlig entschwunden sein." Ambiorix, der meistgesuchte Mann Galliens, rettete sich, in Beglei-

Haus und deutete seinen Gefährten mit einem Kopfschütteln an, dass hier keine Beute zu machen war.

Auf dem Rückweg, schon in der Nähe des Tores, machte Mandubracius eine merkwürdige Entdeckung: Am Rand des Platzes steckte ein starker Holzpfahl mitten in einem runden Holzgeflecht, zehn Pflöcke waren kornartig mit Ruten umwunden worden; wahrscheinlich ein Kultpfahl, ging ihm durch den Kopf. Sie hatten hier ganz andere Götter, diese Gallier, sie nannten sie Teutates, Esus, Taranis, jeder Stamm hatte seine eigenen Götter, die Hauptgöttinnen hießen Rosmerta, Epona und Andata, die Kriegsgöttin, der sie auch Menschen opferten. Ein römischer Offizier hatte einmal ertung von nur vier Reitern, immer wieder vor seinen Verfolgern in Schluchten und Wälder der Ardennen, bevor er schließlich über den Rhein setzte und bei den Germanen Unterschlupf fand.

Noch einmal, nach der Niederschlagung des Aufstandes des Vercingetorix, begab sich Cäsar, wie eingangs erwähnt, ins Land der Eburonen, das erneut verwüstet wurde. Doch der Berichterstatter Hirtius spricht nicht von der „Vernichtung" der Eburonen – man nimmt daher an, dass sich die überlebenden Eburonen anderen Stämmen angeschlossen haben, den Texuandrern im Westen und den Tungrern im Süden. Vielleicht waren ja die Sunuker, die im Raum des heutigen Aachen siedelten, eine Teilgruppe der Eburonen, die dem römischen Wüten entgangen sind. Als politische Einheit traten die Eburonen nach dem Jahr 51 v. Chr. aber nicht mehr auf.

Der Anführer des Spähtrupps rief seine Männer zusammen. „Die Leute hier wussten, was ihnen blüht, sie sind rechtzeitig abgezogen und die Vorräte haben sie auch mitgenommen", murmelte er vor sich hin. „Lasst uns zurückreiten!"

Lucius Valerius Longinus hörte sich schweigend den Bericht der Kundschafter an. Nicht einmal eine Maus hätten sie zu Gesicht bekommen, sagte einer der Germanen. Lucius überlegte lange. Das war keine Flucht, die Eburonen hatten sich durch einen planmäßigen Rückzug ihrer Bestrafung entzogen. Es war sinnlos, die Wälder der Umgebung von seinen wenigen Männern durchsuchen zu lassen. Und sollte er den Ruhm der römischen Waffen mehren und ein menschenleeres Dorf, das aus einigen verdreckten Holzhütten bestand, niederbrennen lassen?

Er befahl den Unterführern, die Legionäre auf den Abmarsch vorzubereiten.

„Und sagt den Leuten, dass in diesem verlassenen *oppidum* ohnehin nichts an Wert zu holen gewesen wäre – die verdammten Eburonen haben alles mitgenommen, was nicht niet- und nagelfest ist."

Als sich die Kohorten und Manipel feldmarschmäßig geordnet hatten, blickte Lucius noch einmal zurück. „Den Namen dieses armseligen Nestes werden wir nie erfahren", dachte er – er hob seinen rechten Arm und gab den Befehl zum Aufbruch.

Mandubracius, der ubische Kundschafter, hatte sich wie immer, wenn man ihn nicht brauchte, der Nachhut angeschlossen. Er dachte darüber nach, wem das schöne und fruchtbare Land, das die Eburonen verlassen hatten, zufallen würde. Dass er nur wenige Schritte neben einem Goldhort gerastet hatte – das würde er nie erfahren.

Der so genannte „Goldschatz von Niederzier" wurde nahe der westlichen Umwallung der keltisch-germanischen Siedlung gefunden; die Archäologen zählten genau 266 Gebäude aus unterschiedlichen Zeiten und zu unterschiedlicher Nutzung in einem von einer doppelten Grabenanlage umgebenen Oval von 210 mal 170 Meter Ausdehnung.

Der Schatz lag in einer Grube, an einer deutlich sichtbaren Stelle in der Nähe eines Pfahls, versteckt in einer Tonschale. Die Münzen waren in einem Lederbeutel verstaut, auf den die Goldringe gelegt waren. 26 der insgesamt 46 Münzen sind „Regenbogenschüsselchen", kleine schalenförmige Münzen, die mit Vogelköpfen, Blattkränzen, Kugeln und dergleichen mehr geschmückt sind; diese Prägungen schreibt man dem keltischen Stamm der Vindeliker zu, die im südlichen Deutschland siedelten, auf der bayerisch-schwäbischen Hochebene (die spätere Hauptstadt der römischen Provinz *Raetia* trug den Namen *Augusta Vindelicum*, das heutige Augsburg). Die anderen Münzen zeigten auf der Vorderseite verwilderte, bekränzte Köpfe, auf der Rückseite ein nach rechts springendes Pferd. Dieser Münztyp ist dem Stamm der Ambianer zugeordnet, die um die heutige Stadt Amiens siedelten.

Starker Mann – stark beschwippst:
Eine Geschichte rund ums Trinken

Der *Hercules bibax* aus Niederzier-Lich-Steinstraß (Ende 2. Jahrhundert n. Chr.)

Es war – nach Aussage der Ausgräber – eines der „außergewöhnlichsten Fundstücke", die je im Vorfeld des Braunkohlentagebaus ans Licht gekommen sind. Im Frühjahr 1993 entdeckten Archäologen etwa 500 Meter nördlich der alten Römerstraße Köln-Tongern, nicht weit vom ehemaligen Ort Lich-Steinstraß, eine bronzene Herkulesfigur. Die nur zehn Zentimeter hohe Bronzeplastik wurde im Bereich einer spätrömischen Befestigungsanlage gefunden; es wird aber vermutet, dass die kunstvoll gegossene Figur ursprünglich im Hausheiligtum jener *villa rustica* gestanden hat, die nicht weit vom Fundort ausgegraben worden ist und deren Anfänge man ins 1. Jahrhundert n. Chr. datiert. Die Figur stellt den „trunkenen Herkules" – *Hercules bibax* – dar, ein beliebtes Motiv der hellenistischen Kunst, bei den Römern indessen weniger verbreitet. Der Halbgott hat einen starren Blick, sein Mund steht offen, in seiner linken Hand hält er einen großen *scyphus* (Trinkgefäß), die Keule in seiner Rechten ist abgebrochen. Er trägt das Fell des Nemeischen Löwen um die Schultern, das Tierhaupt ist kunstvoll auf die linke Seite drapiert worden. Wo und wann die Figur hergestellt wurde, ist nicht eindeutig zu bestimmen – vermutlich in Unteritalien, einiges spricht für das späte 2. Jahrhundert. In der Regierungszeit des Kaisers Commodus (180–192) war der Herkuleskult bei den Römern nämlich besonders ausgeprägt.

Der Gutsbesitzer Publius Aemilianus Macrinus hob seinen silbernen Becher: „Freunde, trinkt mit mir auf das Wohl meines Ehrengastes, des illustren Tiberius Vitealis, der es auf sich genommen hat, die weite Reise von Kampanien nach Niedergermanien anzutreten, um einen alten Kameraden zu besuchen!"

Die Gäste taten es ihm nach, sie hoben ebenfalls die kostbar verzierten Becher in die Höhe und baten die Götter, dem Tiberius ein langes Leben zu schenken.

Publius Aemilianus Macrinus entstammte einer Familie, die – aus einfachsten Verhältnissen kommend – in den Ritterstand aufgestiegen war. Nach seinem Dienst in der kaiserlichen Flotte hatte er sich aufs Land zurückgezogen und bewirtschaftete nun ein Gut, das bereits sein Vater erworben hatte. Um seinen Gast aus Kampanien zu ehren, hatte er Bekannte aus der *Colonia Claudia Ara Agrippinensium* (CCAA) und Nachbarn aus der Umgebung von *Iuliacum* zum Festmahl eingeladen, insgesamt waren neun Personen anwesend, eine ideale Zahl, wie er glaubte. Er hatte Varro gelesen und konnte sich erinnern, dass der große Gelehrte geäußert hatte, die Zahl der Gäste sollte nicht kleiner sein als die der Grazien, nämlich drei, und nicht größer als die der Musen, eben neun.

Die *triclinia* (Liegesofas) waren in Hufeisenform vor den beleuchteten Wänden aufgestellt, die offene Seite nutzten die Bediensteten, um immer neue Speisen auf der ohnehin reich gedeckten Tafel in der Mitte des Saals abzusetzen. Auf jeder der mit Kissen, Decken und Teppichen belegten Klinen lagerten drei Personen, alle in griechische Seidengewänder gehüllt, auf der mittleren der Gastgeber, sein kampanischer Freund und der Befehlshaber der Rheinflotte – Publius Aemilianus Macrinus hatte darauf geachtet, dass die Sitzordnung der Rangfolge seiner Gäste entsprach. Vor

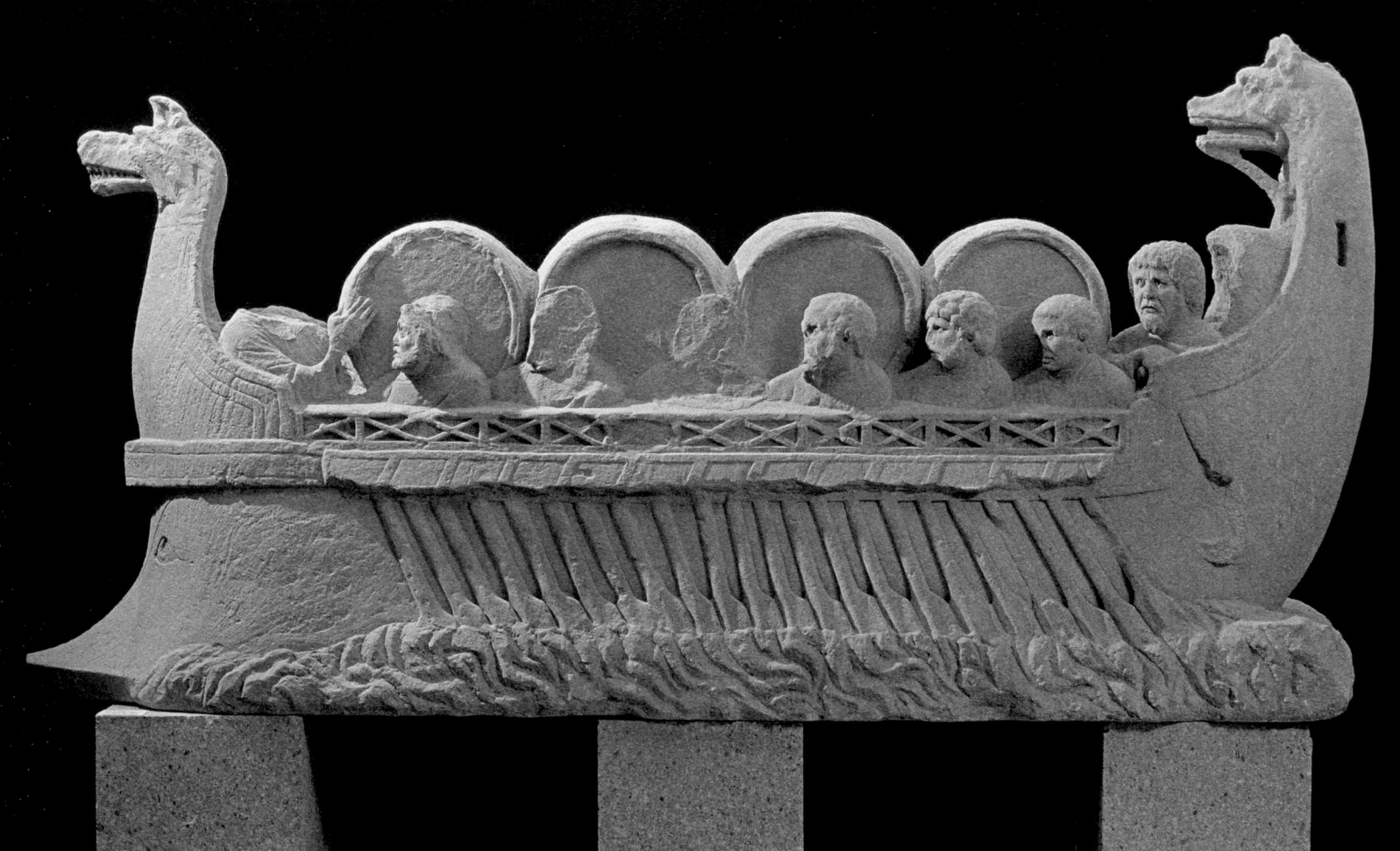

Das Grabdenkmal eines römischen Weinhändlers aus Neumagen zeigt den Transport von Weinfässern per Schiff.

jedem Sofa standen kleine Tische, auf denen Mundtücher und Servietten, Messer und Löffel, aber auch Zahnstocher für jeden Gast bereitlagen, die bedienenden Sklaven servierten auf diesen Tischen all das, was die Gäste aus dem großen Angebot, das die Tafel in der Mitte an Getränken und erlesenen Speisen bot, zu kosten, zu verzehren, zu trinken beabsichtigten.

Publius und seine Gäste hatten bereits mehrere *mensae* (Gänge) hinter sich. Nach der Eierspeise, mit der das Mahl eröffnet worden war, hatte der Küchenchef, der *praepositus cocorum*, ein alter Gallier aus der Gegend von Burdigala, Muscheln, Fisch und Geflügel auftragen lassen. Während die Tischgespräche immer heiterer wurden und bereits die ersten Scherze gemacht wurden, hatte Publius seine Gäste zum Hauptgang mit Pfauenzungen und dem *tetrapharmacum*

überrascht, jenes Gericht, das Hadrians Adoptivsohn Aelius Verus erfunden haben soll, Fasan, Schweineeuter, Schinken und Zuckerwerk. An den Tischen war die Kochkunst im aemilianischen Haus voller Bewunderung, ja Entzücken gelobt worden – was Publius bescheiden abgewehrt hatte: „Freunde, wartet ab, der Abend ist noch lange nicht zu Ende!"

Zum Nachtisch hatte es Käse, *caesus* aus Dalmatien, und Obst gegeben, Datteln, Trauben und Feigen. „Kommt nicht aus dieser Gegend der *siser*, den sich einst der Kaiser, dessen Namen ich trage, aus Germanien schicken ließ?", hatte Tiberius lachend gefragt. Ja, so war ihm bestätigt worden, *siser* (Meerrettich) aus Gelduba war jedes Jahr nach Capri transportiert worden, um dem Imperator, dem Nachfolger des göttlichen Augustus, eine Freude zu machen. „Der schätzte übrigens auch unseren Spargel aus Kampanien", warf Tiberius ein.

Publius Aemilianus Macrinus glaubte, wie so viele seiner Standesgenossen, dass bestimmte, besonders exzellente Produkte aus nur wenigen Herkunftsländern stammten, so wie er nur Honig aus Attika genoss, so liebte er Champignons aus Indien – und so hatte er auch konsequent Feigen aus Chios und Pflaumen aus Damaskus auftischen lassen.

Zwischen den Gängen hatte er seine Gäste immer wieder zum Trinken animiert: „Meine Freunde, labt euch am kühlen Rebensaft, ich lasse latinischen Wein aus Setia, rätischen aus Verona und natürlich den Falerner, aus der besten Rebe der Welt gekeltert, servieren!"

Der Wein, den Publius Aemilianus Macrinus und seine Gäste genossen, kam aus Italien. Wein war das beliebteste Getränk der Römer, sie tranken ihn zu allen Mahlzeiten, vorzugsweise gekühlt und in der Regel mit Wasser vermengt. Reiche Bürger protzten bei BankETT damit, dass sie den Wein mit Schnee oder Eis kühlten – ein kostspieliger Import aus den Bergen.

In Italien wurden verschiedene Sorten produziert – der Schriftsteller Plinius d. Ä. stellte einmal fest, dass die Römer annähernd 200 Weinsorten zur Auswahl hätten, beliebt waren aber auch Strohwein (passum), Honigwein (mulsum) und Obstweine. Weinkenner bevorzugten 10 bis 20 Jahre alte Weine, die von griechischen Inseln importiert wurden; zu den bedeutendsten italischen Lagen gehörten die Anbaugebiete rund um Capua, Falerna und Messina.

In Obergermanien hatte der Weinbau zwar schon im 1. Jahrhundert n. Chr. eingesetzt, vor allem am Oberrhein und in der Pfalz; an Mosel, Nahe und Ahr verbreitete sich der Weinbau dagegen erst später, intensiviert wurde er in diesen Regionen wahrscheinlich erst im 3. Jahrhundert. Für das Moseltal etwa, das sich für andere landwirtschaftliche Produktionszweige nur wenig eignete, wurde er daraufhin zum wichtigsten Wirtschaftsfaktor (und ist es bis heute geblieben). Auch für das Rhein-Main-Gebiet ist seine damalige wirtschaftliche Bedeutung nicht zu unterschätzen.

Da die Rebkultur besondere Pflege und Sorgfalt erforderte, zudem zahlreiche Geräte – Hacken, verschiedene Rebmesser, Stöcke, Bottiche, Tragekörbe für die Traubenernte, Weinpressen, Transportgefäße – benötigt wurden, entstanden zudem einige neue Erwerbszweige. Vor allem das Böttcherhandwerk profitierte vom Aufschwung des Weinbaus, denn die in Gallien schon früh gebräuchlichen Holzfässer verdrängten allmählich die zerbrechlichen Amphoren und Dolien (Tonfässer), mit denen der Wein im Mittelmeerraum transportiert wurde. Konnten vor der römischen Okkupation Galliens italische Weinhändler ihre Weine noch bis in den Moselraum exportieren, so eroberte später der südgallische Wein den Markt – und zwar im gesamten Westen des Römischen Reiches. Somit entwickelte er sich zu einer bedrohlichen Konkurrenz für die Weingüter in Italien.

Bereits unter Kaiser Domitian (81–96 n. Chr.) wurde die Einfuhr billiger Produkte aus den Provinzen nach Italien gestoppt. Es wird immer wieder kolportiert, dass Wein im Römischen Reich so massenhaft produziert wurde, dass er billiger als Wasser gewesen sein soll. Von Plinius d. J. (2. Jahrhundert n. Chr.) ist die Bemerkung überliefert, er könne seinen Wein nur noch gegen hohe Rabatte loswerden. Erst 200 Jahre später, unter Probus (276–282), wurden diverse Einfuhrbeschränkungen wieder aufgehoben.

Dieser Kaiser gilt in vielen Weinbauregionen im Übrigen noch heute als größter Förderer des Weinanbaus, etwa in Österreich und an der Mosel. „Er erlaubte allen Galliern, Spaniern und Briten, Reben zu besitzen und Wein herzustellen", heißt es in seiner Lebensbeschreibung. Dabei steht fest, dass in diesen Ländern schon lange vor Probus Wein angebaut worden ist. Und so ist es auch eine fast schon tragische Fußnote der Geschichte, dass Probus im September 282 ausgerechnet in einem Weingarten von unzufriedenen Soldaten ermordet worden sein soll.

Bis ins 3. Jahrhundert, als der Weinbau an Ahr und Mosel ausgeweitet wurde, spielte der Weinhandel eine große Rolle; wichtige Lieferanten für das Rheinland waren Händler aus dem südgallischen Raum, vor allem Treverer, die sich in Lyon niedergelassen hatten.

Der in Fässern abgefüllte Wein, der auch aus Spanien, Kreta und Kleinasien stammen konnte, wurde entweder auf Karren von Fuhrleuten (*utriclarii*) in den Norden transportiert oder per Schiff. Die Verfrachtung von Weinfässern auf Schiffen zeigt das berühmte Neumagener Weinschiff. Auf dem Grabmal eines Händlers in Mainz sind zwei Sklaven dargestellt, die ein Fass über eine schräge Leiter auf ein Schiff rollen.

Mittlerweile hatte das eigentliche Gelage, die *commisatio*, wie die Römer sagten, in der *villa rustica* des Publius Aemilianus Macrinus begonnen. Die Sklaven nötigten die Gäste, immer mehr und immer schneller zu trinken.

Man blieb beim Wein – „stimmt es, dass die Germanen nur Bier trinken?", fragte Tiberius den Gastgeber, als man ihm erneut einschenkte.

„Puh – Bier, welch furchtbares Getränk", rief einer von Publius' Nachbarn zur Rechten, der schon ziemlich angeheitert war – „Bier, das trinken nur Ägypter, Kelten und Germanen! Mein Leibarzt hat Bier für gesundheitsschädlich erklärt, alle Arten von Krankheiten kommen nur vom Bier!"

Tiberius konnte sich vor Lachen kaum halten.

„Der von dir so geliebte Kaiser Tiberius", warf nun der Flottenkommandant ein, der bisher kaum geredet hatte, „soll ein großer Trinker gewesen sein, so hat es zumindest, wenn ich mich richtig erinnere, ein Historiker überliefert, er habe Zechgenossen nur wegen ihres Trinkvermögens in hohe Ämter befördert und seine Soldaten gaben ihm den Spitznamen ‚Glühweinsäufer'!"

Alle lachten.

„Eine Tischgesellschaft", so sagte nun Publius, der sich erhoben hatte, „erwarte zu Recht, nicht nur bewirtet, sondern auch unterhalten zu werden – liebe Freunde, wir sind hier aber nicht in Rom, wir sind hier in der Provinz und so kann ich nicht mit Poeten und Pantomimen, Tänzern und Schauspielern, Possenreißern und Vorlesern aufwarten – das Einzige, was ich euch bieten kann, ist Musik! Und zwar anständige Lieder mit anständigen Texten! Und daher: Was haltet ihr davon, wenn wir das Glück ein wenig versuchen,

was haltet ihr davon, wenn wir den Würfel rollen lassen?"

Alle Gäste stimmten lauthals zu, nur Tiberius musste schlucken. Er dachte an den regierenden Imperator, an Commodus, der sich zumeist wie ein ordinärer Legionär aufführte, der um die Gunst des Heeres buhlte, der gelegentlich als Gladiator auftrat – und natürlich auch dem Würfelspiel verfallen war.

Während sich einige Flöten- und Kitharaspieler neben dem Eingang postierten und zu musizieren begannen, hatte ein Sklave mehrere Lederbecher mit jeweils drei Würfeln, den *tesserae*, auf die Tische verteilt.

„Der Senat hat das Spielen um Geld verboten", bemerkte der Flottenkommandant lachend und befahl einem Sklaven, seine Börse zu bringen.

„Alexander der Große war der Erste, der von den alten Autoren als leidenschaftlicher Würfelspieler genannt wurde", sagte Publius, „und Claudius, jener Kaiser, der die Ubiersiedlung am Rhein zur Stadt italischen Rechts erhob, hat sogar ein Buch über das Würfeln geschrieben!"

An allen drei Tischen wurde nun gespielt, nach kurzer Zeit standen die Sieger fest, die einige Dutzend Sesterzen gewonnen hatten – sie spielten nun gegeneinander um den Gesamtsieg.

Der Gastgeber war schnell ausgeschieden, ebenso Tiberius, der die anderen Verlierer um sich scharte, indem er fragte, ob ihnen schon der neueste Witz aus Rom bekannt sei.

„Erzähl", riefen mehrere Gäste wie aus einem Mund.

„Nun", so begann Tiberius, „in Rom erregte ein Fremder großes Aufsehen, der dem Kaiser Commodus in Aussehen und Auftreten ungewöhnlich ähnelte. Der Imperator ließ ihn schließlich vor sich bringen, begutachtete ihn lange und fragte dann: ‚War deine Mutter vor deiner Geburt einmal in Rom?' Der Mann zögerte ein wenig, ehe er antwortete: ‚Nein, aber mein Vater!'"

Wieder lachten alle, zumal das Gerücht, demzufolge Commodus nicht der leibliche Sohn des allseits beliebten Kaisers Marcus Aurelius sei, sondern der Sohn eines Gladiators, bis an den Rhein gedrungen war.

Der Flottenkommandant hatte die erste Runde des Würfelns als Sieger beendet, voller Stolz ließ er die Münzen in seine Börse gleiten.

„Mein Freund Publius, Freunde und Weggefährten des Publius", rief nun Tiberius Vitealis und stellte sich vor die Kline des Gastgebers.

„Bevor die Ersten von uns dem Gott des Weins Tribut zollen oder – um es beim Namen zu nennen – sich Erleichterung durch Erbrechen verschaffen müssen, gestattet mir ein Wort an den Hausherrn: Als Dank für die große Ehre, dein Gast zu sein, mein alter Freund Publius, und als Lob deines außergewöhnlich guten Geschmacks möchte ich dir eine unbedeutende Gabe andienen – nimm es als Geschenk, das von Herzen kommt, *vale*!"

Ein Sklave reichte ihm ein Bündel, dem er eine kleine Bronzestatue entnahm. Er übergab sie seinem Freund.

„Es ist eine Skulptur des Herkules, des trunkenen Herkules", fuhr Tiberius fort, als mehrere Gäste ihre Verblüffung kundtaten, „zu seinen berühmten zwölf Aufgaben gehörte das Trinken nicht – aber, wie ihr alle wisst, in den alten Mythen und Überlieferungen wird er für seine Sinnenlust und Lebensfreude gerühmt und so wird er dem Weine im besonderen Maße zugesprochen haben – sein heiterer Lebensgenuss brachte ihm die Verehrung im einfachen Volk und unter den Soldaten ein."

Herkules – griechisch: Herakles – war der berühmteste Sagenheld der griechischen und römischen Welt. Griechen wie Römern diente er als Vorbild für unverwüstliche Körperkraft und unerschütterlichen Mut. Letztlich gilt er als Verkörperung des Kampfes und des Sieges des Guten über das Böse. Sein griechischer Name bedeutet „der durch Hera Berühmte", er bezieht sich auf die Verfolgungen durch Hera, denen Herakles ausgesetzt war. Die Gemahlin des Zeus hasste ihn, weil er der Sohn des Göttervaters und der Alkmene war. Zeus hatte Alkmene in Gestalt ihres Gatten Amphytrion geschwängert, des um den Thron von Mykene gebrachten Perseus-Enkels. Der Ruhm des Herakles-Herkules beruht vor allem auf den zwölf Aufgaben,

unterschiedlichen Taten und Arbeiten, die er nach Weisung des Orakels von Delphi ausführen musste – nachdem er in einem von Hera verursachten Anfall von Sinnesverwirrung die Kinder aus seiner ersten Ehe getötet hatte. Zu diesen Aufgaben, die der ihm feindlich gesinnte König von Mykene, Eurystheus, stellte, gehörte auch die Tötung des Nemeischen Löwen. Da die Lanze des Helden am undurchdringlichen Fell des Tieres abprallte, erwürgte Herakles-Herkules den Lö-

Die kunstvolle bronzene Statuette aus der spätantiken Befestigung bei Lich-Steinstraß stellt den trunkenen Herkules (Hercules bibax) dar.

Das Dionysos-Mosaik schmückte einst den Speiseraum (triclinium) eines luxuriösen Wohnhauses im römischen Köln.

wen. Die abgezogene Löwenhaut wurde eines der Attribute des Helden – er trägt es um die Schultern geworfen, bisweilen dient die Kopfhaut des Löwen als Helmbrunne.

Bei seinem selbst gewählten Tod auf dem Scheiterhaufen wurde Herakles-Herkules aus den Flammen in den Götterhimmel, den Olymp entrückt, wo man ihn, den Halbgott, unter die Unsterblichen aufnahm. Homer indessen wusste von einer Vergötterung des Helden noch nichts.

Herkules wurde im Laufe der Jahrhunderte der Lieblingsheld der römischen Mythologie – und einer der beliebtesten Götter des römischen Volkes, dem man zahlreiche Eigenschaften und Wirkkräfte zuschrieb, der zahlreiche Beinamen erhielt. Damit war er zwangsläufig auch ein Thema der bildenden Kunst. Abgebildet wurde er als das Ideal der Manneskraft, ein muskelbepackter Kämpfer mit gedrungenen Gliedern, er hat einen kurznackigen Hals, zumeist einen verhältnismäßig kleinen Kopf mit niedriger Stirn, das Haupt- und Barthaar ist kraus. Der nackte Heros zeigt in seinem Mienenspiel und seinen Gebärden oft Ermüdungserscheinungen. Nur selten fehlen ihm die Löwenhaut und die selbstgeschnitzte Keule, zuweilen hat man ihm auch Köcher und Bogen als Attribute beigegeben.

Der Kult des Herkules wurde in der Kaiserzeit besonders vom mehrfach erwähnten Commodus gefördert – der verglich sich in seinem Größenwahn gern mit *Hercules invictus*, dem unbesiegbaren Helden. Commodus gab sich als neuer Herkules aus, mit dem Löwenfell bekleidet trat er in die Arena, erschoss Tiere und Menschen; wenn er seine Pfeile wahllos in die Zuschauerränge verschoss, gab er vor, die stymphalischen Vögel töten zu müssen.

Herkules wurde natürlich auch in den römischen Provinzen verehrt. In der Nähe von *Virunum*, einer Stadt im südlichen *Noricum* (heutiges Kärnten), war ihm ein ganzer Tempelbezirk geweiht. Zahlreiche Funde – wie Fragmente von zwei Votivaltären, einer Votivsäule und einer Bronzestatuette vom Typus des *Hercules bibax* – untermauern dort seine Verehrung als Gottheit. Wie archäologische Untersuchungen gezeigt haben, ist der Tempel über lange Zeit – von der zweiten Hälfte des 1. Jahrhunderts v. Chr. bis in die zweite Hälfte des 4. Jahrhunderts n. Chr. – genutzt worden. Die in Teilen ergrabenen Vorgängerbauten sind vermutlich in der frühen Kaiserzeit errichtet worden. Über diese Gebäude wurde höchstwahrscheinlich in der Regierungszeit des Kaisers Hadrian (117–138 n. Chr.) ein monumentaler Sakralbezirk mit Podiumstempel errichtet.

Im Rheinland belegen zahlreiche Inschriften und Reliefs die Verehrung des Heroen. Er wird mit Beinamen wie *Hercules Magusanus, Hercules Deusoniensis, Hercules Gebrinius* angerufen. Dahinter verbergen sich vermutlich germanische oder keltische Gottheiten, die man mit dem griechisch-römischen Gott gleichsetzte. Schon Tacitus bemerkte in seiner Schrift *Germania*: „Wie es heißt, ist außer anderen auch Herkules in Germanien gewesen; in der Tat singen die Germanen, wenn sie zur Schlacht ausziehen, von ihm als dem Ersten ihrer Helden."

Publius Aemilianus Macrinus hatte sich herzlich für das Geschenk bedankt, den Freund umarmt und die Bronzefigur von allen Seiten betrachtet und für äußerst gelungen erachtet.

„Dieser Herkules wird seinen Platz bekommen auf unserem Hausaltar", sagte er, bevor er sich niederließ und ein weiteres Mal seine Gäste aufforderte, auf das Wohl seines verehrten Gastes, des Tiberius Vitalis, zu trinken.

Der Flottenkommandant war unterdessen in den Garten gegangen. „Ein schönes Geschenk, dieser *Hercules bibax*", dachte er, „er hätte ja auch den *Hercules mingens* mitbringen können" – eine Herkulesfigur, die darstellt, wie der sichtlich angetrunkene Heros in schamloser Weise Wasser lässt.

Der Kommandant musste kichern, als er seine Notdurft verrichtete.

Dann ging er leicht schwankend den Weg zurück, der Gastgeber, so hoffte er, werde schon dafür sorgen, dass die *comissatio* nicht in eine wüste Zecherei ausartete.

„*Vale, Hercules*", rief er, als er das Haus betrat.

Muttergottheiten im Land der Ubier

Das Matronenheiligtum von Eschweiler-Fronhoven

Zu Beginn des Jahres 1980 wurden südlich des Ortes Fronhoven (Eschweiler-Weisweiler) zwei römische Tempel ausgegraben, die zu einer größeren Anlage, einem heiligen Bezirk, gehörten, umschlossen von Graben und Mauer. Welchen Gottheiten die Tempel gewidmet waren, ließ sich anhand der räumlichen Ausgestaltung nicht feststellen, immerhin erwies sich Tempel B als ein typischer gallo-römischer Umgangstempel. Erst als die Archäologen im September des gleichen Jahres einen – zwischen den beiden Tempeln angelegten – Brunnen fanden, wurde erkennbar, dass in diesem Bezirk alte ubische Muttergottheiten verehrt worden waren. In der Brunnenwand waren auch Altäre vermauert, deren Inschriften die Namen zweier *Matronae* nennen, der *Matronae Alaferhviae* und der *Matronae Amfratninae*. Einige der gefundenen Weihesteine sind mit den Reliefs der stets in Dreizahl auftretenden Göttinnen verziert – keine anderen Gottheiten wurden in den ersten Jahrhunderten der römischen Herrschaft von den Menschen im Rheinland so intensiv verehrt.

Bonn, im Jahre 166 n. Chr.: Titus Bassianus Firominus war zufrieden. Die Steinmetze hatten gute Arbeit geleistet. Er ging langsam um den Weihestein herum und strich mit beiden Händen über die fein behauene Muschel und die beiden Säulen an der Seite, ehe er sich die ganze Szene des Reliefs noch einmal anschaute. In einer gerundeten Nische sitzen drei Frauen dicht nebeneinander auf einer Bank, die außen sitzenden Frauen tragen die typischen ubischen Wulsthauben, die in der Mitte – sie ist offensichtlich jünger als ihre Begleiterinnen – trägt das Haar locker auf die Schulter fallend. Auf dem Schoß halten sie Schalen mit verschiedenen Früchten und Blumen, ihre lang fallenden, weiten Gewänder sind reich gefaltet und werden vorn mit Fibeln zusammengehalten.

Titus bückte sich, um die Inschrift zu prüfen: *„Den Matronae Alaferhviae erfüllt T. Bassianus Firominus freudig sein Gelübde"* – ja, so hatte er sich den Weihetext gewünscht.

„Du warst auch im Orient?", fragte einer der Steinmetze.

Titus nickte.

„Diese Göttinnen haben mich beschützt, ihnen verdanke ich mein Leben", murmelte er. Er war zurückgekehrt aus Mesopotamien, wo die römischen Legionen auf Geheiß des Kaisers Marcus Aurelius die Parther bekämpft und besiegt hatten. Zwei lange Jahre hatte Titus in den östlichen Provinzen verbracht – nun wollte er den Gottheiten seinen Dank abstatten. Und dazu musste er den Altar in jenen Ort bringen, wo die Matronen verehrt wurden und wo man ihnen einen Tempel errichtet hatte – in ein Dorf, weit weg vom Legionslager, in eine Gegend, wo die Menschen noch an ihren alten ubischen Göttern festhielten.

Am nächsten Morgen brach Titus Bassianus Firominus auf, ins Land der Ubier.

„Die mit uns verbündeten Ubier" – so beendet der römische Historiker Tacitus seine Schilderung der Geschehnisse des Jahres 58 n. Chr. – „wurden von einem unvorhergesehenen Unglück heimgesucht. Flammen brachen aus der Erde hervor und ergriffen weithin Landsitze, Felder und Dörfer, ja sie drangen sogar ins Innere der erst kürzlich gegründeten Kolo-

Die immer in Dreizahl dargestellten Matronen waren hoch verehrte Göttinnen im römischen Rheinland. Die abgebildeten Altarsteine aus Eschweiler-Fronhoven zeigen die Matronae Alaferhviae (die großen Lebenspendenden) und Amfratninae (des persönlichen Glücks).

nie. Das Feuer konnte weder durch Regenfälle noch durch Flusswasser noch durch sonst eine Flüssigkeit gelöscht werden. In Ermangelung eines anderen Gegenmittels und im Ingrimm über die erlittenen Schäden warfen schließlich etliche Bauern von fern Steine hinein. Dann, als die Flammen zurückgedämmt waren, wagten sie sich näher heran und suchten sie mit Knüppeln und anderen Werkzeugen zu schrecken, als ob es sich um wilde Tiere handelte. Zuletzt rissen sie sich die Kleider vom Leibe und warfen sie hinein; je verschmutzter und abgetragener sie waren, desto eher würden sie, wie man glaubte, das Feuer ersticken."

In diesem Bericht in den „Annalen" des Tacitus, den „Jahrbüchern", ist der Stamm der Ubier – Tacitus schreibt *civitas Ubiorum* (die „Bürgerschaft", die Selbstverwaltungseinheit der Ubier) – noch ausdrücklich erwähnt, zudem wird die von den Römern gegründete Veteranenkolonie *Colonia Claudia Ara Agrippinensium* (CCAA) neben das Gemeinwesen der Ubier gestellt. Doch dass Ubier und Römer in dieser Zeit allmählich zu Agrippinensern verschmelzen, wird aus einer weiteren Darstellung des Tacitus – in seinem Geschichtswerk *Historiae* – deutlich.

Im Jahre 70 n. Chr., auf dem Höhepunkt des Aufstandes der Bataver gegen die römische Herrschaft, for-

derten rechtsrheinische Germanen, die sich den Aufständischen angeschlossen hatten, Köln solle entweder allen Germanen offenstehen „oder aber zerschmettert werden", und „dann sollten aber auch die Ubier in alle Winde zerstreut werden." So berichtet Tacitus. Weil die Stadt wegen ihres Reichtums den germanischen Völkerschaften „verhasst war", schickten die Tenkterer, ein germanischer Stamm, „der auf der anderen Rheinseite lebte", Gesandte nach Köln und forderten die Ubier zur „Rückkehr in die Gemeinschaft Germaniens und seiner Freiheit" auf: „Die Mauern eurer Kolonie, dieses Bollwerk der Knechtschaft, reißt sie nieder! Selbst wilde Tiere verlieren hinter Gittern ihre Kraft! Macht alle Römer in eurem Gebiet nieder! Werdet wieder ein aufrechtes, unverdorbenes und von Knechtschaft freies Volk!" In ihrer Antwort wiesen die in Köln lebenden Ubier, die sich mittlerweile Agrippinenser nannten, darauf hin, dass sie sich ja schon mit dem Anführer des Aufstandes, dem Bataverfürsten Civilis, verbündet hätten. Der Abriss der Befestigungen würde die Stadt aber schwächen, in einem Augenblick, wo römische Heere zusammengezogen würden. Die Aufforderung, die Römer zu töten, weisen die Agrippinenser zurück – „die-

jenigen, die einst als Kolonisten hierher geführt wurden und durch Ehegemeinschaft mit uns verbunden sind und die, die seitdem geboren sind, haben hier ihre Heimat. Wir trauen euch nicht solch eine Unbilligkeit zu, von uns zu verlangen, unsere Väter, Geschwister und Kinder zu töten." Ubier und Kölner sind zusammengewachsen, das ist die Antwort, die das *concilium Agrippinensium* (die Ratsversammmlung, in der offensichtlich Römer <u>und</u> Ubier saßen) den Tenkterern gibt.

Seit annähernd 100 Jahren lebten die Ubier damals in der Kölner Bucht. Der Stamm, dessen ursprünglicher Siedlungsraum an der unteren Sieg lag, hatte schon Cäsar mit Kundschafterdiensten unterstützt und sich dadurch Feinde unter den Nachbarn gemacht. Der römische Feldherr Agrippa, ein enger Vertrauter des späteren Kaisers Augustus, erlaubte den Ubiern wahrscheinlich im Rahmen seiner zweiten Statthalterschaft in Gallien (19/18 v. Chr.), sich im Kölner Raum, auch im Gebiet der vernichteten und vertriebenen Eburonen, anzusiedeln. Das *oppidum Ubiorum*, der Hauptort des Stammes, wurde nicht vor den Jahren 7/6 v. Chr. gegründet. Diesen Ort – ihren Geburtsort – ließ die Kaiserin Agrippina im Jahre 50 n. Chr. zu einer Kolonie italischen Rechts erheben, zur bereits erwähnten CCAA. In diesem Zusammenhang wurde wahrscheinlich vielen Ubiern, vor allem aus der Oberschicht, das römische Bürgerrecht verliehen. Und es kam zu zahlreichen ehelichen Verbindungen zwischen Römern und Ubiern.

Auch der Legionär Titus Bassianus Firominus hatte ubische Vorfahren – seine Großmutter war Ubierin. Sie war schon lange tot, aber Titus konnte sich gut an sie erinnern, eine lustige alte Frau, die immer wieder gerne Geschichten aus ihrer Jugendzeit erzählte. Darunter waren auch Geschichten, die man in ihrer Familie weitergegeben hatte, etwa die des römischen Feldherrn Cerialis, den die Bataver auf seinem Schiff ergreifen wollten. „Doch Cerialis war gar nicht an Bord – er verbrachte die Nacht mit einer verheirateten Ubierin, die Claudia Sacrata hieß."

Titus hatte diese Geschichte oft im Kreise der Familie hören müssen und die Großmutter hatte immer

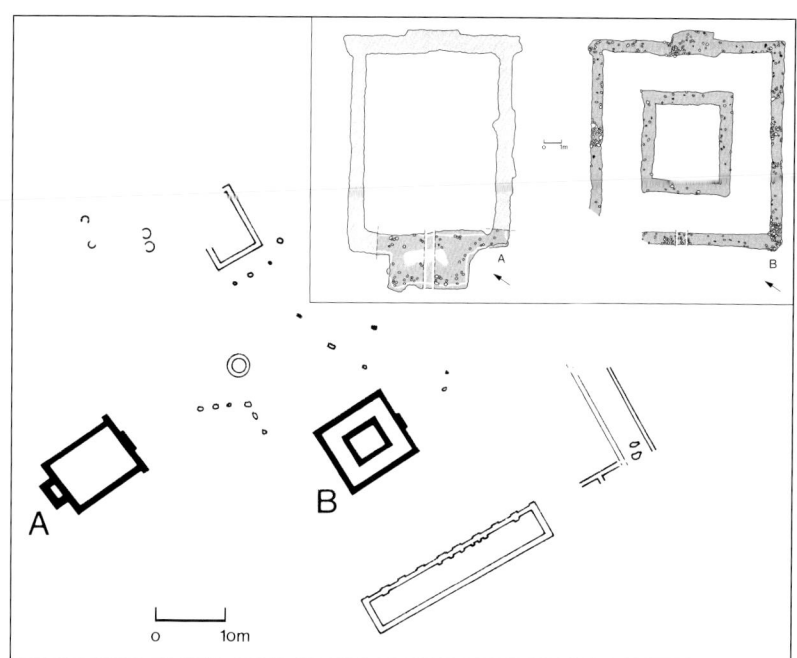

lange gelacht, wenn sie sie erzählt hatte. Sie stammte aus einem kleinen Dorf nördlich des Ardennerwaldes. Als junges Mädchen hatte man sie in die CCAA geschickt, wo sie als Magd in den Dienst eines reichen Römers getreten war – und wo sie ihren Mann, den Legionär Marcus, kennengelernt hatte. Beide hatten sich lange vergebens Kinder gewünscht. Erst nachdem sie Marcus überreden konnte, mit ihr zusammen zum Heiligtum der *Matronae Alaferhviae* zu ziehen, den einheimischen Schutzgottheiten der Fruchtbarkeit, der Gesundheit und der Heilung, die in ihrer Familie und in ihrem Dorf hoch verehrt wurden, und sie dort gemeinsam geopfert und ein Gelübde abgelegt hatten, wurde sie erstmals schwanger.

„Wenn wir nicht den göttlichen Matronen versprochen hätten, ihnen einen Weihestein zu widmen, wäre deine Mutter nicht auf diese Welt gekommen und du auch nicht", pflegte die Großmutter des Öfteren zu sagen, wie sich Titus erinnern konnte.

Titus Bassianus Firominus hatte sich in den Anfangstagen des Jahres 164 n. Chr. auf den Weg zum Heiligtum jener Matronen gemacht, die seiner Groß-

Tempelgrundrisse und Plan des Matronenheiligtums von Eschweiler-Fronhoven. Gebäude A diente als Versammlungsraum (curia). Gebäude B zeigt den charakteristischen Grundriss eines gallo-römischen Umgangstempels mit zentraler cella, dem Raum der Gottheit/en.

mutter geholfen hatten. Er gehörte seit 21 Jahren der *legio I Minervia* an, der einzigen Legion, die noch auf dem Gebiet der CCAA stationiert war. Die Legion war auf Befehl des Kaisers Marcus Aurelius zum Einsatz gegen die Parther in den Osten des Imperiums abkommandiert worden, tausende Meilen von ihrem Standort entfernt – was unter den Legionären und ihren Familien große Befürchtungen hervorrief, war die Legion doch mehr als 60 Jahre lang nicht mehr im Kampfeinsatz gewesen.

Die Zeit der *pax romana* schien damals vorüber – Titus hatte die Gottheiten, die in der Sippe seiner Großmutter seit Menschengedenken verehrt wurden, um Schutz angefleht und er hatte versprochen, ihnen einen Altar zu stiften, wenn er diesen Krieg im Orient überleben würde.

Im Jahre 161 n. Chr. war Marcus Aurelius, der Schwiegersohn des verstorbenen Kaisers Antoninus Pius, an die Regierung gekommen. Das Römische Reich hatte gerade eine ungewöhnlich lange Friedenszeit hinter sich – Antoninus hatte, wann immer es ging, den Weg der Verhandlungen beschritten, von ihm stammt der Satz, das Leben eines römischen Bürgers sei ihm wertvoller als der Tod von 1000 Feinden. Doch es war ein trügerischer Frieden gewesen – nach dem Tod des Antoninus erhoben fast gleichzeitig an zwei Fronten Feinde die Waffen gegen Rom, zuerst fielen die Parther in Armenien und Syrien ein, im Norden drohten Einbrüche in Britannien, in Obergermanien und Rätien machten vereinzelte Angriffe der Chatten den römischen Grenzkommandeuren große Sorgen – und wenig später brach der so genannte Markomannenkrieg aus: „Es war das Vorspiel der Völkerwanderung", wie Theodor Mommsen bemerkte. Mehrere Klientelvölker der Römer, Markomannen und Quaden in Böhmen und Mähren, Naristen und Hermunduren an der oberen Donau sowie Vandalen und Langobarden verbündeten sich und brachen ihre Verträge mit dem römischen Staat.

Der Kaiser gab die Verteidigung des Ostens in die Hände seines von ihm bestellten Mitregenten Lucius Verus – der allerdings in militärischen Dingen als notorisch unfähig galt. Sämtliche Legionen und Auxilien (Hilfstruppen verbündeter Völker) in den östlichen Provinzen wurden zusammengezogen, darüber hinaus wurden zahlreiche Einheiten aus dem Westen in Marsch gesetzt, um der römischen Offensive zu einem schnellen Erfolg zu verhelfen. Auch die *legio I Minervia* ereilte der kaiserliche Marschbefehl. Und obwohl das Gebiet der CCAA und die Provinz Niedergermanien noch nicht von den Unruhen, die die Chatten in Obergermanien ausgelöst hatten, bedroht waren, machte sich angesichts der schlimmen Nachrichten vom Krieg im Osten auch am Rhein ein Gefühl der Unsicherheit breit.

Nur der Tüchtigkeit einiger Generäle, darunter des Statthalters von Syrien, Avidius Cassius, so berichten die römischen Historiker, war es zu verdanken, dass der Krieg gegen die Parther erfolgreich geführt werden konnte. Im ersten Kriegsjahr gelang es den Römern, Armenien zurückzuerobern und das alte Vasallenverhältnis wiederherzustellen. Im Jahr darauf erfolgte der Hauptschlag gegen Mesopotamien – die hellenistische Metropole Seleukia wurde eingenommen, geplündert und eingeäschert, das nahe gelegene Ktesiphon, der Sitz der parthischen Könige, wurde gleichfalls zerstört, die Königsburg niedergelegt. Der Sieg der römischen Waffen hätte nicht vollständiger sein können – wenn nicht eine Pestepidemie, die die Truppen auf ihrem Rückmarsch durch Syrien befiel, sich anschließend bis in die westlichen Reichsteile ausgebreitet hätte. Trotz der grassierenden Seuche feierten die beiden Kaiser Marcus und Lucius im Jahre 166 n. Chr. einen Triumph in Rom, auf Münzen gab man ihnen die Beinamen *Medicus* (Sieger über die Meder) und *Parthicus Maximus* (größter Sieger über die Parther).

Es war eine beschwerliche Reise geworden, die Titus Bassianus Firominus mit seiner Familie angetreten hatte. Er hatte schon im Legionslager Bonna einen Wagen und ein Maultiergespann gemietet, um den Altar zu transportieren, seine Frau Julia und drei seiner Kinder, Caius, Sabina und die kleine Julia, begleiteten ihn. Sie hatten die Straße nach Iuliacum genommen, eine nicht so gut ausgebaute Straße, die aber, so hieß

Rekonstruktion des Matronenheiligtums „Görresburg" in Nettersheim (Eifel).

es allgemein, nicht so gefährlich sei: „Da gibt es keine Straßenräuber und in den Herbergen auch keine Huren!", hatte ein Centurio lachend bemerkt.

Drei ganze Tage waren sie unterwegs gewesen, um zum Heiligtum der *Matronae Alaferhviae* zu gelangen. Die Nächte hatten sie in einfachen Gasthäusern verbracht, einstöckigen Gebäuden mit einer geräumigen Toreinfahrt in der Mitte. Die Maultiere wurden in einem Stall versorgt, während Titus und die Seinen in einer einzigen Kammer untergebracht waren. Deren Einrichtung bestand aus einem Bett, einer Lampe und dem Nachtgeschirr. Da die Ernte bereits eingebracht war, hatten sie auf ihrer Reise nur wenige Menschen auf den Feldern zu Gesicht bekommen, obgleich die großen Landgüter in geräumigem Abstand zu beiden Seiten der Straße angelegt worden sind. Titus und seine Familie waren anderen Reisenden begegnet, Römern, die in ihren gefederten Kutschen, den *carrucae*, viel schneller vorankamen als sie mit dem zweirädrigen Karren. Sie trafen gelegentlich auf Kolonisten und einheimische Landleute, die im nächsten *vicus* Besorgungen machen wollten.

Mehrmals hatte Titus die Frage der Kinder beantworten müssen, was das denn für ein Name sei, *Matronae Alaferhviae*. „Ich weiß es nicht genau, es soll irgendwie mit der Ulme zusammenhängen, es sind auf jeden Fall die allbelebenden Matronen, hat meine Großmutter gesagt", so lautete jedes Mal seine Antwort, und einmal hatte er noch hinzugefügt, sie seien die Gottheiten des Segens, der Fruchtbarkeit und der Gesundheit. „Und sie schützen die Kämpfenden und lösen die Fesseln der Gefangenen."

Am Mittag des vierten Tages, nachdem sie sich von *Iuliacum* aus nach Süden gewandt hatten, erreichten sie den Heiligen Bezirk der Gottheiten, der von einer Mauer umgeben war. Im Inneren verlief zudem ein Graben. Auf dem Gelände, das sie durch ein kleines Tor betraten, befanden sich zwei Tempel, daneben eine lang gestreckte Halle sowie mehrere kleine Wirtschaftsgebäude. Der Weg war mit feinem Schotter bestreut, im Schatten wuchtiger Bäume standen einige Weihesteine verschiedener Größe am Rand des Weges. Er führte geradeaus zu einem der Tempel, zu einem rechteckigen Gebäude im hinteren Teil des Be-

Die Überreste des gallo-römischen Umgangstempels im Matronenheiligtum von Bad Münster-eifel-Nöthen lohnen auch heute noch einen Besuch.

zirks. Zur linken Hand stand der zweite Tempel, eine kleine, von Säulen umgebene Halle.

Titus klärte seine Familie auf: „Der hier" – er zeigte nach links – „ist den *Matronae Amfratninae* gewidmet, der ist erst vor einiger Zeit errichtet worden, zu Großmutters Zeiten gab es den noch nicht."

Die Eingänge beider Tempel zeigten nach Osten. Vor dem hinteren Tempel warteten zwei Männer in weißen Gewändern, die zur Kultgemeinschaft gehörten, zur Kurie des Tempels. Einer der Männer, der ältere, kam ihnen entgegen, er hob beide Arme.

„Sei gegrüßt, Legionär, so bist du doch gekommen, dein Gelübde zu erfüllen! Du bist uns willkommen und deine Familie ist uns auch willkommen!"

Titus führte ihn zum Karren – und er zeigte ihm stolz den Weihestein, der mit Seilen auf dem Wagen befestigt war. Mit Hilfe einiger Sklaven hievten die

Männer den Stein schließlich herunter und stellten ihn neben dem Eingang ab. Wo man den Weihestein endgültig aufstellen werde, wisse man noch nicht, sagte der Ältere.

Julia hatte inzwischen die Opfergaben an die Kinder verteilt, zusammen betraten sie den Tempel und legten ihre Gaben, Blumen, Früchte, Weihrauch und einige Münzen, auf dem großen Altar der Göttinnen nieder. Titus trat ebenfalls vor den Altar.

„*Matronae Alaferhviae*, ich danke euch für den Schutz, den ihr mir gewährt habt. Nehmt das Geschenk, das ein einfacher Legionär euch demütig darbringt!"

Als sie den Tempel verließen, wischte sich Titus den Schweiß von der Stirn.

„So", sagte er, „jetzt fahren wir in Großmutters Dorf und lassen es uns gut gehen."

Viele Menschen in Köln und im Umland haben sich damals, in unsicheren Zeiten, die von Krieg und Seuchen geprägt waren, auch an die lokalen Götter gewandt. So hatte im Jahre 164 sogar einer der beiden Quästoren der CCAA, ein gewisser Quintus Vettius Severus, im Heiligtum der Aufanischen Matronen, außerhalb des Bonner Legionslagers gelegen, einen Altar errichten lassen. Nach dem Ende des Partherkrieges hat eine ganze Reihe zurückgekehrter Soldaten Weihesteine für die Muttergottheiten anfertigen lassen. Die Legionäre erfüllten damit ihr Gelübde, das sie vor ihrem Abmarsch in den Osten abgelegt hatten. So ließ Gaius Julius Mansuetus, ein einfacher Legionär, den Aufanischen Matronen einen Altar errichten, in dessen Weihinschrift auch mitgeteilt ist, wo er im Osten gekämpft hatte: am *Alutusfluss* in Armenien, in der Nähe des Kaukasusgebirges. Ein weiterer Weihestein für die *Matronae Aufaniae* sei noch genannt, der von Aulus Albanius Super stammt, ebenfalls der *legio I Minervia* zugehörig.

In etwa 60 Orten des Rheinlands sind Weihesteine und -inschriften für Matronen gefunden worden (mehr als für alle römischen Götter zusammen!), und weil eine große Zahl der Dedikationen, der Weihinschriften, aus der zweiten Hälfte des 2. Jahrhunderts n. Chr. stammt, hat man eine Zeit lang angenommen, dass der Matronenkult aus Anlass des Partherkrieges eine neue Blüte erlebte. Der Kult könnte vom Legionslager Bonn ausgegangen sein, wo viele Einheimische stationiert waren, die offensichtlich die lokalen Schutzgottheiten bevorzugten.

Mehr als 30 Beinamen der Gottheiten, dem römischen Titel *Matronae* angehängt, sind mittlerweile bekannt, Beinamen, die auf ihre Bindung an die Natur, vor allem aber an Örtlichkeiten und Siedlungen, hinweisen. So verehrten die romanisierten Ubier, um nur drei Beispiele zu nennen, die *Matronae Alagabiae* (die Allgebenden?), die *Matronae Gesahenae* (*gesa*, keltisch: Fluss, Bach), die *Matronae Iulineihae* (auf Jülich, das römische *Iuliacum*, bezogen?). Die meisten keltischen Beinamen sind nur schwer zu deuten.

Es ist auf jeden Fall bemerkenswert, dass im 2. und auch noch im 3. Jahrhundert unserer Zeitrechnung vorrömische, keltisch-germanische Kulte im Rheinland weiter bestanden haben, wenn auch in romanisierten Formen; vor allem auf dem Land haben die alten religiösen Elemente und Vorstellungen nichts von ihren Wirkkräften eingebüßt. Die Verehrung, die den stets in der Dreizahl auftretenden ubischen Muttergottheiten aus allen Schichten der Bevölkerung entgegengebracht wurde, weist sie für alle Lebenslagen als wichtigste göttliche Instanzen der Menschen am Rhein aus. Werner Eck schreibt im ersten Band der Kölner Stadtgeschichte („Köln in römischer Zeit"): „Offensichtlich fand die Mehrheit der damaligen Menschen in diesem Kult am ehesten die Befriedigung ihrer religiösen Bedürfnisse, fand sie ihre Sorgen erhört und ihr Leben geschützt… Die Matronen waren in ihren verschiedenen lokalen Ausprägungen diejenigen Gottheiten, denen die Masse der Bevölkerung vertraute."

Landwirtschaft im Umfeld der Provinzhauptstadt

Eine *villa rustica* im frühen 2. Jahrhundert n. Chr.

Im Jahre 1926 gab es schon erste Hinweise auf eine römische Siedlung südlich der Ortslage Niederzier-Lich-Steinstraß (Kreis Düren), die an der alten Fernstraße Köln-Jülich, im Bereich der Flur „Gewährhau", lag. Doch erst in den Jahren 1985/86, als der Braunkohlentagebau Hambach sich diesem Ortsbereich näherte, wurde an dieser Stelle ein antiker Wohn- und Hofplatz, eine *villa rustica*, auf einem Grabungsareal von über sieben Hektar freigelegt. Der von Hecken und Zäunen umgebene Gutshof, dessen wissenschaftliche Kennziffer „Hambach 59" lautet, nahm einen Platz von etwa 1,5 Hektar ein, den Gesamtumfang des dazugehörigen Wirtschaftsraumes schätzen die Archäologen auf 50 Hektar (das sind in römischen Maßeinheiten 200 *iugera*, was dem deutschen Begriff „Joch" entspricht). Auf dem Gelände, das vom Ende des 1. bis ins 3. Jahrhundert kontinuierlich besiedelt war, wurden die Grundrisse von insgesamt neun Gebäuden entdeckt, neben dem Haupthaus ein Nebengebäude und mehrere Wirtschaftsgebäude, Stallungen, Scheunen, Werkstätten, deren genaue Funktion nicht in allen Fällen geklärt werden konnte, sowie vier Brunnen von jeweils 16 Meter Tiefe, die die Wasserversorgung des Gutshofes sicherstellten. Zudem wurden Reste einer Jupitersäule gefunden, die wahrscheinlich in der Mitte des Hofes aufgestellt worden war. Jupitersäulen stellen die Hauptgottheit des römischen Götterhimmels, Jupiter, meist sitzend auf seinem Thron dar, der auf einer oft mit Schuppen verzierten Säule platziert wurde.

Sextus Gesatius war aufgeregt, ja nervös wie lange nicht mehr.

Er diente seit mehr als 20 Jahren als *vilicus* des Guthofs an der Straße von der *Colonia Claudia Ara Agrippinensium* nach *Iuliacum*. Vor zwei Wochen war ihm die Nachricht überbracht worden, dass der Patron gestorben sei, kurz darauf kündigte der Erbe, der neue Gutsherr, sein Kommen an.

Quintus Vettius Severus, so lautete sein Name, war der Adoptivsohn des alten Besitzers, und – so hatte man es Sextus überbracht – er sollte ein überaus junger, überaus eitler und arroganter Mann sein. Sextus hatte daher alle Angehörigen der *familia* zusammengerufen, Freie wie Sklaven, *domestici, operarii, politores* – Feldarbeiter, Rinderknechte, Hirten, aber auch die Mägde und die beiden Köchinnen. Er hatte dem Gesinde mitgeteilt, dass der neue Herr in den nächsten Tagen auf dem Gutshof erscheinen werde, alle sollten daher ihren Arbeitsbereich in Ordnung bringen, die Zimmer des Herrenhauses sollten aufs Sorgfältigste gereinigt werden, auch die Bäder sollten gesäubert werden, die Ställe ausgemistet, der Weinkeller aufgeräumt, die Küche geputzt, der Rasen gemäht, die Wege gereinigt werden. „Und ich möchte keine Werkzeuge und keinen Pflug im Hofbereich herumliegen sehen, ist das klar?"

Alle hatten versprochen, ihr Bestes zu tun – die Ernte war eingebracht, es war ohnehin die Zeit, in der man sich in den Landgütern westlich der CCAA auf Herbst und Winter vorbereitete. So hatte Sextus einige Knechte beim „Worfeln" angetroffen – „geworfelt" wurde gewöhnlich an windigen Tagen im Freien; dabei werfen die Männer die Ähren mit Hilfe geflochtener Getreideworfel, flacher Korbschalen, in die Luft, damit der Wind „die Spreu vom Weizen trennen" kann. Die schweren Körner, die herunterfallen, schaufelt man in Behälter, die Spreu wird als Futter verwendet.

Schon vor der römischen Eroberung Galliens war die Landwirtschaft der wichtigste Sektor der Wirtschaft am Rhein. Die Rolle der Landwirtschaft auch in der germanischen Gesellschaft hob der gelehrte Offizier Plinius d. Ä. hervor, indem er betonte, dass die Ubier besonders gute Bauern seien, die die Fruchtbarkeit des Bodens durch Mineraldüngung noch zu erhöhen versuchten, obwohl das Gebiet der CCAA äußerst fruchtbar sei.

Die Lössgebiete westlich von Köln, in der heutigen Zülpicher Börde, waren bereits im späten 1. Jahrhundert n. Chr. relativ dicht bewohnt. Das gesamte Territorium scheint damals vermessen, parzelliert und an Siedler verteilt worden zu sein – darauf deutet vor allem hin, dass die Höfe in regelmäßigen Abständen angelegt worden sind und im Allgemeinen eine Größe von 50 Hektar an bewirtschaftetem Land aufwiesen. Man schätzt, dass auf den Gutshöfen durchschnittlich etwa 50 Menschen lebten, Freie wie Sklaven, Kinder und Alte inbegriffen; in den landwirtschaftlichen Schriften des römischen Autors Columella (1. Jahrhundert n. Chr.) heißt es, für die Bestellung von 200 *iugera* (50 Hektar) seien zwei Ochsengespanne und acht Feldarbeiter erforderlich, für intensiven Obstanbau setzte Columella drei weitere Landarbeiter an. Besitzer der *villae rusticae* waren neben Veteranen, die nach ihrer Dienstzeit mit Landgütern ausgestattet worden sind, auch vornehme Kölner Bürger, die selbstverständlich ihren Wohnsitz in der CCAA hatten und ihre Güter entweder verpachteten (die Pächter nannte man *coloni* oder *rustici*) oder durch Verwalter bewirtschaften ließen.

Getreideanbau und Viehzucht bildeten die wirtschaftlichen Grundlagen der Landgüter. Verschiedene Weizensorten, Gerste und in geringerem Maße Roggen lieferten das Brotgetreide. In der *villa rustica* Hambach 59 – das haben die Auswertungen der Funde von Pflanzenresten ergeben – wurde bevorzugt Dinkel als Wintergetreide angebaut. Aus Gerste wurde schon in der Spätantike ein obergäriges Bier

gebraut. Dazu kamen Hülsenfrüchte, Erbsen und Linsen, damals als Hauptnahrungsmittel so wichtig wie heute die Kartoffel. Auf dem *ager fertilissimus* der Ubier gediehen – wie noch heute – Rüben, Rettiche und eine rheinische Spezialität, die Rapunzelrübe (*siser*), die sich Kaiser Tiberius aus *Gelduba* kommen ließ, wie Plinius überliefert. Obst, Apfel und Pflaumen, aber auch die aus dem Schwarzmeergebiet eingeführte Süßkirsche, und Gemüse, etwa Feldsalat und Möhren, brachten zusätzliche Abwechslung in die Kost – und zusätzliche Einnahmen. Da die römische Küche reichlich und viel Gewürzkräuter benötigte, wurden Petersilie, Dill, Thymian, Koriander, Schalotten, Fenchel und Sellerie in eigenen Gärten gezogen. Aus Lein schließlich gewann man Öl und Flachs, aus dem Flachs Spinnstoff.

Die schon lange verbreitete Dreifelderwirtschaft wurde von den Römern modernisiert – das Land blieb nicht mehr brach liegen, damit es sich erholen konnte, sondern man wechselte jährlich die Ackerfrucht und verbesserte den Boden mit Mergel, Asche und Viehdung, im Winter wurde Kalk gestreut. Seit der frühen Kaiserzeit pflegte man Lupinen und Klee zu säen und später unterzupflügen, was einer Stickstoffdüngung gleichkam. Der Einsatz dieser Düngeverfahren setzt voraus, dass schon leistungsfähige Pflüge bei der Feldarbeit verwendet wurden. Nachgewiesen sind im Rheinland die herkömmlichen leichten Schwenkpflüge (*aratrum*), man geht aber davon aus, dass vor allem in der Eifel auch der schwere Räderpflug (*carruca*) eingesetzt worden ist. Egge, Harke, Gabel, Sichel und Sense gab es damals auf jedem Hof. Auf den großen Getreidefeldern Galliens wurde zudem die erste innovative landwirtschaftliche Maschine, der *vallus*, eine Erntemaschine, verwendet, die ein zeitgenössischer Autor folgendermaßen beschreibt: „Mit diesem Hilfsmittel für die Getreideernte wird anstelle von Menschenkraft durch die Kraft eines einzigen Ochsen die gesamte Erntefläche abgeräumt. Man fertigt ein Wagengestell, das von zwei Rädern getragen wird. Der viereckige Boden wird mit Brettern versehen, die nach außen geneigt oben einen weiteren Raum schaffen. An der Vorderseite des Wagens sind die Bretter weni-

ger hoch. Hier wird eine Reihe von Greifzähnen angebracht, die für die Getreidehalme nur schmale Lücken
lassen und leicht nach oben gekrümmt sind. An der
Rückseite dieses Fahrzeugs befinden sich zwei kurze
Deichseln wie die Tragestangen einer Sänfte. Hier wird
ein Ochse mit dem Kopf zum Wagen hin angespannt
mit Hilfe von Joch und Strängen, ein sanftes Tier natürlich, welches dem Treiber gehorcht. Sobald dieser
das Fahrzeug über das Ährenfeld lenkt, wird jede Ähre
von den Zähnen ergriffen und dann in den Wagenkas-
ten geschoben, wobei die Halme abgerissen werden
und bleiben. Der Fuhrmann kann von hinten je nach
Bedarf die Höhe und Tiefe der Zähne einstellen. So

kann durch wenige Touren hin und her in kurzer Zeit
ein ganzes Feld abgeräumt werden. Dieses Gerät ist
nützlich in offenem und ebenem Gelände für diejenigen, die keinen Bedarf an Stroh haben."

Das Korn wurde dann auf einer harten Tenne mit
Hilfe von Stöcken oder Drehschlitten ausgedroschen,
anschließend die Getreidekörner ausgesondert, indem man das gedroschene Getreide mit einer Schau-
fel in einen „Worfelkorb" füllte und so lange in die
Luft warf, bis der Wind alle Spreu verwehte und nur
die Körner im Korb zurückblieb. Einer dieser „Getreideworfel" aus dem 2. Jahrhundert wurde in Jüchen-
Garzweiler gefunden.

*Das Modell der
Villa von Ham-
bach vermittelt
einen Eindruck
vom Aussehen
eines römischen
Landguts.*

Weinbau wurde in Niedergermanien offensichtlich nur im Süden, im Ahrtal, betrieben. Über die Viehwirtschaft geben zahlreiche Knochenfunde in Gutshöfen des Rheinlandes Auskunft. Das wichtigste Nutztier war naturgemäß das Rind, das als Zugtier und Fleischlieferant diente. Daneben wurden Schafe und Schweine in großem Rahmen gehalten, Pferde weniger – im Gutshof Hambach 59 wurde Viehhaltung wahrscheinlich nur zur Eigenversorgung betrieben. Beim Kleinvieh sind vor allem Gänse zu erwähnen, Plinius nennt den Namen der germanischen Gänse: *gantae* – sie wurden wegen ihres Flaumes geschätzt, man hat sie nicht als Mastgänse geschlachtet, sondern zweimal im Jahr gerupft.

„Da – das wird er sein!"

Sextus Gesatius hielt eine Hand vor die Augen, um nicht vom gleißenden Sonnenlicht geblendet zu werden. Es war später Vormittag an einem wunderschönen, warmen Frühherbsttag.

Auf dem Feldweg, der zur Straße führte, bemerkte er einen einzelnen Reiter, der sich in leichtem Trab dem Eingangstor des Guthofs näherte.

Der *vilicus* war überrascht – er hatte erwartet, dass der neue Herr per Reisewagen und mit Gefolge erscheinen werde.

Der Reiter, ein junger Mann von vielleicht zwanzig Jahren, der einen einfachen weißen Umhang über seiner Tunika trug, hatte inzwischen den Hof erreicht. Ehe er vom Pferd sprang, grüßte er mit einer weitausholenden Armbewegung das Gesinde, das – mit einigen Ausnahmen – angetreten war, den neuen *pater familias* zu begrüßen.

„Herr, ich bin dein Verwalter" – Sextus verbeugte sich tief, er ließ sich das Zaumzeug reichen und übergab das Pferd einem der Knaben, die das Vieh hüteten – „sei willkommen auf deinem Besitz!"

Er winkte einen Sklaven heran, der in einer Schüssel Brot, Käse, gekochte Eier und Obst darreichte.

Quintus Vettius Severus griff sich ein Stück Brot und biss hinein. Ein zweiter Sklave bot ihm eine Schale mit Wein an – der junge Mann nahm einen Schluck, dann nickte er zufrieden. Er strich sich mit beiden Händen durchs kräftige, dunkle Haar.

„Das ist also mein Haus."

Er blickte zum Herrenhaus – „eine eher bescheidene *villa*."

„Herr, der erste Eindruck täuscht, wenn du das Innere besichtigst, wirst du bemerken, dass es ein Haus ist, das dir viel Bequemlichkeit und Komfort bieten wird, der Wohnraum hat eine Fußbodenheizung, er ist mit Mosaiken geschmückt und die Wände sind mit Malereien verziert."

Quintus Vettius Severus musste lachen.

„Sextus – das ist doch dein Name? – von meinem geliebten Vater weiß ich, dass diese *villa* nicht die größte und schönste ist. Er hat aber gesagt, dass die Landwirtschaft gut geführt ist, dass hier fleißige und ehrliche Leute die Arbeit verrichten, dass der Ertrag des Landgutes immer zufriedenstellend war."

Nun war es an Sextus Gesatius, seine Überraschung zu verbergen. Dieser junge Mann, der neue Patron, verhielt sich, so dachte er, äußerst umgänglich und liebenswürdig.

„Herr, ich zeige dir als Erstes die Räumlichkeiten, in denen du wohnen und schlafen wirst, dann vielleicht die Küche – unsere Köchinnen freuen sich darauf, dir ein angemessenes Begrüßungsmahl zu bereiten."

Quintus Vettius Severus nickte. Dann zeigte er auf die große Säule des Jupiter, ehe er sich zu seinen *familiares* umdrehte.

„Möge der Segen des Gottes alle, die hier leben, schützen. Und ihr sollt eines wissen: Es war der Wunsch meines Vaters, dass ihr alle in meinem Dienst verbleiben sollt, dass auch die Sklaven in meinem Eigentum verbleiben sollen, es wird sich hier nichts ändern."

Er wandte sich an den Verwalter: „Sextus, du bleibst der *vilicus* – ich bitte dich, diene mir mit ebensolcher Treue und ebensolchem Eifer, wie du meinem Vater gedient hast."

Und er erklärte dem Verwalter, dass er im Stadthaus des Adoptivvaters in der CCAA zu wohnen gedenke.

„Für das Landleben bin ich noch zu jung", sagte er lächelnd, „die Stadt bietet mir nun mal alles, was meine Neugier befriedigt, gesellschaftlichen, ja literari-

Hölzerne Brun-
nen stellten
die Wasser-
versorgung in
den römischen
Gutshöfen
sicher.

schen Umgang, Theater und Arena, politische und ökonomische Kontakte. Wo finde ich das alles, wenn nicht in der Hauptstadt einer Provinz?"

Überdies, so ergänzte er voller Stolz, kenne er den neuen Statthalter, den der Kaiser vor einem Jahr eingesetzt habe, persönlich, den Legaten Platorius Nepos.

In der Regierungszeit des Kaisers Domitian (81–96 n. Chr.) war der von der CCAA aus geleitete Militärbezirk des niedergermanischen Heeres zur Provinz *Germania inferior* erhoben worden – Hauptstadt der neuen Provinz wurde Köln. Provinzgrenzen waren im Osten der Rhein, im Nordwesten das Rheindelta, im Süden bildete der Vingstbach die Grenze zu Obergermanien. *Germania inferior* wurde durch Kastelle und Festungen, vor allem am Rhein, gesichert, die wichtigsten waren Nijmwegen, Xanten, Neuss und Bonn. Der Hauptstützpunkt der römischen Rheinflotte lag drei Kilometer südlich von Köln, im Militärlager auf der Alteburg (Marienburg). Niedergermanien wurde in jenen Tagen von äußerst fähigen Statthaltern regiert; so gelang es etwa dem Titus Vestricius Spurinna (um das Jahr 97 n. Chr.), die von der Ems kommenden germanischen Brukterer ohne größere Kämpfe zu befrieden. In den Anfangsjahren der Amtszeit des Kaisers Hadrian (117–138 n. Chr.) amtierte Aulus Platorius Nepos, ein Senator aus Spanien, als Statthalter im Prätorium, ehe er im Jahre 122 vom Kaiser mit dem Oberkommando in Britannien betraut wurde.

Im so genannten „Goldenen Zeitalter", der Regierungszeit der Adoptivkaiser von Trajan bis Antoninus Pius (98–161), erlebten Köln und Germanien eine ungewöhnlich lange Phase des Friedens. In dieser Zeit nahm die Stadt einen ungeheuren Aufschwung, in wirtschaftlicher wie baulicher Hinsicht. Schon seit der Gründung der Stadt und der Erhebung zur Kolonie waren in Köln zahlreiche öffentliche Gebäude und Kultstätten errichtet worden – das Hauptheiligtum war der Tempel der capitolinischen Trias (an der Stelle der heutigen Kirche St. Maria im Kapitol). Das dreischiffige Kultgebäude zu Ehren Jupiters, seiner Gemahlin Juno und der Tochter Minerva ist dem Kapitolstempel in Rom nachempfunden; der fast 6500 Quadratmeter umfassende Tempelbezirk lag im Südosten der Stadt. Der Marstempel, in dem das Schwert Cäsars aufbewahrt worden sein soll, wird etwa an der Stelle des heutigen Gürzenich vermutet.

1953 stieß man bei Ausschachtungsarbeiten unter dem „Spanischen Bau" des heutigen Rathauses auf einen weitläufigen Gebäudekomplex, der als das *praetorium* (Sitz des Statthalters) gedeutet wird. Das Gebäude, wahrscheinlich schon im 1. Jahrhundert n. Chr. begonnen, wurde des Öfteren umgebaut und erweitert; so erfolgte zwischen 182 und 184 n. Chr. – in Rom regierte damals Kaiser Commodus – ein fast vollständiger Umbau, für den zunächst der Statthalter Didius Julianus verantwortlich zeichnete. Vielleicht deutet auch ein schon 1630 gefundener Weihestein auf diese grundlegende Baumaßnahme: *Den erhaltenden Gottheiten! Quintus Tarquitius Catulus, Legat des Kaisers, durch dessen Bemühungen das praetorium, das eingestürzt war, in neuer Gestalt hergestellt worden ist* – so lautet die Inschrift; möglicherweise war Catulus, der sonst nirgendwo erwähnt ist, der Nachfolger des Julianus. Kernbau des Prätoriums, das zwischen Hafenmauer und dem *cardo maximus*, heute Hohe Straße, lag, war ein lang gestreckter Trakt mit Kult- und Verwaltungsräumen und den Privatquartieren des Statthalters. Das imposante Oktogon, das bei der Ausgra-

Zusammengesetzte Jupitersäule: Basis und Säule stammen aus Erkelenz-Kleinboursen, der thronende Jupiter wurde in Bonn gefunden. Auf dem Säulenschaft sind Juno, Minerva und Merkur dargestellt (von oben nach unten).

bung das größte Aufsehen erregte, wurde erst im 4. Jahrhundert angebaut.

Quintus Vettius Severus zeigte sich äußerst angetan.

Er hatte in den vergangenen zwei Tagen das ganze Landgut inspiziert, die Ställe und Scheunen, die Speicher und Geräteschuppen, die Werkstätten und die Keller, die Wohnstätten des Gesindes. Er war mit Sextus durch die Obst- und Gemüsegärten gegangen, die den Hof umgaben, schließlich waren sie zusammen über die abgeernteten Felder bis zu den Grenzen der Flur geritten.

Und mehrmals hatte er die Arbeit des Verwalters gelobt.

„Herr", sagte Sextus, als sie zum Hof zurückritten, „darf ich nun eine Bitte äußern: Du würdest uns eine große Ehre erweisen, wenn du noch einen Tag länger bleibst – wir wollen morgen das Fest der Göttin Pomona begehen."

In Italien trug das Erntedankfest seit Menschengedenken den Namen der Pomona, der Göttin des Obstes. Es wurde im Herbst gefeiert, zu Beginn des Monats Oktober. In Niedergermanien hatte man den uralten Brauch vor einiger Zeit übernommen.

Quintus Vettius Severus überlegte nicht lange.

Und so war es der neue *pater familias*, der am nächsten Tag beim Frühstück zunächst den *penates*, den Schutzgöttern des Hauses, auf deren Altar opferte, bevor er den Hof betrat, wo sich das Gesinde versammelt hatte. Er ging langsam zur großen Jupitersäule und blieb neben dem Sockel stehen, dem „Viergötterstein", auf dem die Weiheinschrift und drei Götterbilder angebracht waren, Darstellungen von Merkur, Juno und Minerva. Er ließ seinen Blick an der geschuppten Säule entlang nach oben gleiten, wo eine Skulptur Jupiters als thronender Göttervater aufgestellt war.

Quintus Vettius Severus erwies dem Gott seine Ehrerbietung, indem er niederkniete; dann rief er ihn an, den *Iupiter Optimus Maximus*, der mittlerweile auch zu einem einheimischen Gott geworden war, der oberste Gott der Ubier, der damit auch die einheimische Götterwelt beherrschte. Quintus breitete die Arme aus und dankte dem Gott für die reichen Gaben, die er seiner *familia* in diesem Sommer zukommen ließ. Alle im Hof ließen sich auf die Knie fallen und schickten leise Gebete in Richtung des „höchsten und größten" Gottes. Dreimal umrundeten schließlich alle *familiares* die Jupitersäule, dann zog man unter dem Klang von Flöten in einer Prozession um das Hofgelände – und dabei wurde immer wieder der Göttin Pomona mit lauten Rufen dafür gedankt, dass sie eine so reiche Ernte ermöglicht hatte.

Am Mittag kamen die Nachbarn, ein Verwalterehepaar, von Quintus Vettius Severus eingeladen – im Hof hatte man inzwischen Tische aufgestellt, auf denen zahlreiche Schalen standen, überreich gefüllt mit den Produkten des Landguts, Obst und Gemüse, Fleisch und Käse, Eiern und Brot. Einige große Krüge Wein standen bereit, geleert zu werden. Der *pater familias* erhob seinen Becher und forderte alle Anwesenden – „natürlich nicht die Kinder" – auf, sich am Weine zu laben, jeder dürfe so viel trinken, wie er zu trinken vermöge, doch ungemischt sollte man den Wein nicht trinken. Die Stimmung wurde im Laufe des Nachmittags immer ausgelassener, es wurde viel gelacht, gesungen und getanzt.

Quintus Vettius Severus nahm schließlich den Verwalter beiseite.

„Ich reite jetzt in die Kolonie zurück, *vilicus*, ich habe genug vom Feiern. Wenn du einen ersten Überblick über unsere Erträge hast, komm in die CCAA. Je mehr Einkünfte, umso besser. Und dein Schaden soll es auch nicht sein."

Als der neue Gutsherr durch das Tor hinausritt, klatschten die *familiares* und riefen Glückwünsche hinterher.

Sextus Gesatius blickte ins Licht der schon tief stehenden Sonne. Immerhin, so dachte er, der junge Herr hat auch Sinn für das Geschäftliche.

Tod eines Mädchens

Ein römisches Grab in Elsdorf-Esch (frühes 3. Jahrhundert n. Chr.)

Im Jahre 1998 erreichte der Tagebau Hambach die Umgebung der an der römischen Fernstraße Köln-Jülich gelegenen Escherbrücke (bei Elsdorf-Esch). Im Zuge der archäologischen Untersuchungen, die damals beiderseits der Straße in einem Bereich bis zu 300 Metern vorgenommen worden sind, entdeckte man unter anderem – auf der Nordseite – einen römischen Friedhof. Eines der Gräber, auf das die Archäologen im Oktober 1998 stießen, enthielt reiche Beigaben: In einer auf dem Boden der Grube aufgestellten Holzkiste (die nur als Verfärbung erhalten war und deren Größe nur rekonstruiert werden konnte) fand man Leichenbrand und Holzkohle, vor allem aber zahlreiche Grabbeigaben aus Glas, Gold und Bernstein – darunter vier Bernsteinarbeiten, die nach Meinung der Fachleute zu den „schönsten Schöpfungen antiker Kleinkunst" zählen, die nördlich der Alpen geschaffen worden sind. Bei den vollplastischen Figuren handelt es sich um einen Löwen, einen Hund, einen liegenden Fuchs und ein geschupptes Wesen mit Ziegenkopf und Hörnern, ein *capricornus*.

„Ist immer noch keine Nachricht von meinem Sohn eingetroffen?"

Gaius Severinius war gerade erst aufgestanden, am späten Vormittag. Wieder hatte er eine schlaflose Nacht verbracht. Er machte sich große Sorgen – Valens, sein erstgeborener Sohn, hatte ihm vor nunmehr acht Wochen durch einen Boten eine Mitteilung zukommen lassen: Seine Frau sei gestorben, so die traurige Nachricht, er wolle Massilia verlassen und habe vor, so bald wie möglich nach Niedergermanien zu kommen, samt der kleinen Tochter Severina. Seither hatte Gaius aber nichts mehr vom Sohn gehört.

Der Sklave, den er in der großen Halle des Haupthauses angesprochen hatte, schüttelte den Kopf.

„Nein, Herr, noch immer keine Nachricht."

Gaius Severinius ging in den Garten, in dem er eigenhändig einige Beete mit Steinnelken aus Hispanien bepflanzt hatte. Sie duften wunderbar, dachte er.

Der alte Herr besaß ein Landgut, es lag an der Straße, die von der CCAA nach *Iuliacum* führte. Es war eines jener Güter, die in regelmäßigen Abständen an der Straße parzelliert worden waren, mit 200 *iugera* (50 Hektar) hatte es die durchschnittliche Größe der Landgüter im fruchtbaren Lössgebiet westlich der Provinzhauptstadt. Die Villa, das Haupthaus der Hofanlage, war eher bescheiden ausgestattet und eingerichtet. Gaius Severinius hielt nicht viel von Luxus, ihm ging es darum, die Erträge seiner Landwirtschaft, hauptsächlich durch den Anbau von Getreide, konstant zu halten.

Er wollte gerade ins Haus zurückgehen, als Faustina, die beleibte Köchin, ihm fast in die Arme lief. Ein Wagen nähere sich dem Hof, sagte sie ganz aufgeregt.

Gaius Severinius wandte sich um.

Ja, ein unscheinbarer Reisewagen, von zwei Pferden gezogen, durchfuhr das Tor, den Anruf des Torwächters nahm der Wagenführer, ein großer, bärtiger Mann, nicht zur Kenntnis.

Nachdem er das Gespann in der Mitte des kleinen Hofes zum Halten gebracht hatte, sprang der Mann vom Wagen. Er kam langsam auf Gaius Severinius zu, der am ganzen Leib zitterte. Der Gutsherr fühlte es, ja, er wusste es – der Mann brachte schlechte Nachrichten.

„Herr, mein Name ist Rufinus, ich bin seit zwei Jahren der Leibsklave deines Sohnes."

Der Mann ließ sich auf die Knie fallen.

„Dein Sohn, Herr, ist tot, erschlagen von Räubern. Und auch Severina, deine Enkeltochter, ist tot, da" – er zeigte auf den Wagen – „ich bringe dir ihren Leichnam."

Gaius Severinius blieb stumm. Er schüttelte ungläubig den Kopf.

Die Familie seines Sohnes war ausgelöscht – wie konnten die Götter das zulassen?

Rufinus hatte unterdessen die Tür des Wagens geöffnet, mit beiden Armen umfasste er vorsichtig den Leib eines etwa zehnjährigen Mädchens, der auf der hinteren Sitzreihe lag.

„Trag' sie ins Haus, Sklave."

Das war alles, was der alte Herr zu sagen vermochte.

Die Römer glaubten, der Tod trete durch die Tür ein. Und wenn er die Tür verschlossen fand, so meldete er sich, indem er mit den Füßen anklopfte, das heißt, mit den Füßen gegen die Türe trat. „Der bleiche Tod klopft unparteiischen Fußes an die Hütte des Armen und an den Palast der Reichen", schreibt Horaz. Der Tod ließe sich auch nicht durch Reichtümer bestechen, so glaubte man in Rom.

Starb ein Familienangehöriger, so wurde nach Feststellung des Todes der Verstorbene dreimal mit Namen gerufen (die so genannte *conclamatio*), nach der letzten Waschung und Salbung bahrte man ihn in Festgewändern auf einem Begräbnisbett im Atrium auf, dann begann ein aufwändiges Ritual der Totenklage, ehe endlich die Bestattung erfolgte.

Die römische Sitte, die Toten außerhalb der Städte und Siedlungen beizusetzen, ist bereits im 5. Jahrhundert v. Chr. im Zwölftafelgesetz festgelegt worden. Das hatte zur Folge, dass allerorten Nekropolen zu beiden Seiten der Fernstraßen entstanden, so später auch vor der CCAA.

Als Bestattungsarten sind in den Provinzen das Körpergrab und – vor allem in der frühen und mittleren Kaiserzeit – das Brandgrab nachgewiesen. Im letzteren Fall wurde der Verstorbene auf einem Scheiterhaufen zunächst verbrannt, der Leichenbrand dann aufgesammelt und in eine Urne gegeben. Gräber, in denen neben dem Leichenbrandbehältnis auch Reste des Scheiterhaufens niedergelegt wurden, heißen in der Fachsprache „Brandschüttungs- oder Brandschuttgräber". Wenn Leichenbrand und Reste des Scheiterhaufens vermischt – ohne Urne – eingegeben wurden, spricht man von einem „Brandgrubengrab". Ein Urnengrab ist eine Brandbestattung, in der nur der Leichenbrand deponiert ist, Beigaben können hinzukommen. Urnen bestanden aus Keramik, Glas, Metall oder Stein, steinerne Leichenbrandbehältnisse heißen auch „Ossuarien". Verstorbene Säuglinge oder Kinder wurden indessen nicht auf den Nekropolen beigesetzt, sondern an separierten Orten, oft auch inmitten von Siedlungen oder gar Häusern. Um die Reise ins Reich der Toten zu erleichtern, wurden den Toten Beigaben ins Grab gelegt, Speisen und Getränke, Geschirr, Werkzeuge, Lampen, oft auch Münzen als Fährgeld.

Die kleine Severina war im Atrium aufgebahrt worden. Das Bett war blumengeschmückt, auch tagsüber brannten Kerzen. Gaius Severinius hatte Flötenspieler kommen lassen, die für die Trauermusik sorgten.

Am Abend des vergangenen Tages hatte Rufinus dem Gutsherrn in allen Einzelheiten schildern müssen, was auf der Reise vorgefallen war. Man habe Massilia vor vier Wochen verlassen, berichtete Rufinus. Der Herr, die Tochter des Herrn, er und ein Kutscher hätten den beschwerlichen Weg entlang der Rhone angetreten, nach wenigen Tagen hätten sie Lugdunum glücklich erreicht, schließlich auch Vesontio.

„Dein Sohn hatte befohlen, nur bei Tageslicht zu fahren, und meistens reisten wir in Gesellschaft von Kaufleuten, Händlern und Landleuten – unser Herr sagte, Reisen sei nicht nur unbequem, sondern auch gefährlich, es gebe immer mehr Banden von Straßenräubern."

Gaius Severinius nickte. Ja, so bemerkte er, der Kaiser Septimius Severus, der Vorgänger des göttlichen Imperators, habe sogar angeordnet, Militärposten in allen Provinzen zur Verfolgung der Räuber einzurichten. Und in Italien, so habe er gehört, hätte sich ein berühmter Räuber, Bulla Felix mit Namen, mit seinen 600 Bewaffneten zwei Jahre lang gegen die Kohorten des Kaisers gehalten.

„Nachdem wir den Ardennerwald durchquert hatten", so erzählte Rufinus, „wollten wir wieder einmal die Pferde wechseln, in einem Gasthaus im Land der Treverer. Hier begann das Unglück – denn tags zuvor hatten Räuber die Herberge besetzt, sie hatten den Wirt und seine Frau umgebracht, sie lauerten uns auf. Als dein Sohn das Haus betreten wollte, traf ihn ein Schwerthieb, dem Kutscher, der ihm helfen wollte, schlugen sie den Schädel ein, ich warf mich über Severina, ‚Lasst das Kind am Leben', habe ich gerufen, als sie uns aus dem Wagen zerrten."

Der Bandenführer habe dann das Gepäck durchwühlt – und er habe lauthals gelacht, als er auf einen Beutel mit Münzen gestoßen sei, da habe man ja keinen Armen erwischt, rief er seinen Gesellen zu.

„Severina und mich sperrten sie in eine kleine Kammer. Sie wollten uns wohl verkaufen. ‚Wir müssen fliehen', sagte das Kind immer wieder, ‚Rufinus, lass uns fliehen!'" Am nächsten Morgen, in aller Frühe, habe er gebeten, seine Notdurft verrichten zu dürfen, der Wächter habe die Tür geöffnet, dem Mädchen sein kurzes Schwert an die Kehle gesetzt, „geh ruhig, Sklave, wenn du nicht zurückkehren solltest, ist das Kind tot!", habe er höhnisch ausgerufen.

„Doch Severina gelang es, sich zu befreien, sich seinem Zugriff zu entziehen, sie lief hinter mir her, der Wächter holte aus, traf deine Enkeltochter mit einem Schwerthieb an der Schulter, sie schrie auf, lief aber weiter, wir schafften es, das Haus zu verlassen, wir rannten ins Gebüsch, schlichen uns im Schutz der Bäume davon, die meisten Räuber waren noch schlaftrunken, sie hatten gefeiert bis nach Mitternacht, sodass nur wenige fähig waren, uns zu verfolgen. Wir versteckten uns den ganzen Tag im Wald, dann gaben die Unholde wohl auf – und ich hatte endlich Zeit, Se-

verina notdürftig zu verbinden, die Wunde war nicht tief, aber blutete unentwegt. Dein Enkelkind aber war tapfer, es ertrug den Schmerz, oft lief es vorweg und trieb mich zu größerer Anstrengung an."

Nach zwei Nächten hätten sie ein Gehöft erreicht, in dem sie Zuflucht fanden. „Es waren einfache Menschen, die uns halfen, Helvetier wohl, sie gaben uns Nahrung und Quartier, sie benachrichtigten einen Militärposten – Severina aber wurde immer schwächer und in der nächsten Nacht, gnädigster Herr, passierte das Schreckliche, die Kleine starb, sie hatte wohl zu viel Blut verloren! Herr, sie starb in meinen Armen!"

Rufinus schlug die Hände vors Gesicht. Gaius Severinius schwieg. Schmerz und Trauer hatten ihn übermannt, umso mehr rührte ihn der Schmerz, den der Sklave äußerte.

Nach einer Weile fuhr Rufinus mit seinem Bericht fort.

„Als die Legionäre kamen, fragten sie mich aus, verdächtigten mich sogar, meinen Herrn getötet zu

Nachbau eines römischen Reisewagens aus dem Römisch-Germanischen Museum in Köln.

haben – doch, bei Jupiter, die helvetischen Landleute bestätigten meine Aussage, sie sagten dem Centurio, dass das Kind, bevor es gestorben sei, den Hergang genau so geschildert habe wie ich. So hat mir Severina noch nach ihrem Tod das Leben gerettet."

Er habe die Soldaten dann zum Gasthaus geführt – die Räuber waren verschwunden, in einem Stall seien die Legionäre auf vier Leichen gestoßen, die man einfach aufs Stroh geworfen habe. „Alle vier wurden eingeäschert, ihre Asche in Urnen eingesammelt, die man in ein *columbarium* nahe der Straße stellte." Er habe den Legionären gesagt, dass sein Herr, Valens Severinius, ein hoher Beamter in Massilia gewesen sei. Für eine Inschrift sei genug Platz, lautete die lakonische Antwort des Centurio. „Auf meine innigsten Bitten gestattete er mir dann aber, den Leichnam der Kleinen zu dir zu bringen, das Militär stellte sogar den Wagen zur Verfügung, ich musste versprechen, ihn anschließend im Legionslager Bonna abzuliefern." Sogar ein Empfehlungsschreiben habe der Centurio verfasst, Rufinus zeigte dem alten Herrn das Täfelchen.

Nachdem Rufinus geendet hatte, schickte ihn Gaius Severinius in die Küche. „Gib ihm reichlich zu essen und zu trinken", sagte er zu Faustina, ehe er ins Bett ging.

Und er hatte bereits einen Entschluss gefasst: Dieser Rufinus ist ein tüchtiger und redlicher Mann, der alles getan hat, um Severina zu retten. „Wir werden ihn freilassen", sagte er laut, obwohl er allein war, „er soll römischer Bürger werden, so wie alle Freien in der Provinz durch den Erlass unseres göttlichen Imperators zu römischen Bürgern geworden sind!"

Der Kaiser, der „göttliche Imperator", der in diesen Tagen regierte, hieß offiziell Marcus Aurelius Antoninus, er hörte es aber gerne, wenn seine Untertanen ihn „Caracalla" nannten, nach dem einfachen gallischen Kapuzenmantel, den er ständig trug, um sich bei den Legionären beliebt zu machen. Er war im Jahre 186 n. Chr. als ältester Sohn des Generals Septimius Severus in Lugdunum, dem heutigen Lyon, geboren worden. Wenige Jahre, nachdem sich sein Vater die Herrschaft über das Römische Reich erkämpft hatte,

war Caracalla zum *caesar* (zum designierten Nachfolger) ernannt worden, zwei Jahre später zum Augustus und Mitherrscher. Gegen seinen Willen hatte er im Jahre 202 die Tochter des *praefectus praetorio* Plautianus (des Befehlshabers der Prätorianer, der kaiserlichen Garde), Fulvia Plautilla, heiraten müssen. Schon in dieser Zeit war offener Hass zwischen Caracalla und seinem jüngeren Bruder Geta deutlich geworden. 205 hatte Caracalla dann eine große Palastintrige angezettelt, in deren Verlauf Plautianus ermordet worden war, seine Frau hatte Caracalla verbannen lassen.

Nach dem Tod des Septimius Severus im Jahre 211 in Eburacum/York hatten Caracalla und Geta, dem Wunsch des Vaters folgend, gemeinsam die Nachfolge angetreten. Als letztes Wort, das Severus an seine Söhne gerichtet haben soll, ist überliefert: „Vertragt euch, bereichert die Soldaten und denkt von allem anderen gering." Aus der Zeit ihrer gemeinsamen Herrschaft stammt eine Inschrift am Tempel des Jupiter Dolichenus in Köln, den der Statthalter Lucius Lucceius Martinus „zum Heil der Imperatoren" hatte erneuern lassen. Schon ein Jahr später aber ließ Caracalla zuerst seine Frau, dann auch seinen Bruder Geta ermorden, angeblich in den Armen ihrer gemeinsamen Mutter.

Im Frühjahr 213 sah sich Caracalla gezwungen, Krieg am Oberrhein zu führen – hier hatte sich südlich des Mains und jenseits des Limes, der römischen Grenzbefestigung zwischen Rhein und Donau, der Stammesverband der Alemannen gebildet (der Stammesname, „alle Männer", erscheint in diesem Jahr zum ersten Mal in den Quellen). Starke Verbände der Alemannen bedrohten das Reichsgebiet, die Abwehr übernahm der Herrscher persönlich, er führte einen Präventivschlag aus und zog ins Feindesland. Wahrscheinlich in der Nähe von Miltenberg gelang es Caracalla, die Alemannen zu besiegen, gefangene Feinde sollen anschließend äußerst grausam zu Tode gekommen sein. Mit einigen Teilkönigen der Alemannen schloss der Kaiser aber auch Verträge, in denen sie gegen Zahlung von Jahrgeldern zum Grenzschutz verpflichtet wurden.

214 kehrte Caracalla nach Rom zurück, wo er sofort mit den Vorbereitungen für einen großangelegten

Dem im 3. Jahrhundert beigesetzten Mädchen gab man zahlreiche Beigaben aus Bernstein mit ins Grab. Darunter waren neben einem Spinnrocken, Würfeln und Glasperlen auch qualitätvolle Tierfiguren.

Feldzug gegen die Parther begann. Er wollte auf den Spuren Alexanders des Großen Asien erobern. Alexander war sein großes Vorbild, er versuchte ihn nachzuahmen, durch sein Verhalten wie sein Äußeres, wie ein Zeitgenosse berichtet: „Er war ein so leidenschaft-

licher Verehrer Alexanders, dass er sich gewisser Waffen und Trinkgefäße bediente, von denen er glaubte, dass sie einmal jenem gehört hätten; außerdem ließ er viele Bildnisse von Alexander aufstellen." Zur Finanzierung des Krieges gab Caracalla eine neue Silber-

Freilegung des Mädchengrabs von Elsdorf-Esch.

zur Stadt Carrhae in Mesopotamien auf Veranlassung seines Gardepräfekten Macrinus ermordet.

Die kurze Regierung Caracallas sollte dennoch Folgen haben – zum einen hatte sich der Kaiser das Wohlwollen des Heeres gesichert, indem er den Sold der Soldaten übermäßig erhöhte; damit tat er aber nichts für die Disziplin der Legionäre, im Gegenteil: Er förderte vor allem die Neigung der Truppen, die Geschicke des Staates mitzubestimmen, die Epoche der „Soldatenkaiser" kündigte sich an.

Zum anderen ist Caracallas Name mit einem berühmten Erlass aus dem Jahre 212 verbunden – durch die so genannte *constitutio antoniniana* wurde das römische Bürgerrecht allen freien Bewohnern der Provinzen verliehen; dies geschah vor allem, so vermutet der zeitgenössische Autor Cassius Dio, um das Steuervolumen des Staates zu erhöhen. Für die Provinz Niedergermanien bedeutete das, dass die Bewohner der CCAA nun, wie die römischen Bürger in Italien und in den Koloniestädten, ihre Sonderstellung verloren – fortan hatten die Bewohner Roms, die Italiener und die Provinzialen den gleichen Rechtsstatus.

Der Leichnam der kleinen Severina war bestattet worden. Entlang der Straße, außerhalb der Hofanlage in der vorgeschriebenen Entfernung von mehr als 60 Fuß, befanden sich die Gräber der *familia* des Gaius Severinius, auch seine Frau sowie Freigelassene und Bedienstete hatten hier in den vergangenen Jahren ihre letzte Ruhestätte gefunden. Es war ein kleiner Trauerzug gewesen, in dem Severina auf einer Bahre, das Gesicht unverhüllt, zum Begräbnisplatz getragen worden war. Hinter den Klageweibern, die aus dem nächsten Ort gekommen waren und ihre Litaneien gesungen hatten, und den Flötenspielern war Gaius Severinius in einem farbigen Trauergewand der Bahre gefolgt, an seiner Seite Rufinus, der ihn stützte. Der alte Herr hatte dafür gesorgt, dass Ceres, der Erdmutter, der Göttin des Ackerbaus und allen Wachstums, ein Schwein geopfert wurde, bevor man wieder Kerzen anzündete und Weihrauch verbrannte. Nach erneuter Totenklage hatte ein Sklave den Körper Severinas auf einen Holzstapel gelegt, der schließlich mit Wachsfackeln entzün-

münze heraus, gewöhnlich Antoninianus genannt, die aus einer minderwertigen Silberlegierung hergestellt war. Der Krieg in Syrien begann im Frühjahr 216, beteiligt waren auch Abteilungen von der Rheinfront, der *legio I Minervia* und *legio XXX Ulpia* aus Xanten. Am 8. April 217 wurde Caracalla indessen auf dem Weg det wurde. Nach dem Totenbrand hatten die Frauen aus dem Gesinde die verbrannten Gebeine und die Asche eingesammelt und in eine Urne gefüllt, die von Gaius Severinius persönlich in den kleinen Holzsarg gestellt worden war. Er hatte der Zeremonie stumm beigewohnt, hatte aber die Beigaben hinterlegt – langsam und bedächtig hatte er aus Bernstein gefertigte Würfel und Perlen auf dem Boden der Kiste deponiert, ganz zum Schluss die Tierfiguren, Löwe, Fuchs, Hund und Meerwesen *(capricornus)*, die die Kleine so geliebt hatte. Erstmals war er in diesem Moment in Tränen ausgebrochen.

Als Gaius Severinius von der Grube weggetreten war, hatte Rufinus die Kiste verschlossen. Alle Anwesenden hatten mehrfach den Namen der Toten gerufen, als der Sarg in die Grube gesenkt und das Grab mit Erde aufgefüllt worden war.

Am Totenmahl in der Halle nahmen alle Mitglieder der *familia* teil, es herrschte tiefes Schweigen. Faustina hatte Eier, Gemüse, Geflügel, Brot und Salz serviert, die traditionellen Speisen. Noch während des Mahls forderte Gaius Severinius den Rufinus auf, vor ihn zu treten. Er selbst stand dann auf, nahm einen Stab in die rechte Hand, berührte damit den Kopf des Rufinus und sprach feierlich einen Satz: „Mit diesem Wort erkläre ich dich für frei", eine alte Formel, die man bei der Freilassung von Sklaven zu sprechen pflegte.

„Rufinus, von heute an sollst du Gaius Severinius Rufinus heißen" – der alte Mann überlegte kurz – „aber du bist fortan kein Freigelassener, kein Mann niederen Rechts, sondern dank der Weisheit des göttlichen Imperators bist du mit dem heutigen Tag römischer Bürger, du kannst deiner Wege gehen, darfst dir eine Frau suchen, ein Geschäft betreiben, du hast alle Rechte eines Bürgers."

Er legte seine Hand auf die Schulter des Rufinus.

„Du würdest mir aber eine große Freude bereiten", sagte er nach einer kleinen Pause, „wenn du hier bliebest – ich bin alt, ich könnte einen Verwalter gebrauchen."

Rufinus blickte ihn überrascht an – und dann fielen sich die beiden Männer in die Arme.

„Rettet euch! Die Franken kommen!"

Das Ende eines römischen Landguts in der Nähe von Jülich-Kirchberg

„Steinacker" hieß die Flur bei Jülich-Kirchberg seit alters her – weil man bei der Bearbeitung des Bodens immer wieder auf Reste von alten Mauern stieß. Auf dem „Steinacker" untersuchten Archäologen ein – wie es im Fundbericht heißt – „ungewöhnlich gut erhaltenes und umfangreiches römisches Landgut" (eine *villa rustica*) und entdeckten dabei im Frühjahr 1997 an der Nordwestecke des Areals, auf der höchsten Stelle der Flur, eine Kleinbefestigung, einen *burgus*, der wahrscheinlich in der ersten Hälfte des 4. Jahrhunderts angelegt worden war. Seit dem 3. Jahrhundert sind solche privaten Wehr- und Schutzanlagen römischer Gutshöfe im Rheinland nachweisbar; es war die Zeit, als die Bewohner begannen, sich gegen zunehmende Überfälle und Plünderungen der Germanen zu schützen. Der *burgus* in Jülich-Kirchberg war um einen Speicherbau (*horreum*) herum gebaut worden, man hatte einen Spitzgraben ausgehoben und Palisaden errichtet, zudem wurde das *horreum* turmartig verstärkt. Im Burgusgraben stieß man auf das Skelett eines erwachsenen Mannes, der neben einem länglichen Objekt lag. Nach der komplizierten Freilegung in den Werkstätten des LVR-LandesMuseums Bonn hatte man zunächst vermutet, dass es sich um ein Feuerwehrrohr aus römischer Zeit handeln könnte. Vergleichsfunde weisen es jedoch als Düse einer Schmiedeesse aus, womit ein Hinweis auf dieses für ländliche Siedlungen elementare Handwerk gegeben ist. Das etwa 1,10 Meter lange, konisch zulaufende Rohr (Durchmesser am hinteren Ende 7 Zentimeter, an der Spitze 3 Zentimeter) wies schwarze Verfärbungen auf, was auf starke Hitzeeinwirkung schließen ließ.

Schlechte Nachrichten aus der *Colonia* – der Heermeister Silvanus ist umgebracht worden!"

Ursatius, der Gehilfe des Verwalters, sprang vom Pferd. Er hatte den Gutsbesitzer, einen älteren Ratsherrn, auf dem Heimweg in die Provinzhauptstadt begleitet. Masclinius Severinus besaß dort ein schönes repräsentatives Haus, in dem er die meiste Zeit des Jahres lebte. Er war aufs Land gekommen, um sich über den Stand der Erntearbeiten zu informieren – und er war nicht unzufrieden in die *Colonia Agrippina* zurückgekehrt, hatte ihm doch der Verwalter versichert, es werde erstmals wieder eine gute, eine gewinnbringende Ernte geben.

Der Verwalter Martinianus, ein bereits ergrauter Mann von 48 Jahren, beruhigte das Pferd, das Ursatius geritten hatte, und ließ es in den Stall führen. Dann bat er den Ursatius, ihm ins Haupthaus zu folgen, er wollte sofort erfahren, was in der Stadt vorgefallen war. Er befahl einem Sklaven, einen Krug Wein in sein Arbeitszimmer zu bringen.

Ursatius setzte sich umständlich hin und wischte sich den Schweiß aus der Stirn, bevor er zu erzählen begann.

Köln im Jahre 355: Die starken Mauern der Stadt sind ein unbezwingbares Bollwerk und bieten den Einwohnern Schutz und Sicherheit – trügerische Sicherheit indessen in extrem unsicheren Zeiten. Nach dem Tode des großen Kaisers Constantin (337 n. Chr.) war Gallien infolge endloser Auseinandersetzungen seiner Söhne immer wieder von römischen Truppen entblößt worden, was germanische Stämme, Alemannen und Franken, zu zahlreichen Raubzügen in das Gebiet der niedergermanischen Provinz nutzten. Gegen den jüngsten Kaisersohn, Constans, der seit 345 über Italien, Spanien, Gallien und Britannien herrschte, war im Jahre 350 eine Revolte unter der Führung des Magnentius, eines hohen Offiziers barbarischer Abstammung, ausgebrochen, in deren Verlauf Constans umgebracht worden war. Sein Bruder Constantius II., der den Osten regierte, war nun der alleinige legitime Herrscher des Imperiums. Er soll zunächst die Alemannen zu einem Einfall in Gallien aufgefordert haben, bevor er daran ging, den Aufstand niederzuschlagen. In der Schlacht bei Mursa wurde Magnentius entscheidend besiegt, nach einer weiteren Niederlage nahm er sich 353 das Leben. Constantius II. aber musste in den Osten zurückkehren – daher beauftragte er den Feldherrn Silvanus mit der Sicherung Galliens.

Dieser Silvanus war zum *magister militum*, zum Heermeister, ernannt worden, damit hatte erneut ein Germane den höchsten militärischen Rang im römischen Heer erreicht. Silvanus war nämlich der Sohn eines Franken, der schon Konstantin dem Großen gedient hatte und zu höchsten Ämtern aufgestiegen war. Ein zeitgenössischer Chronist hat überliefert, dass Silvanus ein Mann war, „der dem Imperium ergeben war". Ihm soll es gelungen sein, die Alemannen über den Oberrhein zurückzuwerfen, dann konzentrierte er alle seine Kräfte in Köln, um Niedergermanien von den Franken zu säubern – die wahrscheinlich schon die Militärlager in Bonn und Neuss zerstört hatten. „Die gallischen Provinzen waren lange vernachlässigt worden und hatten sehr unter den furchtbaren Bluttaten, Plünderungen und Brandschatzungen zu leiden – die Barbaren streiften frei herum, niemand half dem Land", so schildert der römische Historiker Ammianus Marcellinus die Lage vor dem Eingreifen des Silvanus.

Die gefährlichsten Feinde des Silvanus waren aber seine Neider am Hofe des Constantius II., die ihm seine hohe Stellung missgönnten – unterstützt von einigen Ministern, hatte sich ein Höfling einige Empfehlungsschreiben von Silvanus ausstellen lassen, er radierte deren Inhalt bis auf die Unterschrift aus und füllte die leeren Pergamentseiten mit hochverräterischen Plänen. Leute in der Umgebung des Constantius bezichtigten den Heermeister daraufhin, er strebe nach dem

kaiserlichen Purpur. Der Betrug wurde schließlich aufgedeckt und in einer großen, in Gegenwart des Kaisers gehaltenen Versammlung hoher Zivil- und Militärbeamter stellte man die Unschuld des Silvanus öffentlich fest. Doch zu spät: Der Heermeister war inzwischen über die böse Intrige informiert worden, zudem hatte er erfahren, dass sein Vermögen bereits eingezogen war – im Wissen um das Misstrauen des Kaisers und aus Furcht vor weiteren Verleumdungen ließ sich Silvanus zu eben der Rebellion anstacheln, derer er fälschlich bezichtigt worden war. Er nahm, wahrscheinlich im August 355, in Köln den kaiserlichen Purpur an und mit seiner Kriegsmacht schien er tatsächlich eine Bedrohung zu sein für Oberitalien und Mailand, wo sich Constantius aufhielt. In dieser misslichen Situation erbot sich ein in Ungnade gefallener Heerführer, Ursicinus mit Namen, die Erhebung in der *Germania secunda* zu beenden und Silvanus auszuschalten. Mit nur wenigen Begleitern soll sich Ursicinus auf den Weg nach Köln gemacht haben, das damals generell nur noch *Agrippina oder Colonia Agrippina* genannt wurde.

„Einen Tag nach dem Tod des Silvanus erreichten wir die *Colonia* – die Menschen in der Stadt waren noch immer ganz erregt, viele Agrippinenser trauerten um Silvanus und nicht wenige Legionäre schimpften über den Verrat der meisten Offiziere."

Ursatius unterbrach seine Erzählung, um einen Schluck Wein zu trinken.

„Unser Herr, der *decurio* Masclinius Severinus, erfuhr dann nach und nach, was passiert war. Der Kaiser Constantius hatte einige Männer in die *Colonia* geschickt, um den aufrührerischen *magister militum* zu beseitigen – die haben dann gewisse Einheiten des Heeres durch Bestechung auf ihre Seite gezogen, und dann machten sich die vom Kaiser geschickten Häscher daran, ihren Auftrag zu erfüllen. Sie drangen in den Statthalterpalast ein, zogen den Silvanus aus einer Nische hervor, in die er sich außer Atem geflüchtet hatte und machten ihn mit zahlreichen Schwerthieben nieder. Er soll vorher, wie mir der ehrwürdige Herr Masclinius erzählt hat, versucht haben, sich in einen

Versammlungsraum der Christen zu retten. Ganze 28 Tage, so hört man in der *Colonia*, dauerte die kaiserliche Herrschaft des Silvanus."

„War er denn Anhänger unseres Herrn Jesus Christus?" fragte Martinianus, dessen Familie sich schon vor langer Zeit zum Christentum bekehrt hatte.

Nein, sagte Ursatius, vielleicht habe sich Silvanus da einfach nur verstecken wollen.

Seine Befehlshaber und Helfer seien noch am gleichen Tag verhaftet worden, die meisten Soldaten des Silvanus aber seien augenblicklich wieder in den kaiserlichen Dienst zurückgekehrt – „dieselben Legionäre, die vorher bereit gewesen waren, mit dem Heermeister über die Alpen zu ziehen und in Italien einzumarschieren."

Ursatius schüttelte angewidert den Kopf.

„Und in *Mediolanum* sollen Schmeichler dann die Weisheit des Constantius gepriesen haben, der ohne das Wagnis einer Schlacht einen Bürgerkrieg verhindert habe."

Martinianus schwieg.

„Silvanus war der Einzige, der ernsthaft versucht hat, unser Land vor den Angriffen der Barbaren zu schützen", sagte er nach einer Weile.

„Hat dir der ehrwürdige Herr Masclinius etwas ausrichten lassen? Hat er in Erfahrung bringen können, wie der ach so weise Kaiser Constantius nun gegen die Franken vorzugehen gedenkt? Die Barbaren ziehen doch noch immer plündernd und sengend durch unsere Provinz."

Ursatius nickte.

„Fränkische Könige jenseits des Rheins haben geschworen, den Tod des Silvanus zu rächen. Sie wollen die Colonia niederbrennen, haben Kundschafter berichtet. Unser Herr glaubt aber, dass der Stadt, die von starken Mauern geschützt ist und in der gegenwärtig viele römische Truppen stationiert sind, keine Gefahr drohe. Und daher hat er sich entschlossen, in der *Colonia* zu bleiben."

„Und wer beschützt uns?", dachte Martinianus. Er war ein mutiger Mann, er vertraute auf Gottes Hilfe – und doch es gab etwas, wovor er Angst hatte: die Franken.

Ausrüstung eines römischen Soldaten um 350, mit Helm, Rundschild, Langschwert (spatha), Stoßlanze (hasta) und Militärgürtel mit Ringschnalle.

überliefert hat, vermutete, dass das Volk der Franken aus Pannonien stamme. Im Jahre 257, so ist römischen Quellen zu entnehmen, sollen die Franken Gallien bis zu den Pyrenäen durchquert und ausgeraubt haben, es gibt Berichte über fränkische „Piratenfahrten" bis nach Nordafrika und Spanien. 275 zerstörten und verwüsteten fränkische Scharen gar Trier und andere gallische Städte. Kaiser Probus (276–282) versuchte, die nach dem Norden der *Germania inferior* greifenden Franken durch Verträge an das Reich zu binden. Seit Beginn des 4. Jahrhunderts drangen die salischen Franken, die sich schon früh als die „Ersten" im Bund der „Freien" bezeichneten, in das Land zwischen Maas und Schelde ein. Das fränkische Vorrücken führte dazu, Trier unter der Regentschaft des westlichen Cäsars Constantius Chlorus (293–306) zur ständigen Residenz zu machen. Constantius' Sohn, Konstantin der Große (306–337), ergriff energische Maßnahmen gegen die schrittweise Expansion der Franken. Von Köln aus, das er durch den Bau der ersten Rheinbrücke und die Anlage des Kastells *Divitia* (Deutz) sicherte, führte er mehrere Feldzüge gegen fränkische Gruppen durch. Mehrfach ließ er Kleinkönige und Anführer der Brukterer und anderer Franken im Amphitheater von Trier zur Belustigung von Römern und Provinzialen durch wilde Tiere zerfleischen, zugleich aber wurden fränkische Gruppen in Nordgallien angesiedelt, um das Land zu rekultivieren und der römischen Armee Dienste zu leisten. Als *laeti*, als Halbfreie, bildeten diese Franken sozusagen einen Puffer zu den barbarischen Völkern östlich des Rheins. Zudem, und das sollte bedeutsam werden, wurde eine große Zahl von Franken ins römische Heer eingegliedert. Seit Constantin finden wir in den endlosen Kämpfen an der Rheingrenze auf römischer Seite zahlreiche loyale fränkische – nicht selten aus königlichen Familien stammende – Befehlshaber, denen mit ihren Mannschaften der Grenzschutz übertragen wurde. Das römische Heer bestand in dieser Zeit zum großen Teil aus germanischen Verbänden, selbst in Eliteeinheiten stellten Germanen die Mehrheit. Der Dienst im römischen Militär war ein erster Schritt zur Romanisierung der Franken – das Militär war damals

Die spätrömische Zwiebelknopffibel aus einem Grab in Bonn war Rangabzeichen eines germanischen Offiziers im römischen Militärdienst.

Im 3. Jahrhundert n. Chr. tauchen die Franken erstmals in der historischen Überlieferung auf. Der Name bezeichnet einen Bund kleinerer westgermanischer Stämme, u. a. der Sugambrer, Tenkterer, Tungrer, Chamaven, Chattuarier und Brukterer, die am Nieder- und Mittelrhein siedelten. Die einzelnen Stämme legten ihren Namen im Lauf der Zeit ab und nannten sich schließlich „Franken", was soviel heißt wie „die Freien" oder „die Tapferen", „die Kühnen". Die späteren Franken hatten nur sehr vage Vorstellungen über die Herkunft ihrer Vorfahren – der fränkische Geschichtsschreiber Gregor von Tours (gestorben 594), der uns die legendäre fränkische Frühzeit

Kulturträger und Vermittler des romanisch-mediterranen Kulturmodells, damit auch der neuen Religion des Christentums. Romanisierung fand aber auch in den Städten im Austausch mit Provinzialromanen und Franken statt. Silvanus kann als Verkörperung des romanisierten Franken dienen.

Doch auf der rechten Rheinseite gab es gleichzeitig fränkische Stämme, die – bei zunehmender Schwäche des *Imperium Romanum* – jede Gelegenheit wahrnahmen, die gallischen Provinzen mit Mord und Totschlag, Brandschatzung, Raub und Verwüstung zu überziehen.

Rauchschwaden stiegen hinter dem Hügel empor. Martinianus stand auf dem Balkon des Lagerhauses. Obwohl das Nachbargut fast zwei Meilen entfernt lag, hörte er Schreie, glaubte er, Kampfeslärm zu vernehmen.

„Ruf' unsere Leute zusammen, Ursatius, gib ihnen Waffen!"

Ein Reiter näherte sich im Galopp der *villa* – „öffnet das Tor!", rief Martinianus einigen Sklaven zu, die schon damit beschäftigt waren, einen Wagen hinter den befestigten Eingang zu ziehen. Der Reiter drehte sich immer wieder um, er schrie: „Rettet euch, die Franken sind da!"

Martinianus rannte die Treppe herunter, er befahl zwei Knechten, so viele Eimer wie möglich aus dem Gerätehaus zu holen. „Bringt sie in den *burgus*, alle sollen sich in den *burgus* begeben!"

Der Reiter war mittlerweile im Gehöft angekommen, es war ein junger Sklave, offensichtlich ein Kriegsgefangener, der geschickt vom ungesattelten Pferd sprang, während das Tor eilig wieder geschlossen wurde. „Sie haben alle umgebracht, diese verfluchten Franken, sie bringen uns alle um, ihr müsst flüchten!", schrie er wie von Sinnen. Am Hals blutete er aus einer klaffenden Wunde; Martinianus wies seine greise Mutter, die voller Sorge aus dem Herrenhaus getreten war, an, die Wunde zu verbinden.

„Für eine Flucht ist es schon zu spät", sagte Ursatius leise und zeigte mit dem Arm in Richtung des brennenden Landguts, „sie sind schon unterwegs."

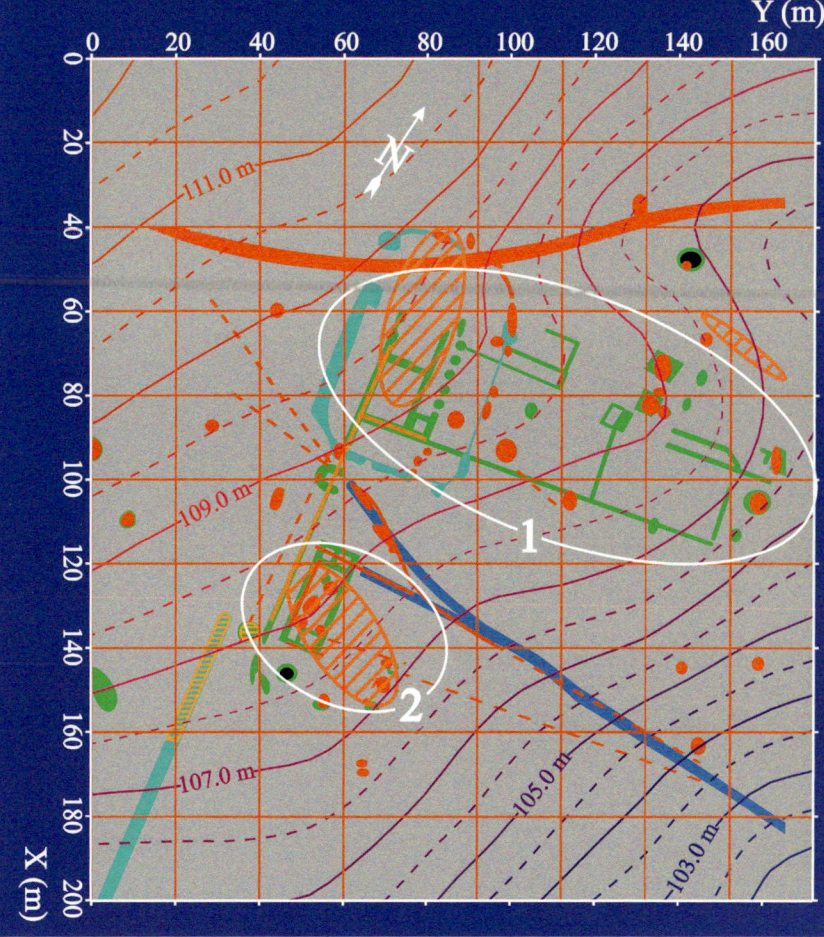

Die geophysikalischen Untersuchungen in Kirchberg bringen Bebauungsstrukturen zum Vorschein. 1 Gebäude des römischen Gutshofs und Burgus. 2 Nebengebäude der Villa. Die magnetischen Werte sprechen für einen Ofenbefund; hier lag möglicherweise die Schmiede, auf die ja auch der Fund einer Ofendüse verweist.

Ja – über das freie Feld näherten sie sich, etwa 50, 60 Krieger, an ihren runden Schilden als Germanen erkennbar. Sie rannten in wildem Haufen auf das Gut zu, ihr Kriegsgeschrei gellte herüber.

„Kommt alle in den *burgus*", rief Martinianus noch einmal, aus den Gesindehäusern und Ställen strömten die Sklavinnen und Sklaven in den palisadengeschützten Hof des *burgus*, voller Angst schrien alle durcheinander, Ursatius teilte Schwerter und Speere an die Männer aus, die Frauen sollten die Steine aus dem Lagerhaus holen, befahl er, aschfahl im Gesicht. Mar

tinianus fürchtete, dass einige der Hirtenknaben, die in den entfernten Ställen das Vieh versorgt hatten, es nicht mehr schaffen würden, den *burgus* zu erreichen. Inzwischen waren die ersten fränkischen Krieger vor dem Tor angekommen, mit lautem Gebrüll warfen sich gleich mehrere gegen die schweren hölzernen Flügeltüren, die schon beim ersten Aufprall aufflogen. Die Männer, wilde Gesellen, bewaffnet mit zweischneidigen Langschwertern und Streitäxten, stürzten in den Hof, rappelten sich hoch – und fast im selben Augenblick erhob einer der Krieger seine Axt und zerschmetterte dem Sklaven vom Nachbargut, der noch auf dem Boden lag, den Schädel, Martinianus, der sich wieder auf den Balkon begeben und seinen Schwertgürtel angelegt hatte, schrie laut auf, als er sah, wie ein zweiter Krieger seine Mutter mit einem Schwerthieb niederstreckte. Während mehrere Franken die fliehenden Hirten verfolgten und diejenigen, die sie fassen konnten, niedermachten und ihnen sogar die Kehlen durchschnitten, waren andere Barbaren schon unter lautem Triumphgeheul ins Herrenhaus gestürmt, wieder andere hatten mit Fackeln den nächsten Stall in Brand

gesetzt; vom Strohdach aus, das lichterloh in Flammen aufging, sprang das Feuer auf das nächste Gebäude über.

Martinianus hörte nicht die Hilferufe der Verletzten und Sterbenden, er hörte nicht die Schreie seiner Leute, die den Eingang zum *burgus* verbarrikadiert hatten, er hörte nicht das unbarmherzige Knacken und Knistern der Flammen, die sich nun auch durch das Dach des Herrenhauses fraßen – er spürte nur den Schmerz um die Mutter, er hatte einem Sklaven einen Bogen aus den Händen gerissen und schoss Pfeil um Pfeil über die Palisaden auf die Feinde, die siegestrunken und mit Beute beladen im Hofe herumliefen und wild durcheinander schrien, einer trug ein Schwein auf dem Arm, ein anderer hatte silbernes Tafelgeschirr in einen Sack gesteckt. Einige der Knechte taten es dem Martinianus nach, auch sie schossen Pfeile auf die Tobenden, ein Franke, mit mächtigem Bart und einem römischen Helm auf dem Haupt, zeigte plötzlich nach oben, er brüllte Befehle, die im Kampfeslärm unterzugehen schienen, doch nun machten sich einige Bogenschützen daran, ihre Pfeile auf Martinianus und die Männer auf dem Balkon zu richten, die schnell in Deckung gehen mussten. Unterdessen zogen drei, vier Krieger den Wagen, der hinter dem Tor gestanden halle, in Richtung der Holzbrücke, die über den Graben zum Palisadentor führte. „Wir hatten keine Zeit mehr, die Brücke hereinzuziehen", rief Ursatius nach oben. Er stand hinter der Palisade, neben einem Berg von Steinen, den die Frauen aufgeschichtet hatten, die sich nun voller Furcht im Lagerhaus aufhielten und an den Händen hielten.

Die Franken warfen Strohsäcke auf den Wagen und entzündeten sie, dann schoben sie den brennenden Wagen gegen das Tor des *burgus*, das sofort Feuer fing. „Los, beeilt euch – löscht die Flammen!" brüllte Martinianus und rannte nach unten. Er entriss einem der Tagelöhner einen Wassereimer, sprang auf den Steinhaufen und schüttete den Inhalt des Eimers auf das brennende Tor – „holt mehr Eimer, wir brauchen Wasser!", schrie er immer wieder. Ursatius und die Sklaven warfen derweil Steine über die Palisade, um die Franken vom Wagen zu vertreiben.

„Sie sind zu viele", rief Ursatius, während er einem der Angreifer, der neben dem Tor den Kamm der Palisade erklommen hatte, seinen Speer in den Leib rammte, sodass der mit lautem Stöhnen in den Graben fiel. Martinianus und die Tagelöhner hatten es nun fast geschafft, die Flammen am Torbogen zu löschen – Martinianus wollte Gott danken, da verspürte er plötzlich einen furchtbaren Schmerz in der Brust.

„Niemand wird dieses Gemetzel überleben", dachte er noch, ehe er über die Palisade stürzte und ihm die Sinne schwanden.

Mehr als 40 Städte sollen Franken, Sachsen und Alemannen im Unglücksjahr 355 erobert und zerstört haben, ungezählte Villen und landwirtschaftliche Betriebe wurden von ihnen geplündert und niedergebrannt. Auch die *villa rustica* in Jülich-Kirchberg wurde in diesem Jahr zerstört, das ergaben Grabungsbefunde.

Nach der Beseitigung des Silvanus war die römische Abwehr an der Rheingrenze völlig zusammengebrochen – und die militärische Kraft und die neu gewonnene Organisationsfähigkeit erlaubten es den Franken, Köln zu belagern. Nach einer Belagerung von fast zwei Monaten fiel die Stadt in ihre Hände. „Ein Bote meldete, *Colonia Agrippina* sei von den Barbaren hartnäckig belagert, mit starken Kräften geöffnet und zerstört worden", berichtet Ammianus Marcellinus, der im Gefolge des Ursicinus nach Köln gekommen war; offensichtlich hatten große Teile der von Silvanus zusammengezogenen Truppen die Stadt vor der Belagerung verlassen, auch der Berichterstatter weilte ja nicht mehr in Köln.

Es sollte gut ein Jahr dauern, bis der Cäsar Julianus die römische Herrschaft am Rhein und die Verteidigungslinie des Rheinlandes für längere Zeit wiederherstellte.

Handwerker im Hambacher Forst

Eine Glashütte in der *villa rustica* HA 132

Im Bereich des mit der Kennziffer HA 132 versehenen Fundplatzes im Gebiet des Tagebaus Hambach, etwa drei Kilometer südlich der antiken Fernstraße von Köln nach Boulogne gelegen, waren die Archäologen 1977 auf eine in der Mitte des 1. Jahrhunderts n. Chr. gegründete *villa rustica* gestoßen, die wahrscheinlich bis zum Ende des 3. Jahrhunderts kontinuierlich besiedelt war. Daneben fanden sich aber auch Spuren intensiver Glasproduktion, die, wie sich später herausstellte, erst im 4. Jahrhundert betrieben wurde, d.h., Glasmacher siedelten sich dort, wie übrigens auch an anderen Stellen des Hambacher Forstes, auf einer älteren, wahrscheinlich aufgegebenen Hofanlage an. Das dazugehörende Gräberfeld mit zahlreichen Glasbeigaben aus der Produktion der Glashütte umfasste 38 Gräber (im gleichen Gräberfeld sind auch noch sieben Brandgräber entdeckt worden, die möglicherweise auch in das 4.–5. Jahrhundert zu datieren sind). Dieses Ergebnis erbrachten die nach 20-jähriger Pause wieder aufgenommenen Ausgrabungen der Jahre 1994 bis 1996. Damals wurde der gesamte römische Gutshof untersucht, dessen durch Gräben umfriedetes Areal 260 mal 200 Meter misst. Damit handelte es sich um die größte römische Siedlungsstelle im Hambacher Forst und eine der wenigen *villae rusticae* überhaupt, die vollständig ausgegraben wurden. Nördlich des alten Hauptgebäudes der *villa rustica* konnte im Bereich der Brunnen ein Pfostenständerbau freigelegt werden, der neun Glasöfen beherbergte, vier weitere lagen unmittelbar neben diesem Bau.

„Was suchst du hier?"

Es lag ein drohender Unterton in dieser Frage. Der, der sie stellte, war ein kräftiger, schweißglänzender, verdreckter Knecht, der eine ebenso verschmutzte Lederschürze trug. In der Hand hielt er eine eiserne Stange.

Der Fremde, ein etwa 30-jähriger Mann mit Vollbart, der seit kurzer Zeit unschlüssig im Hof einherschritt und die heruntergekommenen, verfallenen Gebäude begutachtete, drehte sich langsam um.

Er lächelte und bewegte langsam und beschwichtigend beide Hände in Höhe der Schultern.

„Guter Mann – ich will dir nichts Böses, ich bin Secundus, ein Kaufmann aus *Eburacum*, aus Britannien."

„Ich habe dich gefragt, was du hier willst! Gib Antwort!"

Das Misstrauen des Knechts hatte sich nicht gelegt. Woher sollte er auch wissen, wo *Eburacum* lag?

Secundus bewegte sich nicht. Er musste auf der Hut sein.

„Ich suche einen gewissen Timovius, den großen Meister, einen Glasmacher aus der *Colonia Agrippina*!"

Aus einem der Gebäude trat in diesem Moment ein älterer Handwerker, auch er rußverschmutzt, er wischte sich den Schweiß von der Stirn.

„Woher kennst du diesen Timovius?", fragte er und stellte sich neben den Knecht.

Secundus lächelte erneut.

„Ich kenne ihn nicht persönlich, aber mein Vater hat mit ihm Handel getrieben, vor langen Jahren, bis zu dem Zeitpunkt, als die verfluchten Germanen, die Franken, die Stadt *Agrippina* eroberten und verwüsteten."

Im Gesicht des Handwerkers spiegelte sich ungläubiges Stauen wider.

Blick auf die Glasöfen, die bei einem römischen Gutshof im Tagebau Hambach zutage traten.

„Tu das weg", sagte er nach einer Weile zum Knecht, er zeigte auf die Eisenstange. Er ging auf Secundus zu und streckte seine Hand aus.

„Sei willkommen, Kaufmann aus Britannien – ich heiße Julian, ich bin der Sohn des Timovius!"

Die Männer lachten, beide waren erleichtert, als sie sich die Hände reichten.

Julian bat den Kaufmann, ihn ins Haus zu begleiten.

„Woher weißt du, dass wir hier auf dem Land arbeiten?", fragte er voller Neugier.

Secundus setzte sich auf eine Bank im kleinen, düsteren Raum.

„Wir Briten lieben euer Glas, wir wissen, dass niemand sonst im Imperium solch kunstvolle Gefäße herstellt wie die Agrippinenser! Das hat mir mein Vater eingebläut, als ich sein Geschäft übernahm."

Er lächelte wieder.

Doch dann wurde Secundus ernst.

Die kriegerischen Verwicklungen – „diese dauernden Kriege der Kaiser gegen immer neue Empörer, kaum ist ein Usurpator besiegt, erhebt sich der nächste, und dann die Kriege gegen die Barbaren, erst hier bei euch gegen die Franken, dann in Britannien, das von Pikten und Skoten verheert wurde" – hätten dazu geführt, dass man die alten Handelsbeziehungen zu Köln nicht hatte aufrecht erhalten können.

„Erst jetzt, wo unser guter Kaiser Theodosius das Reich geeint und befriedet hat, habe ich mich auf den Weg in die *Agrippina* machen können."

In der Stadt habe er gesehen, welchen Schaden die Franken angerichtet hätten. Und schließlich seien dort nur noch ein paar Glasöfen in Betrieb – „und die Werkstatt des Timovius habe ich nicht finden können."

Zweifelsohne war die Produktion von Glas ein Glanzpunkt provinzialrömischer Zivilisation im Rheinland – die „Glasmacherkunst", wie sie auch bewundernd genannt wird. Die Bedeutung dieses Produktionszweiges für die stadtkölnische Wirtschaft, besonders für den Export, wird vielleicht etwas zu hoch eingeschätzt, denn Erzeugnisse Kölner Glashütten sind bislang nur in eher geringfügigem Umfang in weiter entfernten Regionen nachgewiesen worden, etwa in Ägypten. Zudem ist kein einziger Glasmacher aus der *Colonia Claudia Ara Agrippinensium* (CCAA) namentlich bekannt. Fest steht aber, dass Glasfabrikation schon seit dem 1. Jahrhundert n. Chr. – also nicht lange nach der Erfindung der Glasmacherpfeife (die die Technik des Glasblasens ermöglichte) – auf dem Territorium der CCAA, nicht nur im Zentralort, sondern vielleicht auch in Jülich sowie in Bonn und Neuss betrieben wurde. Die hochwertigen Quarzsandvorkommen bei Frechen boten den Handwerkern den Grundstoff für die Herstellung von Rohglas, eine der ersten Glashütten in Köln wurde auf dem Platz des späteren Prätoriums errichtet; weitere Produktionsstätten sind u. a. an der St. Apernstraße, am Waidmarkt, am Eigelstein und an der Helenenstraße, also in den Vororten außerhalb der Stadtmauer, nachgewiesen.

Die Glasmacher stellten zunächst schlichte Gebrauchsgüter her, sie imitierten die gebräuchlichen italischen Formen der Salbfläschchen, Parfümbehälter, Rippenschalen und dergleichen mehr. Innerhalb weniger Jahrzehnte überflügelte indessen die rheinische Glasmacherkunst ihre ägyptischen und römischen Vorbilder – seit der Mitte des 2. Jahrhunderts waren die Produkte der Kölner Glashütten an Qualität, Formenreichtum und Kunstsinn unübertroffen. Zu den besonderen Kostbarkeiten zählten Muschel- und Traubenpokale sowie die sehr beliebten Konchylienbecher, auf deren Wandungen Fische aller Art „schwimmen". Damals gelang es, zum einen Glas zu entfärben, also völlig farblos herzustellen, zugleich aber erzielten die Kunsthandwerker eine bislang nicht erreichte Farbigkeit, man schwelgte in satten Farben. Sehr beliebt war es, bunte Nuppen auf die farblose Glaswand zu tropfen, z. B. bei gläsernen Trinkhörnern, die man der Form natürlicher Rinderhörner nachempfand.

Berühmt waren die Kölner Glasmacher für ihre „Schlangenfadengläser"; ein herausragendes Exemplar wird im Römisch-Germanischen Museum gezeigt, das so genannte Meisterstück, eine flachbauchige, 27,5 Zentimeter hohe Flasche, die um das Jahr 290 gefertigt wurde. Sie zeichnet sich vor allem durch die äußerst kunstfertige Anwendung einer speziellen Arbeitstechnik aus – weiße, bunte, teilweise vergoldete Glasfäden wurden in mitunter sehr komplizierten Mustern, etwa Schlangenlinien und Spiralen, auf die farblose Wandung aufgetragen; damit die erhitzten Glasfäden nicht vorzeitig erkalteten oder abbrachen, musste das Auflegen sehr schnell und mit großem Geschick durchgeführt werden. Mit dieser Technik wurden Flaschen, Krüge, Flakons, Becher und Pokale verziert.

Ihren Höhepunkt erreichte die rheinische Glasmacherkunst in der ersten Hälfte des 4. Jahrhunderts, als Kölner Handwerker traditionelle Schlifftechniken bis zur Vollendung weiterentwickelten, etwa bei der Herstellung der so genannten Diatretgläser. Dabei wurde ein farbloses Glasgefäß, ein dickwandig geblasener Rohling, in verschiedenfarbiges flüssiges Glas getaucht. Nach dem Erkalten begann ein Glasschleifer seine filigrane Arbeit, indem er aus den äußeren Schichten Ornamente oder Buchstaben herausschnitt und -formte.

Zu den typischen Produkten Kölner Werkstätten gehörten zylindrische sowie eckige Flaschen mit Henkeln, die in Form von Delphinen gearbeitet wurden, aber auch ganz gewöhnliche Schalen, Becher, Kannen – und runde Urnen.

Zur Herstellung von Gläsern verwendeten die Römer auch Formen wie diese hier aus Bonn.

Glasprodukte aus Niedergermanien wurden hauptsächlich im näheren Umland vertrieben, aber auch in die westlichen Provinzen des Imperiums verkauft. Und über die Grenzen des Reiches hinaus gehandelt: So wurde z. B. in Skandinavien, in Jütland und auf Gotland, römisches Glas aus Kölner Glaswerkstätten gefunden.

Julian hatte seinem Gast ein Glas Wein angeboten.

„Lass mich zunächst meine Begleiter holen", warf Secundus ein, „sie warten auf mich, beim Karren draußen an der Straße!"

Wenig später saßen sie beim Essen zusammen, Julian mit seinen drei Gehilfen, Secundus, der seine Knechte und den von einem alten Klepper gezogenen Wagen in den Hof geleitet hatte. Es gab Brot, Käse und Eier – „mehr haben wir nicht", sagte Julian entschuldigend.

Secundus hob sein Glas.

„Ich danke dir für deine Gastfreundschaft, Julian, gedenken wir aber auch unserer Väter!"

Secundus erzählte dann, dass er einen ganzen Tag lang in der *Agrippina* nach Timovius gesucht habe, niemand schien ihn zu kennen – „es wohnen sehr viele Franken mittlerweile in der Stadt". Erst als er einen Beamten des *comes domesticorum*, der im Prätorium residierte, aufsuchte, wurde ihm mitgeteilt, dass zahlreiche Glasmacher ihre Betriebe schon vor vielen Jahren aufgegeben hätten, einige seien aufs Land gezogen. Er solle, so riet man ihm, in die Gegend von *Iuliacum* ziehen, dort seien einige Glasöfen errichtet worden.

„Es waren zwei Gründe, die meinen Vater veranlassten, *Agrippina* zu verlassen – zum einen die dauernde Bedrohung durch die Franken, sie haben fürchterlich gehaust, damals, vor 40 Jahren, ehe sie der Imperator, dessen Name ich trage, Kaiser Julian, aus der Stadt vertrieb."

Julian nahm einen ziemlich großen Schluck Wein.

„Und dann ist diese Gegend hier trefflich für unser Handwerk geeignet – die alte Heerstraße zum Atlantischen Meer ist nicht weit entfernt, alle Rohstoffe, die wir brauchen, vor allem Sand, sind in der Umgebung reichlich vorhanden, es gibt viel Holz für die Öfen – und wir haben genug Wasser." Es sei allerdings nicht einfach gewesen, die verfallenen Brunnen wieder funktionstüchtig zu machen.

So kunstvolle Produkte wie einst in der Stadt würden in den neuen Glaswerkstätten indessen nicht mehr gefertigt, dazu sei der Sand nicht gut genug. „Wir verarbeiten auch Rohglas weiter, das uns aus anderen Brennöfen geliefert wird."

Nach dem Essen führte Julian den Gast aus Britannien in seine Werkstatt, die im Bereich der Brunnen lag, ein einfacher, von Pfosten getragener Schuppen, der immerhin neun Glasöfen beherbergte.

„Vier weitere liegen gleich nebenan", bemerkte Julian mit gewissem Stolz.

Drei der Öfen, kleine kuppelförmige Bauten, wurden gerade von seinen Gehilfen mit reichlich Holz gefüllt. „Das sind Schmelzöfen, die müssen tüchtig beheizt werden, denn nur wenn die Temperatur hoch genug ist, verschmelzen Quarzsand, Soda und Kalk." Das Laden eines solchen Ofens könne sehr lange dauern. Erst wenn die richtige Hitze erreicht sei, würde das Rohstoffgemisch ganz langsam in den Ofen eingeführt, mit Hilfe der Schmelztiegel.

„Das fertige Glas geben wir dann in die Kühlöfen, das sind die" – er zeigte auf drei viereckige Öfen, die direkt neben den Schmelzöfen standen – „Glas muss langsam abkühlen, sonst zerspringt es."

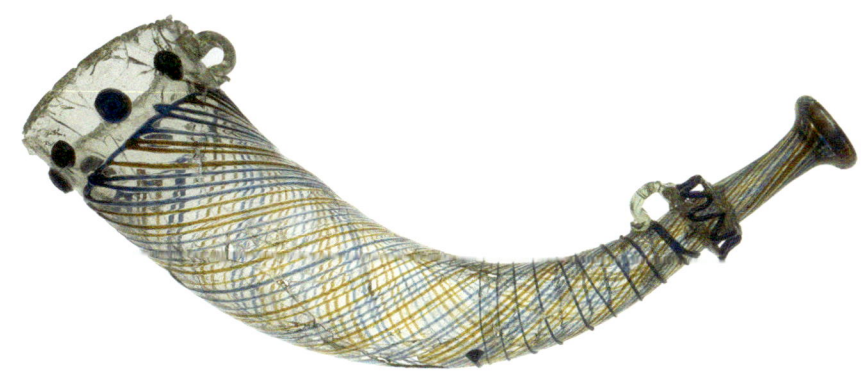

Julian nahm eine Glasmacherpfeife in die Hand, ein etwa vier Fuß langes Rohr, das zur Hälfte aus Eisen und zur anderen Hälfte aus Holz bestand. „Das eiserne Ende tauchen wir ins Glasbad ein und nehmen durch Drehen eine bestimmte Glasmenge auf, die durch Blasen ins hölzerne Ende zur Kugel geformt wird – danach beginnt dann die eigentliche Verarbeitung. Leider kann ich dir das nicht zeigen, es wird noch Stunden dauern, bis die Öfen heiß genug sind."

Secundus hatte die ganze Zeit geschwiegen, man sah ihm aber an, dass er sehr beeindruckt war.

„Mein Freund", sagte er dann, „mir wird jetzt schon warm – zeigst du mir deine Produkte, deswegen bin ich doch hergekommen."

Sie gingen in einen Lagerraum, der vermutlich in vergangenen Tagen als Geräteschuppen gedient hatte.

Julian zeigte auf ein Regal, in dem Hunderte von fassförmigen Glaskrügen standen. „Hauptsächlich fertigen wir einfache Gefäße für die einfachen Menschen der Provinz an, Dinge, die sie täglich brauchen – mit kostspieligen Diatretbechern kann ich dir leider nicht dienen."

Secundus war nicht enttäuscht, nachdem er verschiedene Becher und Flaschen in die Hand genommen und eingehend geprüft hatte.

„Es wird dein Schaden nicht sein", sagte er schließlich, „wenn du mir deinen gesamten Bestand an Flaschen verkaufst."

Am nächsten Tag schon verließen Secundus und seine Gehilfen die Hofanlage.

Das prachtvolle, spätantike Glastrinkhorn mit Fadenauflage fand sich in Grab 38 des zum römischen Gutshof gehörenden Gräberfelds.

Eine Auswahl von Glasbeigaben aus dem zur Villa gehörenden Gräberfeld. Die Gefäße wurden in der Glashütte vor Ort gefertigt.

Secundus hatte einen guten Preis für die Ware bezahlt, Julian war äußerst zufrieden.

„Möge der Gott der Christen euch auf euren Wegen beschützen und euer Land Britannien dazu", rief er aus. „War er etwa noch Anhänger des alten Glaubens?", dachte Secundus.

Julian winkte, als sich das Gespann in Bewegung setzte, der Karren war beladen mit einigen Kisten sorgfältig verpackter Flaschen.

„Ich komme wieder", antwortete Secundus und lachte, „und wenn es noch einmal 40 Jahre dauert – ich komme wieder!"

Die Eroberung durch die Franken im Jahre 355 war ein Ereignis, von dem sich das römische Köln, damals nur noch *Agrippina* oder *Colonia Agrippina* genannt, nie wieder richtig erholte. Die Provinz *Germania secunda*, wie Niedergermanien seit der Zeit Diokletians offiziell hieß, war auch in der Folgezeit immer wieder von Truppen entblößt worden, die zum einen zur Abwehr der Goten und anderer ostgermanischer Stämme an die untere Donau abgezogen wurden oder in den ständigen innerrömischen Kämpfen zwischen den *Augusti* und verschiedenen Usurpatoren aufgerieben worden waren. So führte etwa der Empörer Maximus, den die Legionen in Britannien zum Kaiser ausgerufen hatten, im Jahre 388 auch bedeutende Truppenkontingente aus Gallien und den beiden germanischen Provinzen nach Italien, wo er allerdings von der Streitmacht des legitimen Kaisers Theodosius besiegt wurde.

Natürlich nutzten die Franken die militärische Schwäche der Römer in Gallien sofort aus – fränkische Scharen, so berichtet Gregor von Tours, Bischof und Geschichtsschreiber, überschritten den Rhein und bedrohten auch Köln. Die römischen Militärs zogen alle verfügbaren Kräfte *apud Agrippinam*, bei Köln, zusammen, konnten aber nicht verhindern, dass ein Teil der Franken mit großer Beute über den Rhein entkam.

Der neue Kaiser des Westens, Valentinian II., machte Trier zu seiner Residenz. Sein Heermeister, der Franke Arbogast, „ein tapferer Krieger, aber ein dreister und verschlagener Barbar", wie überliefert ist, schaffte es immerhin, mit den fränkischen Kleinkönigen Sunno und Marcomer ein Abkommen zu schließen, in dem sie sich verpflichteten, die römischen Grenzregionen zu schützen. Aus der Zeit des Arbogast ist eine letzte größere Baumaßnahme im römischen Köln überliefert, „unter der glücklichen Regierung unserer Herren Flavius Theodosius, Flavius Arkadius und Flavius Eugenius", so die Bauinschrift (die seit 1571 am Chor von St. Peter eingemauert war), sei auf Befehl des *vir clarissimus et illustris* Arbogast, des *comes*, ein baufälliges Gebäude erneuert worden – welches, ist nicht bekannt, vielleicht das Oktogon des Prätoriums. Die Inschrift stammt wahrscheinlich aus dem Jahre 392 – da hatte Arbogast den Professor für lateinische Rhetorik, Flavius Eugenius, im Westen zum Imperator befördert, ohne die Zustimmung des Theodosius, des letzten Kaisers, der über das gesamte Römische Reich herrschte. Da Theodosius – trotz aller Bemühungen des Arbogast – dem Usurpator die Anerkennung verweigerte, kam es erneut zum Bürgerkrieg. Arbogast und Eugenius, auf die Unterstützung senatorischer Kreise vertrauend, zogen mit einem großen Heer nach Italien. Nordöstlich von Triest, am Fluss Isonzo, wurden sie in einer zweitägigen Schlacht im September 394 besiegt, Eugenius wurde von den Soldaten des siegreichen Theodosius enthauptet, Arbogast nahm sich selbst das Leben.

Arbogast war der erste „Barbar", der in einem Teil des Imperiums herrschte, sich aber offiziell mit dem zweiten Rang begnügen musste. So erging es auch dem Vandalen Stilicho, der von Theodosius kurz vor dessen Tod im Jahre 395 als Heermeister des Westens eingesetzt worden war. Stilicho übte für den minderjährigen Kaiser Honorius die Regentschaft des Weströmischen Reiches aus – er konnte zunächst die Verhältnisse am Rhein durch neue Verträge mit den Germanen festigen. Fränkische Verbände wurden im linksrheinischen Gebiet angesiedelt, sie übernahmen dafür den Schutz der Rheingrenze.

Doch schon in den Jahren 401/02 sah sich Stilicho gezwungen, starke Truppenkontingente aus dem Rheingebiet abzuziehen; sie wurden im Kampf gegen die Westgoten eingesetzt, die unter ihrem König Alarich in Italien eingefallen waren. Schiffe der Rheinflotte hatte man schon vorher nach Nordafrika beordert, wo der *magister militum* Gildo eine Revolte angezettelt hatte. Die kritische Lage in Italien nutzten germanische Stämme, die sich dem Druck der westwärts drängenden Hunnen entziehen wollten: Am Silvestertag des Jahres 406 überschritten verbündete germanische Stämme, Teile der Sueben, Vandalen, Alanen und Burgunder, den Mittelrhein – fortan war Gallien „voll von Feinden", „ganz Gallien raucht wie ein riesiger Scheiterhaufen", so klagen zeitgenössische Autoren.

Aus Britannien waren die letzten römischen Truppen 407 abgezogen – und nach dem Sturz des Stilicho im August 408 schien das Westreich in Chaos und Anarchie zu versinken. Symbol dafür ist die Eroberung Roms durch die Scharen des Alarich am 24. August 410 – das Weltenende schien nahe, zumindest aus der Sicht der Römer.

Köln ist in den ersten beiden Jahrzehnten des 5. Jahrhunderts aller Wahrscheinlichkeit nach nicht von den Germanen erobert worden. Die Stadt hielt sich noch einige Jahrzehnte als römischer Vorposten, wenngleich urbanes Leben für die verbliebene romanische Bevölkerung nur noch eingeschränkt möglich war.

Erst 456/57 (so behauptet zumindest eine Quelle aus dem 8. Jahrhundert, der *liber historiae Francorum*) haben die Franken Köln endgültig in Besitz genommen.

Der Mann mit dem goldenen Helm

Ein fränkisches Fürstengrab in Morken

Im Bereich der früheren Pfarrkirche von Morken, die bereits am Ende des 19. Jahrhunderts wegen Baufälligkeit (bis auf den Turm) abgebrochen worden war, wurden 1955 Grabungen durchgeführt – bevor der Kirchhügel im Zuge des Braunkohlentagebaus gänzlich abgebaggert werden sollte. Die Kirche war dem hl. Martin, dem fränkischen Nationalheiligen, geweiht, was in der Regel auf ein hohes Alter schließen lässt. Der Fund eines Brunnens mit fränkischer Keramik in der Nähe der Kirche deutete darauf hin, dass sich auf dem flachen Bergrücken eine fränkische Siedlung befunden haben könnte – was durch die Entdeckung von sechs merowingerzeitlichen Gräbern unter der Kirche eindrucksvoll bestätigt wurde. Fünf der Gräber waren beigabenlos bzw. nicht sonderlich prächtig ausgestattet, doch die sechste Grabgrube sollte alle Erwartungen der Archäologen übertreffen: In einer aus Eichenholzbohlen gefertigten Kammer (1,80 Meter breit, 2,65 Meter lang, die Höhe konnte nicht ermittelt werden) stieß man auf einen hölzernen Sarg, in dem neben dem Skelett die Spatha, das eiserne, zweischneidige Langschwert, und der mit kostbaren Silbereinlagen verzierte Gürtel des Toten gefunden wurden; bei den in der Kammer gefundenen Ausstattungsstücken handelte es sich größtenteils um Waffen, Schild, Wurfspieß, Stechlanze und Franziska, die fränkische Wurfaxt – und um einen prächtigen, vergoldeten Spangenhelm, der aus einer mediterranen, vermutlich byzantinischen oder ostgotischen Werkstatt stammte.

Um das Jahr 460 war erstmals ein selbstständiges fränkisches Reich am Rhein entstanden, das der ripuarischen Franken. Ihre Herrscher residierten in Köln, der erste namentlich bekannte König war Sigibert, der etwa 470 die Herrschaft antrat – zur gleichen Zeit regierten Childerich I., Chararich, Ragnachar und Richarius als Teilkönige über andere fränkische Volksgruppen.

Childerichs Sohn Chlodwig beseitigte schließlich die letzte Bastion des Römertums in Gallien, als er Syagrius, den selbsternannten *rex Romanorum* (König der Römer), 486/87 bei Soissons schlug. Chlodwig entstammte dem Geschlecht der Merowinger (benannt nach seinem Großvater Merowech) – und er wurde schließlich Alleinherrscher der Franken, indem er frühzeitig damit begann, seine königliche Verwandtschaft systematisch auszurotten. Dabei griff er, wie im Falle des salfränkischen Königs Ragnachar, auch schon einmal eigenhändig zur Streitaxt. Nachdem er seine gesamte Blutsverwandtschaft aus dem Weg geräumt hatte, soll er seiner Umgebung geklagt haben, nun stehe er ganz alleine da. Bei seinen Siegen über Alemannen und Westgoten war Chlodwig einige Jahre zuvor noch von den Rheinfranken unterstützt worden. Der ripuarische König Sigibert hatte in der Schlacht bei Zülpich auch eine schwere Verletzung erlitten, sodass er fortan den Beinamen „der Lahme" trug. Sigibert wurde zwar später vom eigenen Sohn Chloderich umgebracht, der allerdings von Chlodwig, so berichtet Gregor von Tours, zur Tat angestiftet worden war. Nur wenig später, etwa 508/09, ließ Chlodwig den Chloderich töten; als er höchstpersönlich nach Köln kam, stritt er jede Beteiligung an den Morden ab und ließ sich von den Großen der Ripuarier zum König aller Franken ausrufen. Der Ort, wo Chlodwig auf den Schild gehoben wurde, war möglicherweise die Kirche des hl. Gereon vor den Toren Kölns.

Chlodwig war der erste germanische König, der zum christlichen Bekenntnis übergetreten war, der Legende zufolge nach der siegreichen Schlacht gegen die Alemannen. Er und seine Nachfolger, die „langhaarigen Könige", residierten indessen nicht in Köln, das aber „Nebenresidenz" blieb, in der Stadt lebten Franken und Romanen. Königliche Amtsträger übernahmen die Kontrolle über den ehemaligen römischen Staatsbesitz, auch in der Umgebung Kölns, dem Kölngau, und damit die Aufsicht über Fortifikationen, Straßen, Brücken und Schleusen. Die höchsten königlichen Beamten nannte man nach römischer Tradition *comes* (altdt. *grafio* – Graf), sie wurden von den Königen nach Belieben in Gauen, aber auch in Städten eingesetzt. Zu den Befugnissen des Grafen gehörte vor allem, die Gerichtsversammlungen in seinem Gebiet zu leiten, für das Gerichtswesen zu sorgen und – gemäß den Vorgaben des fränkischen Stammesrechts, zunächst der *lex Salica* und unter den Karolingern der *lex Ribuaria* – Abgaben, Bannbußen, Friedensgelder einzutreiben und an den Königshof weiterzuleiten (ein Drittel davon blieb den Grafen allerdings als Einnahme). Darüber hinaus hatte er auch eine militärische Funktion, er stand an der Spitze des Aufgebotes seines Amtsbezirks. Gerade in der Umgebung Kölns setzte in der fränkischen Frühzeit eine Neubesiedlung ein. Bis zum Beginn des 7. Jahrhunderts, so haben Archäologen herausgefunden, verdreifachte sich die Zahl nachgewiesener Siedlungen, in der Regel kleine Weiler und Gehöfte.

War der „Herr von Morken", wie der Mann mit dem Goldhelm allgemein genannt wird, ein fränkischer Gaugraf?

Der Priester hob die Arme.

„Brüder und Schwestern in Christo", rief er aus, „Paulus hat gesagt: Für mich ist Christus das Leben und Sterben ist ein Gewinn! Was bedeutet Christus, wenn nicht Tod des Leibes und Geist des Lebens? Darum lasst uns mit ihm sterben, um mit ihm zu leben! Durch seinen Tod ist die Welt erlöst! Sein Tod ist das Leben aller – sein Tod ist Sieg, sein Tod ist Mysterium. Das göttliche Beispiel beweist, dass der Tod nur die Unsterblichkeit gesucht hat. Daher sollen wir den Tod nicht beklagen, da er doch die Ursache des allgemeinen Heils ist. Wir sollen den Tod nicht fliehen, denn der Sohn Gottes hat ihn nicht verschmäht und geflohen, wie der hl. Ambrosius lehrt. Und so wollen wir nur beklagen, dass wir heute den mächtigen Beschützer des Friedens zu Grabe getragen haben, unseren großen Herrn – niemand aus unserer Gemeinschaft stand Gott dem Allmächtigen so nahe wie er."

Der „große Herr" – so hatten ihn alle genannt, seine Waffengefährten, seine Gefolgsleute, die Mitglieder seiner *familia*, die Dorfbewohner, Freie wie Unfreie, die um ihn trauerten. Seine Bestattung war nach den Maßgaben der christlichen Religion durchgeführt worden, doch weil es die Vorfahren seit Urzeiten für notwendig erachteten, hatte man ihm – neben anderen Beigaben – auch seine Waffen für das Weiterleben im Jenseits mitgegeben, nicht gerade zur Freude des Priesters.

Grimoald war der älteste Sohn des großen Herrn. Er war ein stattlicher, kräftiger Krieger, der sich jeden Tag den Bart stutzen ließ. Er trug eine wollene Hose und – über einem einfachen Hemd – einen Kettenpanzer. Bevor die Grabkammer geschlossen worden war, hatte er den prächtigen Goldhelm hineingelegt, das außergewöhnlichste Stück der väterlichen Waffenausrüstung.

„Er war der Tapferste unseres Gaues", sagte Grimoald und ließ sich kurz auf sein linkes Knie nieder. Dann forderte er die Trauergäste auf, sich in die große Halle zu begeben, wo man lange Tische für das Totenmahl aufgestellt hatte.

„Vater, darf ich dich etwas fragen?"

Grimoald blickte sich um. Arnulf, sein zwölfjähriger Sohn, stand hinter ihm.

„Warum hast du den Helm ins Grab gelegt? Ich war doch dabei, als Großvater ihn dir zum Geschenk gemacht hat, auf seinem Totenbett."

Grimoald überlegte kurz.

„Mein Sohn, es stimmt, der Großvater hat ihn mir gegeben, der Helm sollte mich schützen, wie er ihn beschützt hat. Er hatte das kostbare Stück ja auch von seinem Vater erhalten – noch heute Abend erzähle ich dir die Geschichte dieses Helms, einverstanden? Es ist eine lange Geschichte."

Arnulf hüpfte aufgeregt von einem Bein aufs andere.

„Ich werde dich an dein Versprechen erinnern, Vater", sagte er. Grimold nickte und ging schweigend ins Haus.

Nach Chlodwigs Tod hatten seine vier Söhne das Reich unter sich aufgeteilt, jeder von ihnen war „König der Franken", sie trafen ein Abkommen über die Nutzung des Hausgutes, ein anderes über die territoriale Abgrenzung ihrer Regierungsgewalt. Die Lage ihrer Hauptresidenzen zeigt ungefähr diese Vierteilung an: Metz fiel dem Theuderich zu, Orléans dem Chlodomer, Paris dem Childebert, Soissons dem Chlothar. Bei kriegerischen Aktionen machten die Könige oft gemeinsame Sache, vielfach gingen sie indessen auch einzeln vor. Der Anstoß zur Eroberung des Burgunderreiches ging von Chlodomer aus, doch die endgültige Unterwerfung der Burgunder gelang seinen Brüdern erst nach Chlodomers Tod. Theuderich dagegen eroberte auf eigene Faust das Reich der Thüringer, die traditionell mit den Ostgoten verbündet waren. Er nutzte dabei die zunehmende Schwäche des Ostgotenreichs aus – im Jahre 526 war nämlich der große König Theoderich gestorben, der die Ostgoten nach Italien geführt hatte und zum mächtigsten germanischen König auf dem Boden des untergegangenen Weströmischen Reiches aufgestiegen war. Theoderich hatte den Expansionsplänen der Merowinger lange Zeit mäßigend im Wege gestanden – mit seinem Tod war dieser „Ordnungsfaktor" auch in den Gebieten zwischen Donau und Alpen ausgefallen. Und zudem bekundete der oströmische Kaiser Justinian (527–561), der schon das germanische Vandalenreich in Nordafrika ausgelöscht hatte, seine Absicht, auch Italien wieder unter (ost-) römische Herrschaft zu bringen.

Theuderich war sicherlich der bedeutendste von Chlodwigs Söhnen; als er 533 starb, wollten Childebert und Chlothar sein Teilreich – wie man es zuvor beim Tode Chlodomers praktiziert hatte – einziehen, doch seinem Sohn Theudebert gelang es, die Herr-

schaft im östlichen Frankenreich (später „Austrasien" genannt) zu erkämpfen und als Teilhaber am Königtum anerkannt zu werden. Die Ostgoten suchten damals verzweifelt nach Verbündeten in ihrem Kampf gegen die Oströmer – und so überließ ihr König Witiges die reiche Provinz den Franken, um ihre Waffenhilfe zu erlangen.

„Vor langer, langer Zeit war mein Großvater, der Vater deines Großvaters, mit dem König Theudebert, dem mächtigsten der fränkischen Herrscher, nach Italien gezogen. Die Ostgoten hatten dem König viel Land abgetreten, auch die Schutzherrschaft über alemannische Völkerschaften – doch was um Beistand gegeben worden war, behielt der König für sich, in seinen Au-

Ein wertvoller Fund: der vergoldete Spangenhelm des Herrn von Morken. Den Stirnreif zieren u. a. Löwen, an Trauben pickende Vögel und Weinranken.

Rekonstruktion eines Sattels aus dem Frauengrab 466 in Wesel-Bislich, der mit wertvollen Beschlägen verziert war.

gen als Preis bloßer Neutralität. Dann aber sammelte er ein Heer und nutzte die neu gewonnene Region als Aufmarschgebiet gegen beide kriegführenden Parteien, gegen die Ostgoten, die ihn als Bundesgenossen erwartet hatten, und gegen die Römer, die begonnen hatten, Italien zurückzuerobern."

Grimoald hatte sein Versprechen erfüllt – nach dem Totenmahl war er ins Wohnhaus gekommen und hatte sich auf dem Bettgestell seines Sohnes niedergelassen. Im Gegensatz zum einfachen Volk, das auf Strohsäcken oder auf dem Boden schlief, hatte Arnulf, wie alle Mitglieder der Sippe des großen Herrn, ein aus Holz und Flechtwerk gefertigtes Ruhelager, das mit Schaffellen überzogen war.

„Mein Großvater, der Vater deines Großvaters, sein Name war Autharius", so fuhr Grimoald fort, „hatte sich dem König angeschlossen, mit zahlreichen Kriegern aus dem Kölngau war er ins Gebiet der Bajuwaren geeilt, wo sich das Heer sammelte. Sie zogen über die großen Berge der Alpen, und dem König gelang es, durch wechselnde Bündnisse und auch durch List und Verrat, wie Großvater einmal erzählte, reiche Gebiete im Norden Italiens unter seine Botmäßigkeit zu bringen. König Theudebert wollte wohl den Kaiserthron erringen und Konstantinopel erobern, er hatte römische Ratgeber und er ließ Goldmünzen mit seinem Bild schlagen. Doch eine Seuche, die im Lager ausbrach, zwang den König schließlich, sein Unter-

nehmen abzubrechen und schleunigst heimzukehren, zahlreiche seiner Leute blieben in italischer Erde. Theudebert starb einige Jahre später nach einem Jagdunfall, ohne dass er seine hochfliegenden Pläne aufgegeben hätte. Autharius aber und einer seiner Waffengefährten, ein großer Krieger aus *Gelduba*, gehörten zu denen, die Krankheit und Hunger des Italienzuges überlebt hatten. Ein ostgotischer Großer, bei dem sie eine Zeit lang einquartiert waren, hatte ihnen jeweils einen Helm zum Geschenk gemacht, einen vergoldeten Helm, angefertigt von römischen Handwerkern. Beide trugen diesen Helm voller Stolz, als Zierde ihres Ruhmes, als Zeichen ihrer edlen Stellung – bis Autharius später im Kampf gegen die Sachsen zu Tode kam. Seine Gefolgsleute erzählten der Großmutter, sie seien jenseits des Rheins in einen Hinterhalt geraten. Die feigen Sachsen hätten meinen Großvater mit einem Lanzenstich vom Pferd geholt, er lag schwer verletzt am Waldesrand. Die fränkischen Krieger konnten ihn nicht retten, doch er wollte nicht, dass sein Helm in sächsische Hände fiel, er riss ihn vom Kopf und schleuderte ihn weg. Einer unserer Männer fand den im Mondlicht glänzenden Helm in der Dunkelheit, er hatte vorher beobachtet, wie die Sachsen meinen Großvater an ein Pferd gebunden und in ihr Lager verschleppt hatten. Wahrscheinlich haben sie ihn ihren Göttern geopfert, diese gottverfluchten Heiden. Seine Leute brachten den Helm zu unserem Hof und übergaben ihn dem Sohn, deinem Großvater, als Erbe und Vermächtnis. So, nun weißt du, wie mein Vater, den alle nur den großen Herrn nennen, in den Besitz dieses Helmes gekommen ist."

Arnulf hatte gebannt zugehört.

„Aber Vater, warum hast du ihn nicht behalten? Der Helm sollte doch, wie Großvater ausdrücklich wünschte, zu deinem Schutze dienen."

Grimoald seufzte leise.

„Du weißt, mein Sohn, dass wir in schlimmen Zeiten leben – seit vielen Jahren schon kämpfen die fränkischen Könige nicht mehr gegen unsere Feinde, die Westgoten, die Langobarden und die Sachsen, die immer wieder frech in unser Land einfallen, sondern bringen sich und ihre Gefolgsleute gegenseitig um –

alles Unheil begann damit, dass unser alter König Sigibert die Tochter des westgotischen Königs Athanagild, Brunichild, heimführte."

Nach dem Tod seiner Brüder und seines Großneffen Theudebald (des Sohnes des Theudebert) gelang es Chlothar I., dem jüngsten Sohn Chlodwigs, das fränkische Reich unter seiner Herrschaft wieder zu vereinen – doch nach seinem Tod im Jahre 561 wurde erneut eine Reichsteilung vollzogen, wieder teilten sich vier Söhne die Herrschaft. Charibert, der nur wenige Jahre später starb, erhielt Westgallien, Guntram Burgund und das Gebiet um Chalons und Orléans, Sigibert I. die östlichen Teile nebst südgallischem Besitz, wobei Reims seine Residenz wurde, Chilperich den ursprünglichen Teil des Vaters um Soissons, das den Namen „Neustrien" erhalten hatte. In den Anfängen ihrer Herrschaft betrieben die Brüder noch eine gemeinsame Reichspolitik – doch dann verstrickten sich Sigibert und Chilperich in eine der wildesten und berühmtesten Familienfehden der Geschichte, in deren Verlauf zahlreiche Könige getötet wurden und die Sippe der Merowinger fast ausgerottet wurde; diese Fehde ist im Nibelungenlied literarisch verarbeitet worden.

„Unsere Dichter preisen die Schönheit Brunichilds", so fuhr Grimoald fort, „die Schönheit ihrer Gestalt, die Anmut des Antlitzes, die Feinheit ihrer Bildung."

Eine Art Eifersucht habe dann Chilperich von Soissons um eine Schwester Brunichilds werben lassen, Galswinth, die ihm auch zugestanden wurde, nachdem er sich verpflichtet hatte, seine bisherigen Frauen und Buhlschaften von sich zu weisen.

„Galswinth wurde von Chilperich zunächst mit großer Liebe verehrt, sie hatte nämlich reiche Schätze mitgebracht. Aber bald gewann die Erinnerung an eine der Verstoßenen, sie hieß Fredegunde, wieder Gewalt über den König, ihre Bevorzugung trieb die Westgotin in den Entschluss, in ihre Heimat zurückzukehren. Ehe sie das ausführen konnte, fand man sie eines Morgens im Bett erdrosselt, und Chilperich setzte nun Fredegunde zu seiner Gemahlin und Königin ein. Allein um seiner Gelüste willen brach er den schrecklichen Bru-

derkrieg vom Zaun, unter dem das Volk der Franken noch heute leidet."

Grimoald stand auf und ging zum Tisch, wo eine Bronzekanne bereitstand. Er goss etwas Wein in einen gläsernen Becher und nahm einen kleinen Schluck davon. Mit dem Handrücken wischte er sich den Mund ab, ehe er sich wieder an Arnulfs Bett setzte.

„Es war nun an Brunichild, mein Sohn, die Blutrache für die Schwester auf sich zu nehmen und ihren Gemahl, unseren alten König Sigibert, in diese hineinzutreiben. In den Zorn Brunichilds mengte sich die Gier nach Macht und Ländereien, und Sigibert und seine Brüder sahen nun eine günstige Gelegenheit, sich Chilperichs Reich und Schätze zu bemächtigen. Auch dein Großvater schloss sich dem Heer unseres Königs an, der gegen Neustrien zog und nach vielen Kämpfen Paris eroberte. Chilperich wurde schließlich von seinen eigenen Kriegern verlassen. In Vitry erhoben die neustrischen Franken unsern König auf den Schild, machten ihn zu dem ihren, doch als Sigibert Heerschau hielt, da drängten sich zwei Vertraute Fredegundes an ihn heran und stießen ihm von jeder Seite ein vergiftetes Messer in den Leib. Er habe laut aufgeschrien, sei in sich zusammengestürzt und habe danach seinen letzten Atem ausgehaucht, erzählte mir mein Vater, der den Tod des Königs aus nächster Nähe erleben musste – dein Großvater, der große Herr, gehörte zu den Gefolgsleuten, die den fünfjährigen Sohn des erdolchten Königs nach Austrasien in Sicherheit brachten, dabei mussten sie viele Kämpfe bestreiten, in denen er seinen Heldenmut bewies und vielfach verletzt wurde. Denn Chilperich machte sich die allgemeine Verwirrung zu Nutzen und erneuerte seine Königsherrschaft in Neustrien, er gebot nun uber zwei Länder, seines und das des Charibert, zudem lieferten verräterische Große ihm Brunichild aus, die in einem Kloster eingesperrt wurde. Die austrasischen Großen aber erhoben damals – da war ich so alt wie du – den unmündigen Sohn Sigiberts, Childebert, zum König. Und du weißt ja, dass Childebert vor einem Jahr gestorben ist, wahrscheinlich durch Gift. Dein Großvater war einer derjenigen, die ihm die Treue bewahrt haben, auch wenn der König stets

zeug, aber auch mit Trinkgefäßen und dergleichen mehr für die letzte Reise ins Jenseits auszustatten – und dein Großvater hatte seinen Goldhelm nicht nur im Kampf als Schutzwaffe getragen, sondern auch bei Heeresversammlungen und Festen, als Zeichen seiner Macht und seines Reichtums, der Helm war sein ganzer Stolz. Und daher habe ich beschlossen, dass dieses kostbarste Gut ihm für immer zu Diensten sein soll, der Helm gehört allein ihm, meinem Vater, deinem Großvater."

Bei den Heeresversammlungen sei der Großvater einer derjenigen gewesen, die dem austrasischen Adel zu steigender Bedeutung verhalfen – weil die Könige schon lange Zeit nicht mehr regierten, sondern sich gegenseitig nach dem Leben trachteten. Dem Chilperich von Neustrien habe in der Dunkelheit, als er von der Jagd heimkehrte, ein Mann ein Messer in den Leib gestoßen – "man beschuldigte Fredegunde des Mordes am Gatten und unterstellte ihr ehebrecherische Gründe. Auch Brunichild, der es gelungen war, aus der Haft Chilperichs zu fliehen, ist kein Mittel zu kühn und zu verrucht. Beide Frauen verharren in tiefstem Hass und senden Mörder gegen alle, gegen den Feind wie gegen den verdächtigen oder nicht ganz gefügigen, der Gräueltaten überdrüssigen Verwandten aus – Marter und Hinrichtungen, Blendungen und Verstümmelungen sind an der Tagesordnung. Gott der Allmächtige, so denke ich, hat sich vom Volk der Franken abgewandt."

Grimoald umarmte den Sohn und hieß ihn schlafen.

Er ging langsam ins Haupthaus, um seine Schlafstatt aufzusuchen. Alle Angehörigen der *familia* hatten sich schon zur Ruhe begeben. Im Ausguck über dem geschlossenen Hoftor hielt ein Bewaffneter Wacht.

Grimoald hob kurz die Hand, ehe er im Haus verschwand.

Ein Jahr nach dem Tod Childeberts II. – man schrieb das Jahr 597 – starb Fredegunde. Ihr Sohn Chlothar II. übte damals die Herrschaft in Neustrien aus, in Austrasien und Burgund regierten nun zwei Enkelsöhne Brunichilds, Theudebert II. und Theuderich II.

ein Werkzeug in den Händen Brunichilds gewesen ist, seiner Mutter."

Arnulf wickelte sich aus dem Schafsfell und richtete sich auf.

"Vater – du hast meine Frage noch immer nicht beantwortet: Warum hast du den Helm in Großvaters Grab gelegt?"

Grimoald rückte die Kerze, die zwischen ihnen stand, zur Seite. Er blickte Arnulf lange schweigend an.

"Mein Sohn, es ist alter Brauch bei den Franken, einen Verstorbenen mit seinen Waffen, seinen prächtigsten Gewändern, seinem Schmuck, seinem Zaum-

Brunichild versuchte, in beiden Reichen die Regentschaft für die minderjährigen Enkel auszuüben, sie wurde aber 599 vom austrasischen Adel vertrieben und fand in Burgund Zuflucht. Nachdem die Brüder Theudebert und Theuderich zunächst gemeinsam gegen Chlothar II. gekämpft hatten, führten wachsende Spannungen zwischen den beiden Königen, geschürt von den austrasischen Großen, zum Krieg – Theudebert fiel im Jahre 612 in Burgund ein, wurde aber in zwei Schlachten geschlagen und schließlich gefangen genommen. Ihn und seinen kleinen Sohn ließ Brunichild töten. Doch in dem Moment, in dem sie sich anschickte, Chlothar II., den Sohn ihrer Erzfeindin Fredegunde, der schon einen Großteil seines Herrschaftsgebietes hatte abtreten müssen, endgültig zu beseitigen, starb ganz überraschend ihre letzte verbliebene Stütze, ihr Enkel Theuderich II., in Metz. Der austrasische Adel rief nun Chlothar ins Land. Auch die Großen Burgunds ließen Brunichild im Stich, sie und zwei ihrer Urenkel wurden dem Chlothar ausgeliefert. Es ist überliefert, dass Chlothar eigenhändig die kleinen Söhne Theuderichs umbrachte, indem er ihre Köpfe an einen Stein schmetterte. Das Ende der Brunichild im Jahre 613 hat der Chronist Fredegar festgehalten: „Brunichild wurde vor Chlothar gebracht, der sie zutiefst hasste. Er ließ sie drei Tage lang verschiedenen Foltern aussetzen, dann gab er den Befehl, sie zuerst auf ein Kamel zu setzen und im ganzen Heer herumzuführen und sie dann mit dem Haupthaar, einem Fuß und einem Arm an den Schwanz eines über alle Maßen bösartigen Pferdes zu binden; dabei wurde sie dann durch die Hufe und den rasenden Lauf in Stücke gerissen."

Das war der letzte Akt in der merowingischen Familienfehde. Mit dem Sieg Chlothars II. begann eine Konsolidierungsphase des wiedervereinigten Frankenreichs – doch es war der Sieg des austrasischen und burgundischen Adels.

Das Ende der Brunichild hat der „Herr von Morken" nicht mehr miterlebt – er starb wahrscheinlich in den letzten Jahren des 6. Jahrhunderts. Im Mund des Toten steckte nämlich ein so genannter Charonspfennig (die Münze, die man dem Fährmann auf dem Weg in den Hades, das Jenseits, zu zahlen hat), in diesem Fall ein Solidus (eine Goldmünze) des oströmischen Kaisers Tiberius II. Constantinus, der von 578 bis 582 regierte. Sie wies kaum Abnutzungsspuren auf, was dafür spricht, dass der Mann nicht viel später bestattet wurde. Sein vergoldeter Spangenhelm, der heute im LVR-LandesMuseum Bonn zu besichtigen ist, wies Spuren kräftiger Hiebe auf, was zeigt, dass er oft im Kampf getragen worden war, auch am Schädel des Mannes fanden sich an der rechten Stirnhöhle und an der rechten Schläfe verheilte Verletzungen. Die reichen Beigaben lassen vermuten, dass es sich bei dem Toten um eine hochstehende Persönlichkeit handelte, die über eine große Gefolgschaft verfügte.

Hermann, genannt „der Reiche", Erzbischof von Köln

Die Grafen von Hochstaden und die Motte Husterknupp

„Motte" – so wird ein mittelalterlicher Burgentyp bezeichnet, der in Deutschland auch Turmhügel, in Österreich Hausberg hieß. Es waren wallgeschützte Anlagen, ebenerdige Vorburgen, verbunden mit einer Hauptburg, die auf einem kegelförmigen Hügel errichtet wurde; am Niederrhein sind Motten erst nach der ersten Hälfte des 10. Jahrhunderts nachweisbar. Eine der aufschlussreichsten Anlagen dieses Typs stellte die Motte Husterknupp dar, eine in der Gemeinde Frimmersdorf (früherer Kreis Grevenbroich) gelegene Burg, die bereits in den Jahren 1949 bis 1951 in großen Teilen vom Bonner Archäologen Adolf Herrnbrodt ausgegraben wurde. „Der Husterknupp", wie er im Volksmund hieß (der Namensteil „Huster" weist auf die Stammburg des bedeutenden niederrheinischen Adelsgeschlechts Hochstaden hin) fiel nach Abschluss von Herrnbrodts Untersuchungen dem Braunkohlentagebau der Grube Frimmersdorf zum Opfer.

Der Mann hieß Gottschalk, er war zur Wache eingeteilt, schon seit Anbruch des Tages stand er auf dem Umgang des Herrenhauses, auf der Seite, die Schatten bot, und er blickte gelangweilt in Richtung der fast ausgetrockneten Erft.

Es war ein schöner Spätsommertag des Jahres 1089 nach der Fleischwerdung des Herrn. Die Bauern der Umgebung waren damit beschäftigt, die Ernte einzubringen, auch die meisten Knechte und Mägde aus dem Gesinde des Grafen befanden sich auf den Feldern, der Herr Gerhard hatte sich nach dem Mittagsmahl zurückgezogen.

Von der anderen Seite der Burg waren plötzlich Rufe zu hören. Gottschalk begab sich auf die östliche Seite des Söllers, in der Ferne entdeckte er einen Reiter, der sich der Burg in großer Eile näherte.

Der Reiter hatte den Knechten, die vor dem Tor der Vorburg arbeiteten, etwas zugerufen, was Gottschalk nicht verstand. Man wies ihm den Weg zur Holzbrücke, die über den ringförmigen Wassergraben führte. Die Vorburg, in der sich einige Ställe und die Wohnhäuser des Gesindes befanden, legte sich wie ein Hufeisen um die Hauptburg mit dem Herrenhaus. Auch diese war mit Palisaden umwehrt und von einem weiteren Graben umgeben, durch den man das Wasser der Erft geleitet hatte.

Der Reiter saß ab und führte seinen Braunen durch die Vorburg. Gottschalk wollte gerade seinen Posten verlassen, als er hörte, wie der Graf den beiden Wächtern am Tor der Hauptburg zurief: „Lasst den Mann herein, das ist Werner, ein Dienstmann meines Herrn Bruder!"

Die beiden Wächter taten, wie ihnen geheißen, sie öffneten das schwere hölzerne Brückentor, das die Hauptburg sicherte. Gottschalk hörte den Hufschlag des Pferdes und begab sich ins Erdgeschoss. Graf Gerhard, dessen grünes, gesticktes Gewand von einem silberbeschlagenen Gürtel umschlossen war, erwartete den Reiter am Durchgang des kleinen Palisadenzauns, der das Herrenhaus umfriedete. Werner hatte den Gaul einem Knecht gegeben, der es in einen der Ställe führte. Er kam langsam den Hügel hinauf. Wenige Schritte vor dem Grafen blieb er in angemessener Entfernung stehen, ließ sich kurz auf das rechte Knie fallen und verbeugte sich anschließend.

„Edler Herr Gerhard, ich habe eine gute Nachricht für Euch: Euer gnädigster Herr Bruder, der Kanzler des erhabenen Kaisers Heinrich, wurde am Festtag des

Die Motte „Husterknupp" im Modell. Der Turmhügel aus dem 11. Jahrhundert war Stammburg der Herren von Hochstaden.

hl. Christophorus zum Vorsteher der Kölner Kirche bestellt, der Kaiser erhob ihn zum Erzbischof, so wie er den Herrn Rudhard zum Erzbischof von Mainz und den Herrn Eginhard zum Bischof von Würzburg erhob."

Der Graf ging langsam auf den Dienstmann zu, sein Gesicht spiegelte Unglauben, Erstaunen und schließlich Freude wider – und, Gottschalk glaubte seinen Augen nicht zu trauen, sein Herr umarmte den Boten aus Köln, einen Unfreien.

„Das ist wahrlich eine gute Nachricht!", rief der Graf aus und warf seinen Umhang in die Höhe. „Gebt dem Mann einen guten Bissen und reichlich zu trinken! Mein Bruder – er ist der neue Bischof der Kölner Kirche! Ich kann es noch nicht glauben!"

Werner musste, während er im großen Saal beköstigt wurde, mehrfach erzählen, wie der Kaiser auf einen Schlag gleich drei Bischöfe ernannt hatte. Und Werner wusste auch, warum die Wahl auf den Herrn

Hermann gefallen war: „Unser erhabener Herr Heinrich, der Kaiser der Römer, wollte den Kölnern, dem Klerus wie dem Volk, nicht erneut einen Fremden als Erzbischof aufzwingen."

In der Tat: Der neue Erzbischof war in Köln kein Unbekannter – er ist erstmals 1073 als *capellanus* Annos II. erwähnt, jenes Oberhirten, gegen den sich die Kölner 1074 erhoben hatten, dann wurde er *vicedomnus* des Erzbischofs, sein Stellvertreter, Hermann gehörte also zu Annos engster Umgebung. In den 1080er Jahren amtierte er dann sogar als *cancellarius* in der deutschen Kanzlei Heinrichs IV. – es war damals üblich, dass der Kaiser Mitglieder seiner Kanzlei zu Mitgliedern des Reichsepiskopates bestellte.

Hermann entstammte dem edelfreien Geschlecht Hochstaden, sein Bruder, Graf Gerhard, wird erstmals 1080 in einer Zeugenliste namentlich genannt. Die Herkunft der Familie Hochstaden liegt weitgehend im Dunkeln. Es wird vermutet, dass die Mutter von Hermann und Gerhard eine Ezzonin gewesen sei; die Verwandtschaft mit den Ezzonen, der mächtigen Familie, die lange Zeit die lothringische und die rheinische Pfalzgrafenwürde innehatte, dient nicht zuletzt als Argument, um den „Reichtum" Hermanns zu erklären.

Die Stammburg der Hochstadener, der Husterknupp, ist in ottonischer Zeit als einfache Wasserburg an einer Flussschleife der Erft angelegt worden. Früher glaubte man, sie sei schon zu Zeiten König Heinrichs I. gebaut worden, der in Zeiten der Ungarngefahr jene legendäre Burgenbauordnung erlassen hatte. Die Ausgrabungen brachten zutage, dass es eine flache, einteilige Gehöftsiedlung war, die noch keine erhöhten Bauteile aufwies. Innerhalb der mit Palisade und Wassergraben befestigten Anlage befanden sich mehrere Holzhäuser, von denen Haus 3 am besten erhalten war und dendrochronologisch „um 964" datiert werden konnte. Dieses zweiräumige Haus hatte einen Vorbau und war für damalige Verhältnisse auf technisch hohem Niveau errichtet worden, nämlich in der in England und Skandinavien verbreiteten „Stabbauweise", was nach Ansicht der Archäologen die gehobene soziale Stellung des Bauherrn unterstreicht.

Gegen Ende des 10., vielleicht aber auch erst zu Beginn des 11. Jahrhunderts wurde diese frühe Wasserburg zu einer zweiteiligen, ebenfalls von Gräben und Palisaden umgebenen Anlage umgebaut, die aus „Vorburg" und „Hauptburg" bestand. Die Hauptburg wies einen kleinen podestartigen Hügel von geringer Höhe auf, entsprach somit noch nicht dem Bild einer Motte. Erst um die Mitte des 11. Jahrhunderts erhielt der Husterknupp seine Form, erst dann wurde die eigentliche „Hauptmotte" aufgeschüttet, ein kegelstumpfförmiger, an der Basis 54 Meter breiter Hügel, dessen Plateau sich mehr als sechs Meter über die ursprüngliche Oberfläche erhob. Auf dem Plateau wurde das zweigeschossige Herrenhaus errichtet, das mit einem eigenen Palisadenzaun gesichert wurde. Gleichzeitig erweiterte man die befestigte Vorburg.

Nach französischem Vorbild (Château à Motte) wird dieser Burgentyp „Motte" genannt. Das war die Burg, in der die Familie des neuen Erzbischofs lebte.

Gottschalk blickte zum Herrenhaus hoch, das von Fackeln erleuchtet war. Er vernahm den Klang einer Sackpfeife, hörte rhythmisches Klatschen, lautes Lachen. Wieder war er zum Wachdienst eingeteilt worden, er stand am Tor der Vorburg. Um Mitternacht sollte er abgelöst werden. Hoffentlich war dann das Fest noch nicht zu Ende, dachte er – wo doch alle eingeladen waren, mit dem Herrn Gerhard die glückliche Erhebung seines Bruders zu feiern.

Der Erzbischof hatte sein Erscheinen für den morgigen Tag angekündigt. Zahlreiche hohe Herren waren mit ihren Damen aber schon heute erschienen, ein Graf Stefan, sodann der mächtige Herr Adolf von Berg, Herr Arnold, der Präfekt der Stadt Köln, die Ritter Adelbero und Suitger, die Ministerialen Ernst und Eberhard, Reginold und Oswin und noch viele mehr. Gottschalk hatte sich all die Namen gar nicht merken können. Aber auch die Dienstleute, die Pächter aus dem nächsten Dorf, die Bauern und Bäuerinnen der Umgebung, unfreie Knechte und Mägde, durften mitfeiern, zumindest diejenigen, die die Herrschaften nicht zu bedienen hatten. Die hatten im Herrenhaus nämlich bereits getafelt, während das einfache Volk es sich auf den Wiesen der Hauptburg bequem machte. Dort waren einige Tische und Bänke aufgestellt worden, doch vor allem die jungen Mädchen kauerten im Gras, es war schließlich ein warmer Abend. Alle hatten ihre schönsten Gewänder angezogen, faltige Röcke, bunte Leibchen, gewundene Schleier, auf dem Haar ein Kranz von Blumen. Ein ganzer Ochse wurde auf einem Spieß gebraten, auf den Tischen standen große Krüge, gefüllt mit Wein, um die sich vor allem die Knechte drängelten, und Körbe mit Brot. Es wurde viel gelacht und gejauchzt, manch grober Scherz machte indessen auch die Runde, die jungen Leute neckten sich, Heiterkeit lag in der Luft.

Im Herrenhaus ging es etwas gesitteter zu. Nach dem Mahl hatte der Herr Gerhard gerufen: „Wo ist der Vortänzer? Berthold – führe du den Reigen an!"

Berthold war sein Schwager, ein junger Ritter, er hatte schon die Aufgabe gehabt, die Gäste zueinander zu gesellen, nicht wie es ihnen lieb gewesen wäre, sondern mit Rücksicht auf Rang und Ehre, die jeder für sich beanspruchte. Zur Rechten und zur Linken des Hofherrn und seiner Gemahlin hatte er den Stadtpräfekten und den Herrn von Berg mit ihren Gemahlinnen platziert, um sie besonders zu ehren. Ihnen zur Seite saßen die anderen Edelleute, während die Ministerialen ihnen gegenüber an der langen Tafel Platz genommen hatten.

Bevor Berthold den Spielleuten gebot aufzuspielen, wies er die Gäste an, den Tisch zu verlassen. Vor dem Tor des Herrenhauses hatte sich nun zahlreiches Gesinde eingefunden, das neugierig das Treiben beobachtete. „Tretet auseinander", rief Berthold unter allgemeinem Gelächter den Herrschaften zu, „die Damen hierhin, die Herren dort, in eine Reihe jeweils, geteilt wie Wind und Sonne!" Nachdem sich die Reihen gebildet hatten, klatschte er in die Hände, „tretet zusammen", rief Berthold nun und es begann ein Suchen und Drängen, bis sich die Paare gefunden hatten, die Damen in ihren edlen Gewändern, die Wangen gerötet, die Herren im feinen Wams, kostbare Dolche am silbernen Gürtel befestigt. Der Vor-

tänzer stimmte nun die Weise an, die Spielleute begannen ihr Spiel, alle stimmten in den Gesang ein, dann drehten sich die Paare zuerst einzeln im Kreise, dann schwangen alle miteinander in einem Reigen um die Tafel.

Als der Reigen endete, klatschten alle, Tänzer wie Zuschauer. Man setzte sich wieder an den Tisch und der Herr Gerhard erhob seinen Becher und sprach zu den Gästen: „Trinkt mit mir auf das Wohl und das Heil unseres Herrn Erzbischofs, meines geliebten Bruders Hermann!" Die Gäste verneigten sich, bevor sie die Becher an die Lippen führten.

Es war gegen Mitternacht, als Anselm, ein alter Knecht, den armen Gottschalk als Torwache ablöste. Anselm war ziemlich betrunken, er kicherte unablässig und rief Gottschalk zu: „Beeil dich, du tumber Wicht, sonst ist deine Maid mit einem der Ritter über alle Berge!"

Gottschalk gab ihm wortlos seine Lanze, durchquerte die Vorburg, wo einige Betrunkene schon jetzt neben den Hütten lagen und ihren Rausch ausschliefen. Oben, um das Herrenhaus herum, wurde immer noch getanzt und musiziert. An einem der Tische saß sie – Walburga, die Vielumworbene, eine Siebzehnjährige mit hoher Stirn, rosigen Wangen und einem süßen Mund, ihr langes, blondes Haar hatte sie zu Zöpfen geflochten, die um das Haupt geschlungen waren, sie trug ein rotes Kleid aus Wolle. Und sie hielt einen Kranz in der Hand, den sie, nachdem sie aufgesprungen war, dem überraschten Gottschalk zuwarf.

„Ich freue mich, dass du gewartet hast, Jungfer, sollen wir uns dem Reigen anschließen?", fragte Gottschalk mit bebendem Herzen. Walburga trat auf ihn zu, neigte sich ein wenig nach vorn und ließ sich von Gottschalk, der überglücklich strahlte, in die Reihe der Tänzer führen.

Der neue Erzbischof, Hermann III., kam am nächsten Morgen in die Burg seiner Familie. Es war der vorletzte Sonntag des Monats August, der in diesem Jahr auf den Festtag des hl. Apostels und Märtyrers Bartholomäus fiel. Auf den Feldern vor der Burg hatte sich eine große Menschenmenge versammelt. Gerhard von

Gut sichtbar im Gelände ist der Turmhügel Burg Berge in Hünxe aus dem 13. Jahrhundert. Ähnlich markant war auch der Husterknupp vor seiner Abbaggerung sichtbar.

Hochstaden hatte einen Altar aufstellen und ein großes Holzkreuz errichten lassen – hier zelebrierte der Erzbischof die Messe für das Landvolk, das von Nah und Fern zusammengeströmt war, den neuen Vorsteher der Kölner Kirche zu sehen.

In der Menge standen auch Gottschalk und Walburga, erst als alle niederknieten, lösten sich ihre Hände.

Hermann von Hochstaden amtierte als Kölner Erzbischof etwas mehr als zehn Jahre. Er starb am 21. November 1099 und wurde in der Abtei Siegburg beigesetzt. Über sein Leben und Wirken in Stadt und Bistum geben die erzählenden Quellen wie die wenigen überlieferten Urkunden nur lückenhaft Auskunft. Wie er zum Beinamen „der Reiche" kam, ist letztlich nicht zu klären. Die als Grund vermutete Verwandtschaft mit den Ezzonen ist schon angesprochen worden. Hermann bekleidete das Ehrenamt des Erzkanzlers für Italien. Er krönte den Sohn des Kaisers, den jungen Heinrich V., am 6. Januar 1099 in Aachen zum deutschen König. Festzuhalten ist auf jeden Fall, dass der Erzbischof zahlreichen Kirchen und Klöstern Schenkungen zukommen ließ; zudem stiftete er den goldenen, mit Edelstein besetzten Schrein, in dem die Reliquien des hl. Severin geborgen wurden.

Hermanns Episkopat wird überschattet vom ersten großen Judenpogrom im Rheinland. Im Jahre 1096 gingen erstmals rheinische Synagogen in Flammen auf, jüdische Viertel wurden gebrandschatzt, Tausende von Juden fanden den Tod, ermordet von „Kreuzfahrern", die auf dem Weg zur Befreiung des Heiligen Landes zunächst mit den „Feinden Gottes" im eigenen Land kurzen Prozess machten.

In Köln fielen die „Streiter Christi", unterstützt von aufgehetzten Bürgern, am 30. Mai 1096 ins jüdische Viertel ein – zunächst konnten Morde verhindert werden, nicht zuletzt weil der Erzbischof eingriff: Nachdem die Kreuzfahrer drei Tage lang das Viertel geplündert, gebrandschatzt und die Synagoge geschändet hatten, nahm sich Hermann III. „seiner" Juden an. Der Erzbischof war der Schutzherr der Juden, die ihm dafür eine Schutzsteuer zahlten, und verteilte sie auf sieben Ortschaften im Rheinland, darunter Neuss, Aldenhoven und Xanten. Möglicherweise hat sein Bruder Gerhard bei dieser Aktion an vorderster Stelle mitgewirkt. Doch auch in diesen Zufluchtsorten wurden sie – mit Ausnahme derer, die in Kerpen Unterschlupf gefunden hatten – von den Kreuzfahrern aufgespürt und getötet. Ein Zeitgenosse, der Rabbiner Joel Halevy, hat das Martyrium der Kölner Juden überliefert: „Weinet bitterlich, ihr Engel des Friedens! Erzählt ihm, dem Vater Mose, wie seine arme Herde, die an seiner Hand er treulich durch die Wüste und die Steppe geführt hat, jetzt so verlassen ist im finstern Lande! Wie hat sich Gottes Hand so schwer gelegt auf die hochgeschätzte, herrliche Gemeinde in Köln! Die Feinde wollten zu fremden Diensten verleiten, sprechend: ‚Führt sie zu Tode, wer nicht zu unserem Glauben sich bekehrt!' Doch ihr Oberhaupt feuerte sie weinend zur

Gesetzestreue an: ‚Lasst uns stark sein und mutig, und unsere Seele erwirbt sich das ewige Leben!' Angefeuert von solchen Reden blieben sie standhaft und gaben Leib und Seele hin. Die tückischen Feinde verdammten sie zu Tode, stachen sie nieder mit Schwert und Lanze, dennoch blieb ihre Seele anhänglich ihrem Gotte. Väter küssten ihre winselnden Säuglinge, sie zum Opfer weihend, Mütter verbargen ihr Angesicht, um nicht den Tod ihrer Kinder zu schauen, das Mutterherz bebte und Tränen rannen von den Wangen. Die Grausamen, sie schlitzten Schwangeren die Leiber auf und begruben sie lebendig, andere wurden gräulich gemartert, in siedende Kessel geworfen, lebendig aufs Rad geflochten."

Noch zwei weitere Mitglieder des Hauses Hochstaden sollten später den Kölner Erzstuhl besetzen. Nach dem Tode Philipps von Heinsberg wählten „die Prioren und das Volk" im Jahre 1191 den Bonner Dompropst Lothar von Are, einen Bruder des kaiserlichen Parteigängers Dietrich von Hochstaden, zum Erzbischof. Doch auf Druck der Grafen von Berg und Altena, „mächtige Männer", wie der Chronist Cäsarius von Heisterbach bemerkt, musste Lothar kurz nach der Wahl auf sein Amt verzichten.

Mehr Fortune hatte der nächste Hochstadener an der Spitze der Kölner Kirche. Konrad von Hochstaden wurde 1238 unter nicht ganz geklärten Umständen zum Erzbischof gewählt – er war der zweite Sohn des Grafen Lothar von Are-Hochstaden und nach seiner geistlichen Ausbildung zunächst Propst von St. Maria *ad gradus* in Köln, seit 1226 Domherr. Für die Kölner Kirchengeschichte ist bedeutsam, dass es Konrad gelang, den Familienbesitz der von Are-Hochstaden, darunter vor allem die Grafschaft Hochstaden mit allen Burgen, Vasallen, Ministerialen, Lehen und Alloden, dem Erzstift einzuverleiben. 1246 war sein Neffe Dietrich von Hochstaden kinderlos gestorben; um eine Zersplitterung der Besitzungen (große zusammenhängende Gebiete an der Erft und in der Eifel um Altenahr, Wichterich und Bad Münstereifel) zu verhindern, bewegte der Erzbischof den Erben, seinen Bruder Friedrich, den Propst von Mariengraden, die Grafschaft gegen eine Jahresrente der Kölner Kirche zu schenken.

Nicht unerwähnt darf bleiben, dass Konrad am 15. August 1248 den Grundstein zum gotischen Dom in Köln legte – an Planung und Bau des Gotteshauses war er indessen nicht beteiligt, treibende Kraft und Bauherr war das Kölner Domkapitel. Er war, wie in einer Kölner Bischofsliste zu lesen ist, ein *vir furiosus et bellicosus*, ein jähzorniger und kriegerischer Herr, seine Stadt Köln regierte er mit harter Hand. Er erteilte den Bürgern zwar den Bierpfennig und das Stapelrecht, machte sich aber mit seiner Münzpolitik unbeliebt. So kam es mehrfach zu bewaffneten Auseinandersetzungen zwischen Konrad und den Bürgern. 1258 wurden die Rechte und gegenseitigen Verpflichtungen von Stadt und Erzbischof durch den „Großen Schied" vorläufig geregelt.

Konrad starb am 18. September 1261 – noch auf seinem Totenbett lehnte er es ab, eingekerkerten Kölner Bürgern Hafterleichterungen zu gewähren.

Münzbild des Kölner Erzbischofs Konrad von Hochstaden (1238–1261).

Die Burg Hochstaden, der Husterknupp, lag in der ersten Hälfte des 13. Jahrhunderts in Trümmern. Nach 1192 war die Burg zerstört worden, im Verlauf jahrelanger kriegerischer Verwicklungen, ausgelöst durch den erwähnten Lothar von Hochstaden, der sich wenige Tage lang als Erzbischof fühlen durfte. 1191 war es im Bistum Lüttich zu einer Doppelwahl gekommen, Albert, der vom Papst favorisierte und schließlich bestätigte Bischof, war umgebracht worden. Lothar, der kaiserliche Gegenkandidat, wurde verdächtigt, bei diesem Mord die Hand im Spiel gehabt zu haben. Die mächtigen Verwandten des Ermordeten, die Herzöge von Limburg und Brabant, schworen Rache, Rache nicht zuletzt an Graf Dietrich von Hochstaden, der als Urheber der Tat galt. Schon 1193 befand sich die gesamte Grafschaft Hochstaden in den Händen der Feinde, nur die Burg Ahr widerstand. Wann genau der Husterknupp zerstört wurde, ist nicht überliefert.

Im Jahre 1244 (vielleicht erst 1246) gab dann Konrad von Hochstaden den Befehl, „nicht weit von der völlig zerstörten alten Hochstadenburg, annähernd zwei Stadien vom Fluss, eine neue Burg zu errichten". Beim Wiederaufbau an strategisch günstiger Stelle soll noch verwertbares Material aus der alten Burg verwendet worden sein. 1251 verfügte der Erzbischof, dass die neue Burg Hochstaden samt den Bewohnern der *suburbana* – der Vorwerke, zur Burg gehörende Gehöfte, die im Bereich des Husterknupps lagen – kirchlich von Frimmersdorf betreut werden sollte. Diese neue Burg wurde bis weit ins 14. Jahrhundert genutzt, allerdings hatte man ihre Befestigungen schon vor 1320 geschleift; in einer Urkunde von 1321 ist nur noch die Rede von einem „Haus Hochstaden".

„Unter Rauben und Brennen ins Land eingefallen"

Ein mittelalterliches Fluchtgangsystem in Königshoven

Bei Grabungen im Ortskern von Königshoven/Bedburg (Erftkreis) wurde im Herbst 1985 ein mittelalterliches Siedlungsareal freigelegt. Unter den Befunden, die dabei zutage kamen, ist ein unterirdisches Gangsystem besonders erwähnenswert – es war das erste Mal, dass im Rheinland derartige unterirdisch angelegte Gänge, drei an der Zahl, gefunden und dokumentiert worden sind. Die Gangsysteme bestanden aus jeweils einem Schacht, aus Stollen, aus Kammern und Nischen – sie waren in den gewachsenen, standfesten Löss eingebaut worden und hatten eine Länge von bis zu 18 Metern. Durch einen Schacht (zwischen 2,50 und fast 4 Meter tief), dessen Öffnung aller Wahrscheinlichkeit nach im Bereich eines Gebäudes lag, ließ man sich mit Hilfe eines Seils zur Sohle hinab und gelangte durch unterschiedlich lange und hohe Stollen im Kriechgang oder in gebückter Haltung in die Kammern, deren Mindesthöhe etwa 1,50 Meter betragen hat. Die Archäologen bescheinigten den unbekannten Erbauern der Gangsysteme eine „bau- und messtechnisch hervorragende Leistung". Es lag nahe, die Gangsysteme im Löss als Schutz- und Fluchtbauten für die Bewohner der Siedlung zu deuten; sie könnten natürlich auch als Vorratsräume benutzt worden sein, boten sie doch jene Erdkühle, die für die Lagerung von Lebensmitteln gebraucht wurde. Datiert wurden die unterirdischen Gänge in Königshoven ins 13./14. Jahrhundert.

Ähnliche unterirdische Gang- und Kammersysteme wurden 1987 in Jüchen/Garzweiler und 1989 in Belmen entdeckt, die man aufgrund der Kleinfunde und der Keramik ins Hochmittelalter (11.–13. Jahrhundert) datierte, sowie 2008/2009 in Jüchen-Otzenrath.

Seine gesamte Amtszeit war von kriegerischen Auseinandersetzungen ausgefüllt, Kämpfen gegen die Bürger der Stadt Köln, die er niederringen wollte, und Kämpfen gegen den wichtigsten Verbündeten der Kölner, den Grafen von Jülich. Am 2. Oktober 1261 hatte das Domkapitel den Dompropst Engelbert von Valkenburg (in anderer Schreibweise: Falkenburg) zum neuen Erzbischof von Köln gewählt. Ein zeitgenössischer Chronist charakterisiert ihn als Mann, der in seinen Unternehmungen alles andere als erfolgreich war *(vir in negociis suis minime prosperatus)*. Mit der von seinem Vorgänger Konrad von Hochstaden eingesetzten neuen bürgerlichen Selbstregierung verdarb er es sich, als er Verhandlungen mit den entmachteten Patriziern aufnahm und ihnen die Rückkehr in die Stadt in Aussicht stellte. Doch es

ging Engelbert nicht um die Wiedereinsetzung der Patrizier, sondern letztlich um die Zurückgewinnung der erzbischöflichen Stadtherrschaft – und so zog er im Juni 1262 mit Heeresmacht in Köln ein, ließ die Schöffen verhaften, sich die Stadtschlüssel aushändigen, Tore und Mauern besetzen; Bayenturm sowie Riehler Turm (der spätere Kunibertsturm) sollten zu Zwingburgen ausgebaut werden. Engelbert beanspruchte die volle Abgaben- und Steuerhoheit und verkündete, er werde die Stadt durch einen Amtmann verwalten lassen.

Gegen diese maßlosen Ansprüche schlossen sich die rivalisierenden innerstädtischen Gruppierungen zusammen, gemeinsam vertrieben sie schließlich die erzbischöflichen Truppen aus Köln. Engelbert musste letztendlich einem Friedensschluss zustimmen, der auf der Basis des „Großen Schieds" die gegenseitigen Rechte und Pflichten von Erzbischof und Bürgerschaft regelte.

Doch Engelbert ließ nach diesem Fehlschlag nichts unversucht, das Steuer noch einmal herumzuwerfen – „mit offenem Krieg, mit Verrat und Hinterlist, mit der Verschärfung innerstädtischer Spannungen, mit Überfällen und mit geistlichen Waffen hat er die Stadt bezwingen wollen", berichtet der Kölner Stadtschreiber Gottfried von Hagen in seinem gereimten „Boich van der stede Colne".

In ähnlicher Weise verfuhr der Erzbischof gegen die aufstrebenden Territorialgewalten am Niederrhein, die Landesherren von Jülich, Berg und Kleve, um einige zu nennen, die sich von seinen herzoglichen Ansprüchen bedroht sahen. Zum eigentlichen Gegenspieler Engelberts wurde Graf Wilhelm IV. von Jülich, der im Mai 1263 einen so genannten Außenbürgervertrag mit der Stadt Köln geschlossen hatte – Wilhelm und sein Bruder Walram erwarben damit das Kölner Bürgerrecht und verpflichteten sich mit ihrem Bürgereid, der Stadt und ihren Bewohnern Hilfe und Schutz zu gewähren. Im Gegenzug erhielten die edelfreien „Neubürger" eine städtische Jahresrente. Im Mai 1266 setzte Engelbert dann zu einem ersten entscheidenden Schlag an – er verhängte unter Berufung auf neue Diözesanstatuten zum Schutz kirchlicher Rechte den Bann über Wilhelm von Jülich und die Stadt Köln. Und Ende September 1267, nach einer Landfriedenstagung in Neuss, sagte er dem Grafen die Fehde an. Nachdem er den von einer Jülicher Besatzung gehaltenen Reichsort Sinzig eingenommen hatte, zog er verheerend durchs Jülicher Land. Der Erzbischof sei, so ist überliefert, „unter Rauben und Brennen ins Land des Grafen eingefallen".

Der Schultheiß Gerhard hatte die Bauern aus der Nachbarschaft zusammengerufen.

Es waren zumeist Hufenbauern, etwa 20 an der Zahl, sie trugen ausnahmslos einfache, aus grobem Stoff gefertigte Leibröcke, Kittel und Hosen, die im besten Fall bis zu den Knöcheln reichten. Als Schuhe dienten ihnen Holzschuhe, geschnitzt aus weichem Holz, einer trug sogar rindsledernes Schuhwerk, das mit Riemen und Bändern zusammengehalten wurde.

„Genossen", so begrüßte Gerhard die Bauern, „ich habe euch herbeirufen lassen, weil es schlimme Nachrichten zu vermelden gibt. Wir leben, wie ihr wisst, in kriegerischen Zeiten, seit mehr als 20 Jahren gibt es keinen König im Deutschen Reich, der allgemein anerkannt ist. Zwei Ausländer, der Herr Richard von Cornwall und der König von Kastilien, beanspruchen die Krone, sie weilen aber nicht im Reich, sie kümmern sich nicht um ihre angeblichen Untertanen in den deutschen Landen und so herrschen Willkür und Gewalt allerorten – und wer leidet am meisten darunter? Natürlich wir, die Bauern, der dritte Stand, der dazu bestimmt ist, durch harte Arbeit die Fürsten, Ritter und Geistlichen mit leiblicher Nahrung zu versorgen. Die Ritter und Krieger, so erzählen uns die Pfaffen immer wieder, sollen uns dafür mit ihren Waffen verteidigen und schützen, so wie wir durch göttlichen Willen verpflichtet sind, den Herren Gehorsam zu leisten. Doch, so frage ich, warum schützen sie uns nicht gegen die allgegenwärtige Gewalt und Willkür?"

Gerhard ließ einen Augenblick verstreichen, ehe er weitersprach.

„Weil sie selbst diejenigen sind, die willkürlich Gewalt ausüben!"

Die Bauern, grobe Klötze zumeist, unrasiert, schmutzstarrend, mit borstigem Haar, gaben durch lautes Gemurmel ihre Zustimmung zu erkennen.

„Schon wieder", so fuhr Gerhard fort, „wird überall am Rhein Krieg geführt – unser Gebieter, der mächtige Bischof von Köln, der Herr Engelbert, zieht an der Spitze eines Heeres durchs Land, er hat dem Grafen von Jülich die Fehde angesagt, es sind schon viele Dörfer und Weiler in Flammen aufgegangen, die Ernte ist vernichtet worden. Und von unseren Grundherren können wir keine Hilfe erwarten – der Herr Sigbert von Königshoven, einer der Herren, hat mir ausrichten lassen von einem seiner Diener, wir sollten uns selbst helfen."

Königshoven war ein Weiler, der einst zum Königsgut im Rheinland gehörte. In der zweiten Hälfte des 13. Jahrhunderts besaßen einige alteingesessene Edel-

*Archäologische
Untersuchung
des mittelalter-
lichen Flucht-
gangsystems
von Königs-
hoven. Deut-
lich zeichnet
sich der Gang
im Profil ab.*

Das unterirdische Gang- und Kammersystem diente als Schutz- und Fluchtbau, jedoch auch zur Lagerung von Vorräten.

freie eine Reihe von Gütern, darunter Sigbert von Königshoven und ein Ritter Thomas von Keverbusch.

Gerhard, der Schultheiß von Königshoven, war ein vernünftiger Mann. Er diente dem Domkapitel als Verwalter einiger Hofstellen, die der Dekan mit Zustimmung der Domherren vor geraumer Zeit erworben hatte.

„Es bleibt uns nichts anderes übrig – wir müssen uns selbst verteidigen, wir müssen unser Hab und Gut, unsere Familien schützen vor diesem Mordbrenner von Bischof."

Nun klatschen die Bauern in die Hände, es wurden sogar vereinzelt Rufe laut: „Ja, wir besorgen uns Waffen!" „Lasst uns kämpfen!" „Schlagt sie tot, die Krieger des Erzpfaffen!"

Im allgemeinen Durcheinander behielt nur Gerhard einen klaren Kopf.

„Leute, Buren, beruhigt euch doch, gebt Ruhe! Ich zeige euch, was ich bereits unternommen habe, mit meinen Knechten" – er wandte sich an drei ältere Bauern, die in der ersten Reihe standen – „Arnold, Gottfried, Wienand, kommt mit ins Haus!"

Die Angesprochenen blickten sich an, dann folgten sie dem Schultheiß. Das Haus, das nicht mehr bewohnt war, hatte ein Satteldach, es war mit Stroh gedeckt, die Wände waren gefügt aus senkrecht in den Boden gerammten Holzpfählen, deren Zwischenräume mit einem Geflecht aus Zweigen gefüllt und anschließend mit Lehm beworfen worden waren; die Fenster bildeten kleine Löcher in der Wand, sodass ein wenig Helligkeit einfallen konnte.

Im Inneren zeigte Gerhard, nachdem er einige mit Stroh bedeckte Bretter, die über einer runden Öffnung lagen, fortgeräumt hatte, auf einen Schacht.

„Das ist unser Schutz gegen die Krieger des Herrn Engelbert!"

Das mittelhochdeutsche Wort *gebure*, Bauer, bezeichnete ursprünglich den Hausgenossen, den Nachbarn, den Angehörigen eines Siedlungsverbandes, auch in städtischen Siedlungen; noch im Spätmittelalter hießen in Köln die Versammlungsstätten der einzelnen Stadtviertel Geburhäuser. Im Laufe des Hochmittelalters wurde der Begriff „Bauer" indessen mehr und mehr auf die Landbewohner angewendet, Bauern waren diejenigen, die Land bebauten und Viehzucht trieben. Die rechtliche wie wirtschaftliche Stellung der Bauern innerhalb der mittelalterlichen Gesellschaft hat sich seit dem 12. Jahrhundert entscheidend verbessert, obwohl man konstatieren muss, dass zahlreiche Bauern, wenn nicht sogar die Mehrheit, immer noch am Rande des Existenzminimums lebten. Seither wurden sie, die *rustici*, aber als eigener Stand in der gesellschaftlichen Pyramide wahrgenommen.

Dieser Bauernstand war streng abgegrenzt von Adel und Klerus: So verbot der erste Reichslandfriede Friedrichs I. im Jahre 1152 den Bauern das Waffentragen – immerhin erlaubte ihnen der Kaiser später, außerhalb des Dorfes ein Schwert zur Verteidigung mit sich zu führen. Doch generell war es ihnen verboten, „ritterliche" Waffen, also Schwert, Lanze, Schild etc., zu besitzen. Auch in regionalen Landfriedensgesetzen, etwa im bayerischen Landfrieden von 1244, wird die Tendenz deutlich, den Bauern die Wehr- und Waffenfähigkeit gänzlich zu entziehen, nur ein Messer gestanden ihnen die Herren als Waffe zu. Messer, Sichel und andere landwirtschaftliche Geräte, wie Haue, Gerte und Dreschflegel, entwickelten sich schließlich zu Standeskennzeichen der Bauern.

Arnold, der Älteste der drei, war in den Schacht geklettert, man hatte ihm eine Kerze heruntergereicht, er war durch den ersten Stollen bis in eine kleine Kammer gekrochen. In einer Nische, so bemerkte er, standen

Krüge, gefüllt mit Wein und Wasser, und eine Schüssel mit Äpfeln.

Staunend hangelte sich Arnold nach kurzer Zeit am Seil, das Gerhard an einem Pfosten befestigt hatte, wieder nach oben. Mit der Hand reinigte er seinen Kittel von Stroh und Lehm. Gerhard reichte ihm einen Becher mit Wein.

„Wie lange hast du gebraucht, diesen Stollen zu graben?", fragte er den Schultheiß, bevor er einen großen Schluck zu sich nahm.

Gerhard ließ sich Zeit mit der Antwort.

„Wir haben zu fünft gearbeitet, zumeist morgens und am Abend, damit keiner von den Dienstleuten der Grundherren etwas bemerkt. Zwei ganze Wochen sind darüber vergangen. Es war ein hartes Stück Arbeit. Und gerade daher, meine Freunde, bitte ich euch um eines, bei Christus, unserem Erlöser, teilt niemandem mit, was ihr hier gesehen habt, kein Wort auch zu euren Frauen und Kindern. Wir wollen die Gänge nur benutzen in größter Not."

Ehe die Männer etwas einwenden konnten, schlug Gerhard vor, weitere Stollen und Kammern anzulegen: „Wenn alle mithelfen, können wir innerhalb Monatsfrist noch einen, vielleicht zwei längere Gänge graben."

Am sichersten sei es, den Schachteingang in einen Stall zu legen, der nicht mehr benutzt würde. „In euren Wohnhäusern suchen sie nach Schmuck und Münzen – als ob wir tumben Landleute jemals solche Schätze besessen hätten."

Niemand aber werde vermuten, dass unter leeren Ställen geheime Gänge angelegt seien.

„Seid ihr dabei, wenn es gilt, die Leute da draußen zu überzeugen?"

Arnold und die anderen beiden Bauern nickten.

Es sollte nicht lange dauern, bis sich alle Versammelten bereit erklärt hatten, am Bau der Fluchtgänge mitzuwirken.

„Bevor wir ans Werk gehen, Buren", Gerhard hob die Hände, „müsst ihr eines wissen: Es können immer nur vier bis fünf Männer gleichzeitig unterirdisch arbeiten und es muss unter größter Verschwiegenheit aller geschehen!"

Ein weiteres mittelalterliches Fluchtgang-system bei der Kirche von Otzenrath. Sichtbar ist hier ein senkrechter Einstiegsschacht mit Quergang im Profil.

Er werde die Leute einteilen, zwei sollten immer abwechselnd graben, zwei den abgetragenen Lehm fortschaffen, einer sollte sich verstecken und Wache stehen.

„Und wenn ihr nichts dagegen habt, bauen wir zunächst den Stollen aus, den meine Knechte hier gegraben haben und anschließend " – er zeigte auf eine windschiefe Hütte in einiger Entfernung – „verlängern wir den Gang bis zur alten Scheune, die nun dem Domkapitel eigen ist."

Alles wurde in den Tagen danach, Schritt für Schritt, in die Tat umgesetzt, so wie es Gerhard vorgeschlagen

hatte. Etwa zwei Wochen arbeiteten die Männer in jeder freien Stunde in den Schächten und Stollen – es war Anfang Oktober, die Jahreszeit, die eigentlich dazu diente, die Erträge des Sommers weiterzuverarbeiten und Vorräte für den Winter und das kommende Jahr anzulegen. Oktober und November empfanden auch die Menschen in Königshoven in normalen Zeiten als sehr angenehm, es war auch die Zeit, in der die Bauern diejenigen Tiere schlachteten, die sie weder verkaufen noch behalten wollten. Doch alle stellten sich ohne Murren in den Dienst der gemeinsamen Sache.

Es war ein Dienstmann des Domdekans, der – am Festtag des hl. Wendelin, des Patrons der Bauern, Hirten und Schäfer, wie aus dem Nichts auftauchend – die Kinder, die auf der Dorfstraße ausgelassen Fangen spielten, fragte, wo er Gerhard finden könne, den Vogt, wie er ihn nannte. Der Reiter hatte alle Hände voll zu tun, sein Ross zu beruhigen. Er komme, so rief er außer Atem, aus dem Ort Zülpich, er lenkte das Pferd vor eine Hütte, aus der zwei ältere Frauen getreten waren.

„Ihr müsst euch nicht erschrecken, ihr braven Weiber, ich habe gute Nachrichten für euch und eure Männer und das ganze Dorf, ja das ganze Land, für jeden guten Christenmenschen – der Krieg ist aus und der Schinder sitzt im Käfig!"

Am 18. Oktober 1267 kam es bei Marienholz, nahe Zülpich, zu einer der größten Schlachten, die je auf rheinischem Boden stattgefunden haben. Die Hauptkontrahenten in dieser Schlacht, der Kölner Erzbischof und der Graf von Jülich, hatten zahlreiche Verbündete um sich geschart. Auf erzbischöflicher Seite standen die Bischöfe von Paderborn und Osnabrück, die Grafen von Kleve, Mark und Arnsberg, die Herren von Westerburg, Rietberg und zur Lippe; Wilhelm von Jülich konnte auf das Aufgebot der Stadt Köln, die Grafen von Berg und Geldern, die Bischöfe von Münster, Lüttich und den Elekten (den gewählten, noch nicht geweihten Bischof) von Utrecht zählen – drei der Suffragane, der Engelbert unterstellten Bischöfe, hatten sich also auf die Seite seiner Gegner geschlagen. Man kämpfte auf dem Marienholz (*locus, qui ad silvam s. Marie dicitur*, heißt es in einer Quelle) zuerst um eine Furt, die die Jülicher für sich gewinnen konnten; an-

schließend wogte die Schlacht hin und her, bis die erzbischöflichen Kämpfer in die Defensive gedrängt wurden und schließlich die Flucht ergriffen. Der Erzbischof und viele seiner Begleiter fielen in die Hände der Sieger.

„Ich habe", so soll Wilhelm von Jülich hinterher gesagt haben, „keinen Pfaffen gefangen, sondern einen Räuber und einen Landverderber." Der Jülicher führte seinen hohen Gefangenen auf die Burg Nideggen, wo der dreieinhalb Jahre in Haft verbleiben sollte. In der Koelhoffschen Chronik ist sogar zu lesen, man habe den Erzbischof auf der Burg in einen Käfig gesperrt – was aber wohl eine Legende ist. Seine lange Haft erklärt sich damit, dass er, für seine Starrköpfigkeit bekannt, nicht bereit war, die Bedingungen zu akzeptieren, die ihm für seine Freilassung gestellt wurden. Bezeichnend ist aber, dass sich selbst die Kölner Prälaten, das Domkapitel und die Prioren der Kölner Stifte von ihrem Oberhirten distanzierten. Die Schuld an der Jülicher Fehde wiesen sie Engelbert zu, in einer gemeinsamen Erklärung stellten sie fest, dass der Streit mit den Herren von Jülich, Geldern, Berg und Isenburg infolge der Erhebung neuer und außergewöhnlich hoher Zölle seitens des Erzbischofs ausgelöst worden sei; da dies einen Bruch des Landfriedens darstellte, sei man in Neuss zusammengekommen und habe mit Hilfe eines Schiedsgerichts versucht, den Streit zu schlichten. Der Spruch der Schiedsrichter sei vom Grafen von Jülich angenommen worden, nicht aber vom Erzbischof – der habe die Zölle weiterhin erhoben und schließlich sogar den Grafen angegriffen.

Erst im Frühjahr 1271 kam Engelbert von Valkenburg wieder frei, nachdem er sich mit der Stadt Köln und dem Grafen von Jülich geeinigt hatte.

Von Mahlsteuer und Mahlzwang

Eine hochmittelalterliche Mühle im Elsbachtal

Im Frühjahr 1988 wurden bei Grabungen in der Elsbachniederung in der Ortschaft Elfgen (Stadt Greven-broich) Teilstücke einer römischen Wasserleitung freigelegt, die – in Ost-West-Richtung verlaufend – über eine Länge von etwa 70 Metern erhalten war. Am östlichen Ende der Grabungsfläche stießen die Archäo-logen dann auf die Reste eines Holzbaues, der ihnen zunächst Rätsel aufgab. Auf einer 80 Quadratmeter großen Fläche wurden 80 mehr oder weniger vollständig erhaltene Holzpfosten oder Holzspuren entdeckt; die mächtigen Holzpfosten, so fand man heraus, gehörten zu einem Rechteckbau. Die ungewöhnliche An-ordnung der Pfosten, vor allem im mittleren Teil, deutete darauf hin, dass der Holzbau in diesem Bereich ungewöhnlich stabil und massiv ausgeführt worden war. Zwischen den Pfosten wurden neben römischen Dachziegeln und anderen Bauteilen hochmittelalterliche Keramik, Knochen sowie Metallteile geborgen – und, ein sehr ungewöhnlicher Fund, 30 Fragmente von Mühlsteinen, überwiegend aus Basaltlava. Da un-mittelbar südlich des Holzbaus eine offensichtlich von Menschenhand angelegte Rinne vorhanden war, ka-men die Wissenschaftler zu dem Schluss, dass die Pfosten aller Wahrscheinlichkeit nach den Unterbau einer Wassermühle gebildet haben, deren Holzrad vom Wasser der Rinne angetrieben wurde. Datieren lässt sich der Befund ins 12. oder 13. Jahrhundert, was schriftliche Quellen bestätigen: Im Hochmittelalter gab es in Elfgen eine Wassermühle.

Erstmals erwähnt wird die Ortschaft Elfgen in einer – möglicherweise gefälschten – Urkunde aus dem Jahre 1059, in der Papst Nikolaus II. auf Bitten des Kölner Erzbischofs Anno das Stift St. Maria *ad gradus* und dessen Besitztümer in seinen apostolischen Schutz nahm. Zu den in der Urkunde aufgeführten Besitzun-gen des Stifts zählte der Ort *Eilbeche*, der im 11. Jahr-hundert auch in den Namensformen *Elbecha, Elveka* und *Elbeke* überliefert ist. Seit dem Spätmittelalter hat sich die Schreibweise *Elfke* durchgesetzt. Vermutlich leitet sich der Name aus dem galloromanischen *Albi-acum* (Siedlung des *Albius*) her. Eine andere Deutung bezieht sich auf *albucha*, den germanischen Namen für Erle.

Elfgen gehörte im frühen Mittelalter zum Gillgau, der später in großen Teilen in der Grafschaft Hülchrath aufging. Die Grafschaft war zunächst im Besitz der Herren von Sayn aus dem Hause Sayn, ihnen folgten im 13. Jahrhundert die Häuser Sponheim und Kleve, bis Erzbischof Heinrich von Virneburg die Grafschaft schließlich im Jahre 1314 für das Kölner Erzstift er-warb.

Die frühesten Nachrichten über Besitzverhältnisse im Raum Elfgen stammen aus dem 9.Jahrhundert. Es wird vermutet, dass die Villikation in Jüchen, die 866 in den Besitz der Abtei Prüm kam, auch Teile von Elfgen umfasst haben könnte. Dass das Kölner Stift St. Maria *ad gradus* umfangreichen Landbesitz in Elfgen besaß, ist schon erwähnt worden. 1297 erwarb die Deutsch-ordenskommende Elsen einen Hof in Elfgen; in späte-ren Jahren hatte die Landkommende zeitweise meh-rere Höfe in ihrem Besitz. Als Vertreter des örtlichen Adels wird zuerst ein Giselbert von *Elveke* erwähnt, der 1168 in einer Urkunde des Erzbischofs Philipp von Heinsberg als Zeuge auftrat. Seine in den Quellen bis 1314 nachweisbare Familie war aller Wahrschein-

lichkeit nach im 12. und 13. Jahrhundert der lokale Machtfaktor in Elfgen.

Wer die Mühle in Elfgen, deren mittelalterliche Datierung durch die archäologischen Untersuchungen bestätigt wurde, errichtet hat, wer der Besitzer war, ist bislang noch nicht zweifelsfrei nachgewiesen worden.

Der Propst gedachte zu speisen. Im Haupthaus des Fronhofs hatte Wolfram, der Verwalter, den Tisch für die vier Herren vorbereiten lassen, die seit dem gestrigen Tage auf dem Gehöft in Elfgen weilten. Bruno von Sayn, der Vorsteher des ehrwürdigen Stifts St. Maria *ad gradus*, einer der mächtigsten Männer am Hofe des Kölner Erzbischofs, hatte zusammen mit dem Dekan Theoderich sowie den Magistern Lambert und Heinrich Platz genommen.

Wolfram wartete ab, bis die Herren, die in weltlicher Kleidung gekommen waren, ihr Gebet gesprochen hatten, dann brachten Mägde auf seinen Wink hin gleich mehrere Schüsseln und Töpfe herein. Heribert, der Küchenmeister, hatte sich mächtig ins Zeug gelegt, damit die Herrschaften sich nicht beschweren konnten. In einer Schüssel war gebratener Schinken, in den Töpfen Rindfleisch, eine Ochsenkeule, Zunge und saurer Kappes.

„Zum zweiten Gang hat unser Koch Schüsseln mit Kaninchen, Kapaunen, Hühnern und Wachteln vorbereitet, ich hoffe, den Herren mundet es."

Wolfram hielt sich in der Nähe des Tisches auf, er stand hinter dem Dekan und konnte so den Propst beobachten, der genüsslich an der Ochsenkeule knabberte. Bruno von Sayn wischte sich mit einem Tuch den Mund ab, griff zum Becher und nahm einen großen Schluck Wein zu sich.

„Sei unbesorgt, mein lieber Sohn, wir sind sehr zufrieden, mit deiner Arbeit, nicht zuletzt mit den Erträgen des Hofes – und natürlich auch mit diesen Köstlichkeiten hier, nicht wahr, meine Brüder?"

Die anderen Herren nickten amüsiert. Ohne etwas zu sagen, aßen sie weiter.

Nach dem Mahl – Wolfram hatte zuletzt Schöffenkuchen, Nürnberger Küchlein, Äpfel, Birnen und

Ein zuerst rätselhafter Befund: die hochmittelalterliche Wassermühle von Elfgen mit ihren gut erhaltenen Holzpfosten während der Ausgrabung.

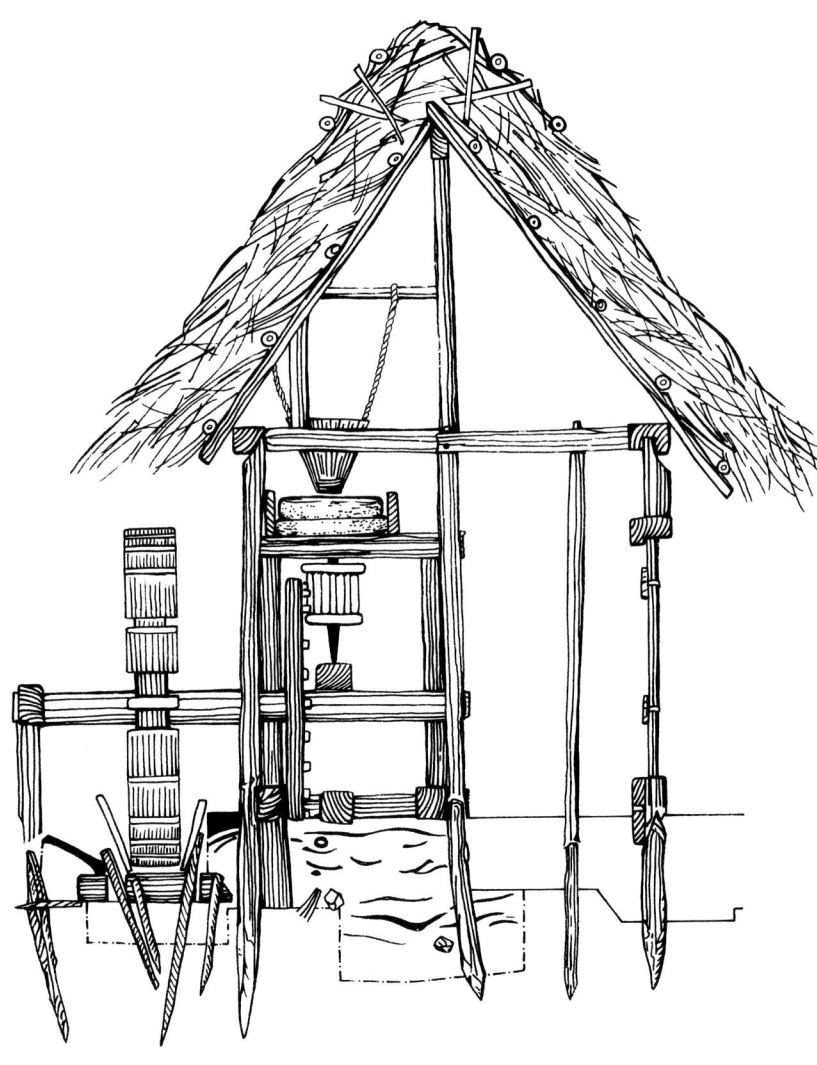

Rekonstruktion einer merowingerzeitlichen, unterschlächtigen Wassermühle nach einem Befund in Dasing bei Augsburg.

Haselnüsse servieren lassen – trat der Verwalter noch einmal an den Tisch.

„Herr, darf ich Euch noch mit einem Streitfall belästigen, der uns allen hier große Sorgen macht?"

Bruno von Sayn, ein Mann mittleren Alters, der neben seiner Würde als Propst von Mariengraden auch noch Vorsteher des Castorstifts zu Koblenz und des Cassiusstifts in Bonn war, winkte ihn näher zu sich.

„Was für ein Streit, Verwalter?"

„Es geht um unsere Mühle, Herr, die Bauern, die dem Herrn Konrad, dem Sohn Giselberts von Elfgen, zu Diensten sind, wollen ihr Getreide nicht mehr in unserer Mühle mahlen lassen."

Die organisatorischen und ökonomischen Voraussetzungen für den Bau von Wassermühlen hatten im frühen Mittelalter die Grundherrschaften geschaffen, die Aufwendungen für den Bau einer Mühle waren nämlich beträchtlich. Das heißt, dass zumeist ein Grundherr über die Mühle verfügte, die von einem Müller betrieben wurde.

Bis zum Ende des 10. Jahrhunderts wurde im Bereich des karolingischen Großreiches das geerntete Korn hauptsächlich mit Handmühlen gemahlen, recht einfachen Vorrichtungen, die man bereits aus römischer Zeit kannte. Über einem flachen Bodenstein, auf dem man das Korn verteilte, wurde ein zweiter Stein, der mit Griffen oder Stangen versehene Mühlstein, zum Drehen gebracht. Wasserkraft wurde bereits in der Antike zum Antrieb von Mühlen oder auch Sägen genutzt. Auch die Römer setzten Wassermühlen zum Mahlen des Korns ein. Der Prozess der „Vergetreidung" – es wurde immer mehr Roggen angebaut, das Roggenbrot entwickelte sich zu einem der Grundnahrungsmittel – war letztlich der Auslöser einer Entwicklung, die zur Errichtung von Mühlen im Bereich der meisten Grundherrschaften führte.

Schon im ausgehenden 6. Jahrhundert wird der Einsatz von Wassermühlen in einem Gesetz der Merowinger, des fränkischen Herrscherhauses, erwähnt. Im 8. und 9. Jahrhundert war die Wassermühle über das gesamte Frankenreich verbreitet. Bei den frühen Wassermühlen wurde das vertikale Wasserrad „unterschlächtig" betrieben, so der Fachterminus. Unterschlächtig meint den Durchfluss und Antrieb der Schaufelblätter von unten. Durch verschiedene Getriebe wurde die Kreisbewegung der Radwelle auf den Mühlstein bzw. den „Läuferstein" übertragen, der wie bei der Handmühle auf dem fest verankerten Bodenstein auflag und sich auf ihm drehte. Große Exemplare maßen bisweilen bis zu 1,60 Meter, im Schnitt war der Durchmesser aber viel geringer. Der Bodenstein war im allgemeinen etwa 20 Zentimeter dick, der Läuferstein wies eine Dicke von etwa 35 Zentimetern auf. Der Abstand zwischen beiden Steinen konnte mit einem Hebestock, einer Hebelvorrichtung, variiert werden. Das Korn wurde dann mittels eines Trichters durch ein Loch im Läuferstein zwischen die Mühlsteine eingefüllt, die mit Furchen und Schärfen versehen waren.

Im Hochmittelalter wurde das „oberschlächtige" Wasserrad entwickelt, das durch von oben auf das Mühlrad treffendes Wasser angetrieben wurde; dafür wurden Gräben und Rohre, Wehre und Dämme angelegt, um von der natürlichen Fließkraft des Wassers unabhängig zu sein. Mit der Verbreitung der Wassermühlen wurden auch die Methoden der Kraftübertragung und der Verwendung ihrer rotierenden Bewegung verfeinert. Illustrationen aus dem 12. Jahrhundert zeigen veränderte Proportionen der Kron- und Zahnräder, die das Getriebe bildeten: Man hatte sie so angepasst, dass sie dem Mühlstein selbst in langsamer Wasserströmung eine hohe Umlaufgeschwindigkeit gaben.

Damals bildete sich der Beruf des Müllers aus als eine handwerklich hoch spezialisierte Tätigkeit. Der Müller erhielt vom Besitzer die Mühle zumeist lebenslang zur Pacht, woraus sich auch ein Erbpachtverhältnis einer Familie entwickeln konnte.

Wolfram hatte den Herren zunächst dargelegt, dass das Stift Mariengraden seit Menschengedenken den Mühlenbann in dieser Gegend besaß.

„Die Vögte und Verwalter, die vor mir hier tätig waren, haben sich mehrmals mit Gottes Segen dagegen gewehrt, dass dieses Vorrecht durch fremde Mühlenbauten durchbrochen wurde."

„Weißt du, wann diese Mühle errichtet worden ist?" fragte nun Theoderich, der Dekan.

Nein, das wusste Wolfram nicht.

„Darf ich dazu etwas sagen?"

Der Dekan ergriff umständlich das Wort.

„Es gibt, so weit ich weiß, leider kein Dokument, das darüber Auskunft gibt – und es gibt auch kein Dokument, in dem festgelegt ist, dass der Propst von St. Maria *ad gradus* die Mühlengerechtigkeit in Elfgen und Umgebung auszuüben berechtigt ist. Doch alle, vor allem die alten Leute, wissen, dass bereits Erzbischof Anno, der von Gott gesegnete Förderer von Mariengraden, dem Hofgut in Elfgen den Mühlenbann übertragen hat. Die Mühlengerechtigkeit beruht also auf dem Lehnrecht."

Wolfram dankte dem Dekan und wandte sich wieder dem Propst zu.

„Ihr Herren, erlaubt, dass ich den Müller Johannes rufen lasse – er wird Euch erzählen können, was unlängst geschehen ist."

Johannes, ein kräftiger, muskulöser Mann von vielleicht 30 Jahren, verbeugte sich mehrfach, ehe er der Aufforderung des Propstes nachkam und be-

Die Ortskirche St. Georg fiel wie der gesamte Ort Elfgen dem Braunkohlentagebau zum Opfer.

richtete, wie es zum Streit mit den Bauern in Elfgen gekommen war.

„Herr, seit fünf Jahren diene ich Euch, als Müller, noch nie, auch nicht zu den Zeiten, als ich als Lehrjunge meines Vaters das Handwerk erlernte, hat es solche Unstimmigkeiten gegeben. Vom Vater habe ich gelernt, die Mühle in Ordnung zu halten, bestimmte Ausbesserungsarbeiten vorzunehmen, Arbeiten an den Wasserwehren, den Zuläufen und den Mühlrädern. Soviel ich weiß, ist es seit alters her festgelegt, dass die Bauern in Elfgen, auch die, die anderen Grundherren in Elfgen untertan sind, ihr Korn nur in Eurer Mühle mahlen lassen sollen."

Am Festtag des hl. Cyriacus, des Märtyrers und Nothelfers, sei eine Gruppe von Bauern vor seiner Mühle erschienen. Die Männer, einige von ihnen Hufenbauern des Herrn Konrad, die anderen Hörige des Hofguts, das Büsdorf genannt werde, hätten ihn einen Betrüger genannt, er sei ein Dieb, hätten sie immer wieder ausgerufen, er würde zu viel für sich mit der Metze abmessen und der Peter Wundes, ein Hufenbauer, habe ihm mit der Faust gedroht. Sie seien freie Bauern, hätte er gesagt, er und seine Konsorten könnten nicht erkennen, worauf sich der Zwang zur Benutzung der Mühle für die Eingesessenen stützte. Von nun an würden sie ihr Getreide da mahlen lassen, wo man einen ehrlichen Umgang mit ihnen pflege.

„Ihr Herren", rief der Müller, der immer mehr in Aufregung geriet, „ich habe noch nie in meinem Leben einen Christenmenschen betrogen, ich habe die misstrauischen Bauern immer wieder aufgefordert, zu warten, bis der Mahlgang abgeschlossen war, damit sie sehen konnten, dass ich nicht auf die Gelegenheit zum Betrug aus war, oft warteten sie zu zweit oder zu dritt. Und nie hat irgendjemand von Betrug geredet."

Im Mahlrecht, so fügte er an, sei nun einmal verankert, dass der Müller einen gewissen Teil des Mahlgutes für sich behalten dürfe. Mit einem Gefäß – „wir nennen es Metze" – würde dieser Mahllohn vom Getreide abgefüllt, er entspräche dem 16. Teil eines Scheffels.

„Mehr habe ich nie genommen, das schwöre ich bei Gott dem Allmächtigen."

Im Mittelalter und in der frühen Neuzeit herrschte in den meisten Regionen des Deutschen Reichs der „Mahlzwang", auch „Mühlenzwang" (bzw. Mühlenbann) genannt, er besagte, dass im ganzen (Bann-)Umkreis nur eine Mühle existieren und Getreide mahlen durfte. Sogar kleine Handmühlen waren verboten. Noch im 18. Jahrhundert wurden den Bauern vielerorts schwere Strafen angedroht, falls sie an einer anderen Mühle, die billiger oder schneller mahlte, ihr Getreide mahlen ließen.

Die „Mühlengerechtigkeit" übte der Mühlenbesitzer aus: Die Bauern seiner Grundherrschaft waren ohnehin angehalten, ihr Korn in der Mühle des Grundherrn mahlen zu lassen; doch auch freie Bauern und andere Grundbesitzer konnten dazu verpflichtet werden, ihren Bedarf nur in einer bestimmten Mühle mahlen und schroten zu lassen. Und dafür musste eine Mahlgebühr entrichtet werden, deren Höhe stets umstritten war und deren Einforderung immer wieder zu Streitigkeiten führen konnte.

Das weit verbreitete Misstrauen gegen den Müller verweist auf seine gesellschaftliche Stellung: Der Beruf des Müllers gehörte nicht zu den ehrbaren Berufen, weil er unfrei war, Hand- und Spanndienste wie die Bauern musste er dem Grundherren indessen nicht leisten. Andererseits erwartete man allgemein ein besonderes Maß an Ehrlichkeit vom Müller, der ja weitgehend selbstständig seiner Arbeit nachging und sich einer Überprüfung seiner Tätigkeit leicht entziehen konnte – ein Grund, weshalb ihm seine Kunden oft mit Misstrauen begegneten und es zu Verleumdungen kam. Gelegentlich setzte man sogar Beschränkungen der Viehhaltung des Müllers durch, weil offensichtlich befürchtet wurde, er würde das gute Getreide zweckentfremden und an seine Tiere verfüttern.

Der Propst überlegte lange.

„Was sind das nur für Zeiten? Herr im Himmel, was sind das nur für Zeiten? Seit diesem Sommer haben wir zwei Könige im Heiligen Römischen Reich, den Herrn Philipp, den Sohn unseres unvergessenen, allseits geliebten Kaisers Friedrich Rotbart, der der Kölner Kirche die Herzogtümer Engern und Westfalen übereignet hat. Diesen Philipp haben die sächsischen und schwäbischen Fürsten erhoben; und den Sohn Heinrichs des Löwen, den Herrn Otto, den die lothringischen Großen erwählt haben. Der Bischof von Köln, der Herr Adolf aus dem Geschlecht der bergischen Grafen, hat sich für den Herrn Otto entschieden, einen Mann aus Braunschweig, der bei der englischen Verwandtschaft der Welfen erzogen wurde. Ich war Zeuge, wie Erzbischof Adolf jenen Otto von Braunschweig zum König krönte, in Aachen, der Stadt Karls des Großen. Doch der Herr Philipp hat schon angekündigt, dass er an den Rhein kommen werde, um die Anhänger Ottos mit Krieg zu überziehen. Es ist ein Jahr großen Unheils, Gott sei uns allen gnädig."

Er seufzte leise. „Und nun noch dieser Ärger hier."

Der Dekan erhob sich. „Herr, wir müssen diesen Fall vor das weltliche Gericht bringen. Der Graf, der Gerichtsherr, muss unser Recht, das auf langer Gewohnheit beruht, anerkennen. Er kann nur entscheiden, dass das von den Bauern bestrittene Recht, das ihnen die Benutzung unserer Mühle vorschreibt, weiterhin seine Geltung hat und bestehen bleibt bis ans Ende aller Tage."

Am nächsten Tag, es war der achte Tag des Monats September *anno* 1198, verließen die Herren den Fronhof in Elfgen und machten sich auf den Weg zurück nach Köln. Es war der Tag, an dem der Staufer Philipp in Mainz, am falschen Krönungsort zwar, aber mit den richtigen Insignien, zum „König der Römer" gekrönt wurde.

Ob der Prozess vor dem Gericht des Grafen von Hülchrath stattgefunden hat und wie er ausgegangen ist, wissen wir nicht. Aus diesen Tagen des Spätsommers 1198 ist indessen überliefert, dass Philipp von Schwaben, der staufische König, einen Feldzug ins Rheinland unternommen hat, in dessen Verlauf er Remagen, Bonn und Andernach eroberte und niederbrannte und dass er auch Köln bedrohte. Bruno von Sayn aber, der Propst von St. Maria *ad gradus*, wurde einige Jahre später, am 25. Juli 1205, nachdem Adolf von Altena auf die Seite Philipps von Schwaben getreten und vom Papst daraufhin abgesetzt worden war, zum Erzbischof von Köln gewählt. Als Anhänger des welfischen Gegenkönigs Otto IV. geriet er 1206 in die Gefangenschaft des Staufers, aus der er erst nach langer Haft entlassen wurde. Von Papst Innozenz III. in seinem Amt bestätigt, kehrte Bruno im Sommer 1208 nach Köln zurück, wo er triumphal empfangen wurde. Er starb aber schon im November des gleichen Jahres in Blankenburg an der Sieg. Sein Grab befindet sich im Kölner Dom.

Über das Schicksal der Mühle in Elfgen ist dagegen so gut wie nichts bekannt. Wann genau und warum sie aufgegeben wurde – darüber kann man nur spekulieren. Es sind aber, vor allem aus dem späten Mittelalter und der frühen Neuzeit, zahllose Berichte und Akten über Auseinandersetzungen und Prozesse überliefert, die – nicht nur im Rheinland, sondern in ganz Deutschland – wegen des Mühlenbanns und des Mahlzwangs geführt wurden. Im Memorienbuch von St. Maria *ad gradus* ist in der zweiten Hälfte des 13. Jahrhunderts letztmals eine Mühle erwähnt. Später ging die Mühlengerechtigkeit für die Dörfer im Elsbachtal, darunter Belmen und Elfgen, auf die Herren von Salm-Reifferscheid-Dyck über, die indessen keine eigene Mühle besaßen und das einträgliche Recht weiterverpachteten.

Elfgen mit seinen Hofstätten und der Pfarrkirche St. Georg gibt es nicht mehr. Die Ortschaft wurde zugunsten des Braunkohlentagebaus Garzweiler aufgegeben.

Landleute und Landleben im späten Mittelalter

Geuenich – ein Dorf und seine Pfarrkirche

Im Frühjahr 2000 untersuchten Archäologen die mittelalterliche Dorfwüstung Geuenich. Geuenich, zwischen Altdorf und Inden gelegen, war im letzten Drittel des 17. Jahrhunderts von seinen Bewohnern aufgegeben, verlassen worden – Wissenschaftler nennen eine aufgegebene Ortschaft (auch eine aufgegebene Flur) eine „Wüstung". Die Ausgrabungen, die man dort unternahm, konnten Genese und Entwicklung einer ländlichen Siedlung vom 5. bis zum 17. Jahrhundert kontinuierlich nachzeichnen. Im Bereich der früheren Pfarrkirche von Geuenich (die im Jahre 1820 abgebrochen worden war) stieß man auf Friedhöfe aus fränkischer Zeit, auf so genannte Kopfnischengräber aus dem 11. bis 12. Jahrhundert, die überwiegende Zahl der Bestattungen gehörte indessen ins Spätmittelalter und in die frühe Neuzeit. Sechs größere Gebäude (die Kirche, das Pfarrhaus, die Küsterei sowie drei kleinere Adelssitze) konnten archäologisch dokumentiert werden – kleinere Gehöfte, Hütten und Wirtschaftsbauten der einfachen Bauern ließen sich nur lückenhaft nachweisen.

Es ist der Festtag des hl. Remigius, der im Erzbistum Köln am 1. Oktober begangen wird, der „Sant-Remeis-Daach". In Geuenich gedenkt man des Heiligen, dem die alte Pfarrkirche geweiht ist. Aus den nahen Dörfern Inden, Altdorf und Pattern sind die Menschen in feierlicher Prozession und unter Glockengeläut zur Kirche gezogen, die auch ihre Pfarrkirche ist. Der junge Matthias, der auf dem Schlendershof als Knecht arbeitet, hat sich, im Sonntagsstaat, in die Prozession eingereiht, die vor dem mächtigen Steinbau ins Stocken gerät, weil nicht alle Teilnehmer in den Kirchenraum passen wollen. Die Herrschaften haben auf der Empore bereits ihren Platz eingenommen.

Schließlich tritt der Pfarrer in weißem liturgischen Gewand, der Albe, vor den Altar, auf dem das in weißes Leinentuch gehüllte Messbuch liegt. Er feiert die Messe mit dem Glöckner, der, ebenfalls weiß gewandet, als Ministrant fungiert und dem Priester zu antworten versteht. Der Pfarrer liest den Kanon, wie es die erzbischöflichen Statuten verlangen, laut und deutlich und auch nicht zu langsam, damit keine Langeweile aufkommt bei der Feier des Messopfers. Mit einem Schellenzeichen wird die Aufmerksamkeit der Gläubigen auf den Corpus Christi gelenkt – nach der Wandlung erhebt der Priester die konsekrierte Hostie. An einem Tag wie dem heutigen treten viele Landleute an den Tisch des Herrn, auch solche, die nicht jeden Sonntag in die Kirche gehen, nehmen die heilige Kommunion in Anspruch.

Matthias kann dem Geschehen am Altar wie immer nur so weit folgen, als ihm die Gesten vertraut sind, doch mancher Sinn bleibt ihm verborgen. Und so gedenkt er, wie ihm der Beichtvater seines Herrn nahegelegt hat, der Leiden Christi und bittet in Gedanken um Sündenvergebung; jedes Mal, wenn Jesu oder Mariens Name genannt wird, neigt er das Haupt, und beim Anblick des heiligen Sakraments faltet er die Hände. Während um ihn herum geschwätzt wird, manche der Gottesdienstbesucher sind schon nach dem Evangelium auf den Kirchhof gegangen, um mit Freunden und Verwandten zu sprechen, betet er das Paternoster. Abschließend mahnt der Pfarrer, ein gestrenger Herr, die Bauern, ihren Herren und ihren Dorfgenossen gegenüber Treue walten zu lassen, nicht beim Nachbarn einzupflügen und nicht das Vieh auf Kosten anderer weiden zu lassen.

Nach dem Gottesdienst verlassen die Gläubigen die Kirche, doch ehe sich die Menge allmählich auflöst, schwätzt man miteinander, die jungen Leute necken sich, es werden Scherze gemacht. Später ziehen die Menschen in kleineren Gruppen in ihre Dörfer zurück, Matthias zieht es in die Küsterei von Geuenich, wo Bier ausgeschenkt wird, einen Krug, mehr nicht, will er sich heute leisten – nachdem man eine Woche zuvor ausgiebig das Ende der Erntezeit gefeiert hatte.

Wie lebten die Menschen in Geuenich im Spätmittelalter?

Bäuerliches Leben bedeutete in erster Linie Arbeit, schwere körperliche Arbeit, die zwangsläufig dem Rhythmus der Jahreszeiten angepasst war. Arbeit war der Hauptinhalt bäuerlichen Lebens. Das mittelhochdeutsche Wort *arebeit* bedeutet so viel wie „Mühe, Plage". Ein hochgebildeter Autor umschreibt das Leben der Bauern so: „Landleute heißen die, die das Land von Dorf zu Dorf und Hof zu Hof bebauen. Sie führen ein hartes Leben. Jeder von ihnen lebt demütig vor sich hin, mit seiner Familie und seinem Vieh. Ihre Wohnungen sind aus Lehm und Holz errichtet und mit Stroh gedeckt. Hausbrot, Haferbrei, gekochtes Gemüse sind ihre Speisen, Wasser und geronnene Milch ihre Getränke, ein linnener Kittel, ein paar Stiefel ihre Kleidung. Die Leute stecken alle Zeit in Arbeit. Sie müssen das Feld beackern, säen, ernten und die Frucht in die Scheuern bringen, Holz fällen, Häuser bauen, Gräben ausheben."

In vielen Teilen Deutschlands begann und endete das bäuerliche Jahr mit dem Tag des Erzengels Michael, dem 29. September – da nämlich sollte die Ernte eingebracht sein, danach begannen schon die Vorbereitungen für die Einsaat des Wintergetreides, zudem begannen die Schlachtmonate.

Im Frühjahr, wenn die Tage länger wurden, wenn die Fastenzeit vorüber war, mussten die Landbewohner nicht mehr so viel Zeit in ihren rauchigen, dunklen Wohnungen verbringen, zugleich begann nun wieder die Phase der schweren Feldarbeit. Den Winter hatte man genutzt, um die Arbeitsgeräte instand zu setzen, der Schmied hatte neue Pflugscharen angefertigt, Messer und Äxte waren geschärft. Die Zugtiere hatte man im Winter sorgfältig gefüttert, damit sie wieder zu Kräften kamen, um im März die schwere Pflugarbeit verrichten zu können. In den Ställen haben die Bauern den Dung des Viehs gesammelt, der nun über die Felder verteilt wird, sogar den Taubenmist verwendete man im Garten, wo Gemüse, Kohl, Lauch, Zwiebeln und Erbsen angebaut waren, als Düngemittel. Im März wurde das erste Mal gepflügt und geeggt. Die Egge, ein hölzerner Rahmen mit Querstreben und Holzzinken, wurde zur Unkrautbekämpfung und zum „Eineggen" der Saat benutzt, vielfach ließ man die Pferde die Egge quer zur Furche übers Feld ziehen. Nach dem Pflügen streute der Bauer die Samenkörner, die man im Winter sorgfältig verwahrt hatte, auf dem Acker aus. Der „Sämann" war mit einer Kiste ausgestattet, die er sich um den Hals hängte, die Saatkörner streute er in einem bestimmten Rhythmus, der sich seinem Gang anpasste, mit der Hand aus. Erbsen und Bohnen wurden von Frauen in der Weise ausgesät, dass mit einem spitzen Stab Löcher in den Boden getrieben wurden, die dann mit Samen einzeln ausgefüllt wurden. Gefahr drohte dem Saatgut gerade in dieser Zeit von den Vögeln, vor allem von Krähen, die die Körner aus der Erde pickten. Um die Saat zu schützen, wurde sie unmittelbar nach dem Säen mit Strauchwerk in die Furche verteilt, anschließend wurde nochmals geeggt, meistens über Kreuz. Kinder folgten den Eggen und verscheuchten Vögel mit Steinwürfen. Im Frühjahr säte man im Allgemeinen Pflanzen aus, die als Pferdefutter oder zur Herstellung von Bier dienten, Hafer und Gerste, erst im Herbst baute man Getreidesorten zur Brotherstellung an, Roggen und Weizen.

Wenn das Pflügen, Eggen und Säen, die Haupttätigkeiten im Frühling, erledigt waren, mussten erneut die Arbeitsgeräte repariert werden. Man arbeitete im Garten, besserte Hecken und Zäune aus, räumte Gräben und Latrinen aus, beschnitt die Weinstöcke. Auf den Tisch kam in dieser Zeit viel Lauch: „Der März", so empfiehlt ein Chronist, „ist die beste Zeit für Lauch,

denn er ist für die Suppe gut und reinigt das Blut."
Zwiebeln galten als Appetitanreger, „sie vertreiben
den Ekel und lockern den Bauch, sie verbessern das
Sehvermögen." Ostern war dann das erste große Fest
des Kirchenjahres, ein bewegliches Fest, das – auch
heute noch – am ersten Sonntag nach dem ersten
Frühlingsvollmond gefeiert wird.

Der Sommer war die Hauptsaison der bäuerlichen
Arbeit. Es ist die Jahreszeit, in der Obst und Getreide
reifen, zugleich begann man mit der Getreideernte,
dem wichtigsten Ereignis des Sommers. Die langen
Sommertage waren die arbeitsreichsten des Jahres,
denn in dieser Zeit mussten die Bauern in vielen Regionen auch Hand- und Spanndienste auf den grund-
herrlichen Feldern ableisten. Der Arbeitstag begann

bei Sonnenaufgang und endete bei Sonnenuntergang, von Freizeit konnte keine Rede sein, weil man
mit Mehrarbeit auf der eigenen Hufe die auf grund-
herrlichem Land abgeleistete Arbeit ausgleichen
musste.

Noch vor dem Getreide wurde im Juli das Heu geerntet; das beste Heu gewann man auf Wiesen, die
an Teichen und Bächen lagen und bisweilen überflu-
tet wurden. Männer und Frauen arbeiteten in Gruppen, die sich über die Felder verteilten. Die Männer
schnitten das Gras, die Frauen wendeten es, Mädchen
häuften es mit dem Rechen auf. Während des Fron-
dienstes wurden die Bauern vom Vogt beaufsichtigt,
der darauf achtete, dass alle ihre vorgeschriebenen Arbeiten verrichteten. Immerhin wurden die Bauern vom

*Überreste eines Ge-
bäudes der
im 17. Jahr-
hundert auf-
gelassenen
Dorfwüstung
Geuenich.*

Die Illustration aus dem Sachsenspiegel (14. Jahrhundert) zeigt zwei Bauern beim Pflügen.

Gutsherrn beköstigt, man brachte ihnen Bier, Brot und Käse. Am späten Abend begaben sich diejenigen, die Frondienste zu leisten hatten, zum Herrenhaus, wo sie mit einer Mahlzeit „abgespeist" wurden.

Sobald das Heu eingebracht war, wurde das Brachland zum zweiten Mal umgepflügt und von Unkraut wie Ampfer und Ringelblumen sowie von Disteln befreit. Dann, im August, schritten die Bauern zur Ernte von Getreide und Futterpflanzen. Gerste und Hafer wurden mit der Sense geschnitten. Auch davor gab es religiöse Zeremonien. Aus der Eifel ist überliefert, dass der Dorfpfarrer – noch bevor das erste neue Getreide in die Scheune gefahren wurde – mit einer brennenden Kerze, die er bereits am Fest Mariä Reinigung (am 2. Februar) in der Hand gehalten hat, ein Gebet sprechen soll: „Herr Jesu Christe, wahres Licht vom reinen Licht entstammend, der Du zusammen mit dem Vater Urheber allen Gedeihens bist, erhalte und bewahre unsere Ernte."

Auf den Feldern bildete man, wie schon erwähnt, oft Gruppen von vier Leuten, drei Schnitter gingen mit den Sensen voran und schnitten die Pflanzen, eine Frau bündelte sie. Auf großen Parzellen wurden Gruppen gebildet, einige mähten das Getreide, die anderen folgten ihnen und bündelten die Halme zu Garben. Dabei wechselte man sich bisweilen ab, weil die Schnitterarbeit sehr anstrengend war. Das Binden der Garben besorgten zumeist die Frauen. Die Garben sollten nicht zu groß sein, damit man sie ohne Probleme zum Wagen tragen und weiterbefördern konnte. Weizen wurde knapp unterhalb der Ähre geschnitten, das Stroh wurde stehengelassen, um es später zu mähen und an das Vieh zu verfüttern oder um es als Dünger einzupflügen, wenn genügend anderes Futter vorhanden war. Im September konnte man dann bereits wieder säen.

Neben Feldarbeiten gab es genug weitere Arbeiten, die ebenfalls im Sommer erledigt werden mussten, etwa die Schafschur. Im Mai, wenn die Lämmer entwöhnt waren, wurden die Herden selektiert, im Juni wurden die Schafe, die man verkaufen wollte, geschoren und auf der Sommerweide gemästet. Die Schur konnten Männer und Frauen gemeinsam besorgen, zumeist wurde diese Arbeit aber von Frauen ausgeübt. Bis in den September hinein lieferten die Mutterschafe nahrhafte Milch, die man auch zur Herstellung von Käse verwendete. Auch der Honig, der wichtigste Süßstoff für Arme, den man auch zur Herstellung von Met benötigte, wurde im Sommer geerntet.

In Geuenich hatte man schon in den letzten Erntetagen ein bisschen gefeiert, man veranstaltete Wettkämpfe um den Schnitt der letzten Ährenreihe, die letzte Garbe wurde geschmückt, der letzte Erntekarren bejubelt, wenn er in die Scheune einfuhr. Das Erntedankfest wird im Herzogtum Jülich in der letzten Septemberwoche gefeiert, mit Gesang, Tanz und feuchtfröhlichem Gelage, und so war es hoch hergegangen, auch auf dem Schlendershof.

Reichliches Essen und noch mehr Getränke hatte die Herrschaft auftragen lassen, Knechte und Mägde wurden so für die vielen kärglichen Mahlzeiten im Jahr entschädigt. Die jungen Mägde hatten sich festlich gekleidet, trugen Kopfputz und Blumenkränze, einige dumme Bauernjungen hatten sich ebenfalls herausgeputzt, sie führten Waffen mit sich, als seien sie Ritter. Auf der Dorfstraße hatte man einige schwere, klobige Tische aufgestellt, ein paar Hocker dazu, der alte Knecht Karl spielte die Sackpfeife. Neben ihm saß ein Gevatter, der ständig in die Hände klatschte und ihm dann und wann den Krug reichte. Die Straße war zum Tanzplatz geworden, einige Paare ahmten mit ungelenken Gesten und weit ausholenden Bewegungen einen höfischen Tanz nach. Auch ein Bauer aus dem Dorf wollte seiner Frau das Tanzen beibringen – was misslang, alle lachten, als sie hinfielen. Die älteren Knechte zechten, was das Zeug hielt, sie brüllten vor Lachen und schlugen sich auf die Schenkel, wenn einer etwas besonders Obszönes gesagt hatte. Auch Matthias war schließlich in einen schweren Rausch verfallen, weil er nicht nur Bier, sondern auch noch Most

und Branntwein getrunken hatte. Nur mit Mühe hatten ihn einige Männer vom Schlendershof davon abhalten können, sich mit Christian, dem Sohn des Verwalters, zu prügeln, der der Magd Elsbeth einen Kuss aufgedrängt hatte.

Der Herbst diente vor allem dazu, die Erträge des Sommers weiterzuverarbeiten und Vorräte für den Winter und das kommende Jahr anzulegen. Auch die Ernte des nächsten Jahres musste vorbereitet werden, daher sieht man auf alten Monatsbildern auch im Ok-

Ein Grab aus der Frühzeit des Ortes. Die merowingerzeitliche Bestattung weist Knickwandtöpfe, eine charakteristische fränkische Gefäßform, als Beigaben auf.

tober und November Bauern beim Pflügen und Einsäen. Beide Monate galten als angenehme Zeit auf dem Land, „eine Zeit der vollen Mägen", wie in einer maasländischen Chronik zu lesen ist. Es war auch die Zeit, in der die Bauern die Tiere schlachteten, die sie weder verkaufen noch behalten wollten.

Die Herbstarbeit begann mit dem Dreschen des Getreides, dabei gab es einige verschiedene Arbeitsgänge, die sich nach der weiteren Verwendung richteten, etwa als Saatgetreide oder zum Brotbacken. Gedroschen wurde das Getreide im Freien, nur bei Regen ging man in die Scheune. Mit Dreschflegeln schlugen die Männer auf die am Boden liegenden Ähren. Die Körner wurden in Behälter gefüllt, das Stroh wurde auch zum Dachdecken verwendet. Anschließend brachte man das Getreide zur Mühle, um es dort, gegen oft hohe Gebühren, mahlen zu lassen.

Weil das Winterfutter knapp und teuer war, wurden viele Rinder, Schweine und Ziegen im Herbst ausgesondert und geschlachtet. Arbeitstiere wie Zugochsen waren davon natürlich ausgenommen, ebenso wie Tiere, die man zur Zucht oder zur Milchproduktion brauchte. Nach der Ernte brachte man Rinder und Schafe auf die Äcker, wo sie zwischen den Stoppeln Futter suchten. Vor allem im November wurden die Schweine im Gemeindewald gemästet, es war die Zeit, in der die Eicheln fielen. Im Dezember wurden sie dann geschlachtet: „Jetzt auch pflegt man die Schweine zu schlachten, welche die Eichel schon aufgefüttert hat, sodass sie die völlige Mast durch wanstigen Bauch bekunden", ist einem rheinischem Gedicht zu entnehmen. In einigen Regionen hieß der November der „Blutmonat", weil nun am häufigsten geschlachtet wurde. Schafe wurden im Rheinland manchmal bis in den Dezember hinein im Freien gehalten – man konnte sie ja immer noch im Februar oder im März schlachten, wenn das Futter ausging. Haltbar gemacht wurde das Fleisch durch Einsalzen, Räuchern oder einfaches Abhängen. Die Innereien mussten dagegen sofort verarbeitet und dann auch gleich verzehrt werden. Schweinefleisch war bei den Bauern besonders beliebt – es absorbiert weniger Salz und bleibt daher saftiger.

Am 12. Dezember begann nach dem Julianischen Kalender der Winter, die unangenehmste Jahreszeit im Leben der Bauern. „Der Winter zehrt alles auf, was der Sommer erzeugt", lautete eine bäuerliche Spruchweisheit. Nachdem der Winterweizen gesät war, konnten außerhalb des Hauses nur noch wenige landwirtschaftliche Tätigkeiten verrichtet werden. Man fischte etwa in Teichen, deren Eisdecke vorher aufgeschlagen worden war, man schlug Holz im Gemeindewald, die Bauern reparierten Häuser und Zäune. Die wichtigste Arbeit war die Fütterung und Pflege des im Stall untergebrachten Viehs. Stroh wurde bisweilen mit Getreide vermischt, um den Tieren etwas Nahrhaftes zu geben. Alle Mitglieder der Familie – und dazu gehörten ja oft Großeltern und andere Verwandte – hielten sich auch an den kurzen, kalten und stürmischen Wintertagen überwiegend im Wohnbereich des Gehöftes auf, in der Wohnküche, im einzigen Raum, der beheizt wurde. Dort wurde „Heimarbeit" verrichtet, die Kinder spielten, die älteren durften schon Löffel und Schalen schnitzen, die Frauen sponnen und nähten, die Männer flochten Fischreusen oder reparierten das Pferdegeschirr. Hauptnahrung im Winter waren dicke Suppen, die über dem offenen Feuer in großen Kesseln zubereitet und aufbewahrt wurden. Kohlsuppen, Linsensuppen, Lauchsuppen, Bohnensuppen, die die Frauen mit Kräutern aus dem eigenen Garten, vor allem Petersilie, würzten und bisweilen mit Fisch oder Fleisch anreicherten. Nach Weihnachten war die Winterkost sehr einseitig und vor allem salzhaltig, um nicht zu sagen: versalzen – denn die meisten eingelagerten Nahrungsmittel, Fleisch, Butter und Käse, hatte man mittels Salz für eine gewisse Zeitspanne haltbar gemacht.

Die Eintönigkeit des Alltags vertrieben die Landleute mit Spielen. Wenn Teiche und Bäche zugefroren waren, wagte man sich schon mal aufs Eis, wobei Tierknochen oder geschliffene Hölzer aus Osteuropa als „Schlittschuhe" übernommen wurden. Das Weihnachtsfest, das damals weniger wichtig war als Ostern, stellte den gesellschaftlichen und kulinarischen Höhepunkt der gesamten winterlichen Jahreszeit dar; man hatte noch reichlich Vorräte, sodass ausgiebig gefeiert werden konnte, man beschenkte sich, mit

Selbstgebasteltem oder gedörrtem Obst. Vielleicht hat die Weihnacht gerade deswegen noch heute einen so großen Stellenwert bei uns am Rhein.

Matthias war am Morgen nach dem Erntedankfest zum Gutsverwalter bestellt worden, der ihn einen Trunkenbold schalt. Matthias hatte Besserung gelobt – doch insgeheim war ihm endgültig klar geworden, dass er den Schlendershof verlassen würde. Seine Eltern waren schon lange tot, seine Geschwister arbeiteten wie er als Knechte und Mägde auf verschiedenen Gutshöfen der Umgebung, nur seine älteste Schwester lebte in der Stadt, in der großen Stadt Köln, wo sie einen Handwerker geheiratet hatte, Arnold, einen Brauer, der ein kleines Wirtshaus in der Nähe des Rheinufers führte. In Köln hatte Matthias vor nicht langer Zeit einen Dominikanermönch predigen hören, der das Los der einfachen Leute in Stadt und Land beklagt hatte – „Ihr braven Leute, aus welchem Grund sind die, die wir Herren nennen, größere Meister als wir?", hatte er ausgerufen, „Warum halten sie so viele Menschen in Knechtschaft? Wenn wir alle von einem Vater und einer Mutter, Adam und Eva, abstammen, inwiefern können sie behaupten und beweisen, dass sie mit besserem Grund unsere Herren sind? Höchstens damit, dass sie uns erbringen und erarbeiten lassen, was sie ausgeben." Viele Leute, die dem Mönch zuhörten, hatten geklatscht. „Die Herren sind in Samt und Seide gekleidet, mit grauen und dunklen Pelzen, wir aber tragen ärmliches Tuch", hatte der Mönch, wie sich Matthias erinnerte, dann aufgezählt, „sie haben Weine, Gewürze und Weißbrot, wir haben Roggen und Kleie und trinken Wasser, sie haben Freizeit und schöne Landsitze, wir haben Mühe und Arbeit und von uns und unserer Arbeit muss das kommen, womit sie ihren Aufwand betreiben. Wir werden Knechte geheißen und geschlagen, wenn wir ihren Dienst nicht auf der Stelle tun." Auch Matthias hatte dem Prediger lauthals zugestimmt, wie die meisten der Leute, die ihm zugehört hatten, es herrschte ohnehin eine aufgebrachte Stimmung in Köln, wo sich die Herren aus den Geschlechtern, die allein den engen Rat besetzten, immer arroganter aufführten. Der Prediger war vor die Kirche des hl. Paul getreten und hatte das Volk, das aus der Messe strömte, um sich gesammelt.

Abends hatte Matthias der Schwester, sie hieß Katharina, erzählt, wie schwer der Dienst auf dem Schlendershof sei und wie karg der Lohn. Sie hatte ihn ermutigt, nach Köln zu kommen – „wir werden dir eine Stelle besorgen, ich kenne den Siegelträger des Herrn Erzbischofs, den gnädigen Herrn Hermann von Goch, vielleicht kannst du in seinen Dienst treten."

An diese Worte seiner Schwester erinnerte sich Matthias – und so war er fest entschlossen, sein Glück im *hilligen Coellen*, in der freien und Reichsstadt Köln, zu suchen.

Die mittelalterliche, dem fränkischen Heiligen Remigius (dem Bischof von Reims, der den Frankenkönig Chlodwig getauft hatte) geweihte Kirche in Geuenich hatte einen karolingischen Vorgängerbau, einen Saalbau. Im 14. Jahrhundert ist die Kirche auch Pfarrkirche von Inden, Altdorf und Pattern. Der Ort Geuenich, der schon in merowingischer Zeit entstanden sein dürfte, war Sitz eines Gerichtsbezirks des Herzogtums Jülich. 1678 zerstörte eine Feuersbrunst den Ort, erhalten blieb nur der steinerne Kirchenbau. Wegen der andauernden kriegerischen Auseinandersetzungen – 1689 richteten die Franzosen im Rheinland systematische Zerstörungen an, die die des Dreißigjährigen Krieges weit übertrafen – konnte Geuenich nicht wieder aufgebaut werden. Damals beschlossen die Geuenicher, ihren Ort aufzugeben und sich in den benachbarten Dörfern, die weniger zerstört waren, niederzulassen. Jahrelang standen in Geuenich nur noch drei Häuser in der Nähe des Kirchhügels, die Kirche wurde weiterhin zum Gottesdienst benutzt. Erst 1804 wurde die alte Pfarre Geuenich aufgelöst, 1820 wurden dann die baufällige Kirche und das Pfarrhaus niedergelegt.

Als der „Kölnische Krieg" das Rheinland erreichte

Die Burg Reuschenberg und die Herren von Reuschenberg

Die Burg Reuschenberg (Elsdorf/Erftkreis) nimmt in der Archäologie der rheinischen Braunkohlengebiete eine absolute Sonderstellung ein, denn sie (respektive ihre Fundamente und Überreste) musste nicht von Archäologen entdeckt werden – die Burg, deren Wahrzeichen ein 22,5 Meter hoher Wohnturm war, hat als ein weithin sichtbares Ganzes das Bild des Hambacher Forstes wesentlich mitgeprägt. Sie musste 1999 – wie zuvor der Forst und mit ihm ungezählte Spuren menschlicher Besiedlung – dem Braunkohlentagebau weichen. Bevor sich die Bagger dem Standort Reuschenberg näherten, erhielten Mitarbeiter des LVR-Amtes für Bodendenkmalpflege im Rheinland zwischen 1997 und 1999 die Gelegenheit, sich intensiv mit der Burg, die ansonsten undokumentiert dem Tagebau zum Opfer gefallen wäre, zu befassen. Bauhistorisch wurden daraufhin die im Herrenhaus erhaltene spätmittelalterliche Bausubstanz (etwa die südliche Giebelwand mit einst repräsentativer Kaminanlage) sowie der Turm untersucht und erfasst. Zudem wurde das Grabungsgelände schrittweise auf eine Fläche von etwa 40 000 Quadratmetern ausgedehnt, um die archäologischen Befunde möglichst umfassend dokumentieren zu können.

Johann von Reuschenberg hatte die Burg seines Vaters vor einem Tag verlassen. Er war nach Bergheim geritten, um sich im Schutze eines Geleitzuges, den der allergnädigste Landesherr, der Herzog von Jülich, eingerichtet hatte, nach Köln zu begeben. Sein Vater, Franz von Reuschenberg, hatte ihm einen Brief mitgegeben, den er dem Landkomtur der Deutschherrenbalei Altenbiesen übergeben sollte. Der war ein weitläufiger Verwandter, er hieß Heinrich von Reuschenberg, entstammte der Linie, die in Setterich residierte – er hatte im Deutschen Orden eine glänzende Karriere gemacht und er war der berühmteste Träger des Namens derer von Reuschenberg.

Johann war 18 Jahre alt, er bewunderte den Oheim, wie er den Komtur nannte – und er wollte sich dem Orden anschließen, er wollte Deutschherr werden, gegen Türken und andere Heiden kämpfen. Sein größter Wunsch war es, vom Oheim persönlich zum Ritter geschlagen zu werden. Der Vater hatte sich bereit erklärt, ein gutes Wort beim Deutschherrenkomtur einzulegen. Wegen des schrecklichen Krieges, der nun schon seit drei Jahren die Länder am Rhein, vor allem aber das Erzstift Köln verheerte, hatte sich Johann entschieden, sich dem Jülicher Konvoi anzuschließen.

In Bergheim haben sich an diesem heißen Julitag *anno Domini* 1583 etwa 1000 Personen eingefunden, um – wie an jedem Donnerstag – einen „Konvoi" zu bilden, wie man hier zu sagen pflegt, einen von Bewaffneten eskortierten Wagenzug zum Wochenmarkt nach Köln. Es sind Händler und Marktgänger, aber auch Edelleute, einige Bürger aus Köln, die in ihre Stadt zurückkehren wollen, Bauern, die ihre Produkte in der Stadt verkaufen wollen, Männer, Frauen und Kinder, die sich angesichts der Unsicherheit auf den Straßen gemeinsam auf den Weg machen, auf Fuhrwerken und mit Handkarren, zu Pferd und zu Fuß. Der Jülicher Konvoi gilt als sicher, seitens der Soldateska des abgesetzten Erzbischofs, des Herrn Gebhard, und seiner niederländischen Verbündeten, droht keine Gefahr mehr. Die letzte Stadt, die sie in Besitz gehalten hatten, Neuss, war vor zwei Wochen von spanischen Truppen erobert worden, die der rechtmäßige Erz-

bischof, der edle Herr Ernst von Bayern, um Hilfe gebeten hatte.

Der Konvoi wurde von einem Offizier des Herzogs, einem Herrn von Efferen, befehligt, ein tüchtiger Mann, der dafür gesorgt hatte, dass die Fuhrwerke wie eine Wagenburg formiert waren; zivile Reiter wie Johann von Reuschenberg sowie die Masse der Fußgänger hatte man in die Mitte genommen und zu aller Belustigung ließen einige Spielleute ihre Pfeifen und Trommeln erklingen.

Kurz nach Mittag näherte sich der Zug dem Dorf Junkersdorf. Die vielen Kirchtürme der Reichsstadt Köln waren schon in Sicht, die strenge Ordnung der Wagenburg war längst aufgegeben, die Leute waren unachtsam geworden, man zerstreute sich, ein jeder ging seines Wegs. Der Herr von Efferen, das hatte Johann gesehen, war vorausgeritten – doch plötzlich scheute sein Pferd und er stürzte. Es fielen Schüsse, Efferen rappelte sich hoch, rannte zum Konvoi zurück, brüllte Befehle, man solle die Wagenburg schließen, und dann sah Johann, dass der Konvoi von Kriegsknechten angegriffen wurde – von allen Seiten.

„Allmächtiger Gott", flüsterte Johann, „steh' mir bei."

Der „Kölnische Krieg" (auch „Truchsessischer Krieg" genannt) war im Frühjahr 1583 ausgebrochen, nachdem der Kölner Erzbischof und Kurfürst Gebhard Truchsess von Waldburg, seit 1577 im Amt, bekannt gegeben hatte, er werde zum Calvinismus übertreten und eine Düsseldorfer Stiftsdame heiraten. Auf Eingebungen protestantischer Kreise wollte er allerdings nicht auf seine geistliche Würde und die eines Kurfürsten des Heiligen Römischen Reichs deutscher Nation verzichten – was weder vom Reichsrecht noch vom Augsburger Religionsfrieden noch vom Landrecht des kurkölnischen Staates gedeckt wurde. Gut gemeinte Ermahnungen seitens des Papstes wie des Kaisers schlug Gebhard in den Wind. Im Februar ließ er sich in Bonn trauen und an Kirchtüren und Stadttoren seine „Christliche Erklärung in Religionssachen"

Freilegung des südöstlichen Turmfundaments vor der Zerstörung der Burg im Jahr 1999.

anschlagen. Darin wurden seine Trennung von der katholischen Kirche und sein Entschluss, das Erzstift dennoch zu behaupten, öffentlich verkündet. Im linksrheinischen Erzstift regte sich Widerstand gegen Gebhard, nicht zuletzt das Kölner Domkapitel und die Stadt Köln machten in Erklärungen deutlich, dass sie nicht gewillt seien, diesen Schritt hinzunehmen. Im Herzogtum Westfalen, das dem Kurfürsten ebenfalls unterstand, waren ihm die Stände mehrheitlich ergeben, in mehreren Städten ließ Gebhard neben dem protestantischen Gottesdienst den katholischen bestehen. Erst als das Domkapitel die päpstliche Absetzungsbulle gegen ihn verkünden ließ, begann der Kurfürst das bei seinen reformierten Freunden übliche Bilderstürmen. „Es fehlte nicht an den rohesten Entehrungen dessen, was den Katholiken heilig ist", schreibt ein Chronist, „in einem westfälischen Städtchen ist er, besoffen wie er war, mit dem von ihm verordneten Superintendenten und vielem Volk in die Kirche eingedrungen, sie haben die Altäre mit den Bildnissen zerschlagen, ja er selbst hat mit eisernem Hammer einen Altarstein zerschmettert."

Am 22. März 1583 hatte Papst Gregor XIII. die Absetzungsbulle wider Gebhard, der „mit Hauptketzern verschiedener Sekten einen beständigen Umgang gehabt hat" und zuletzt in „schändlicher, ruchloser und gotteslästerlicher Weise eine Ehe angetreten hat", siegeln lassen und das Domkapitel aufgefordert, einen neuen Erzbischof zu wählen. Zwei Monate später fand in Köln die Wahl statt, sämtliche Stimmen der 17 anwesenden Domherren erhielt ein Wittelsbacher, Ernst von Bayern, Bischof von Lüttich. Großen Rückhalt sollte Ernst in der Person des ersten ständigen Nuntius in Deutschland finden, der seinen Sitz in Köln genommen hatte.

Gebhard indessen nahm seine Absetzung nicht hin. So kam es zum offenen Krieg um das Erzstift, der großes Elend über die Länder beiderseits des Rheins bringen sollte. Einer der Verbündeten Gebhards, der Pfalzgraf Kasimir, zog starke Truppenverbände zusammen und eroberte im August Kloster und Stadt Deutz, die in Flammen aufgingen. Was das Feuer verschonte, ließ der Kölner Rat nach Abzug der Truchsessischen niederreißen, um zu vermeiden, dass sich feindliche Söldnerscharen in unmittelbarer Nähe der Reichsstadt einnisten konnten. Aber auch die Verbündeten des neuen Erzbischofs, darunter bayerische und spanische Truppen, taten sich durch gnadenloses Wüten hervor – nach der Einnahme Bonns wurden die Bürger, die zur Partei des geächteten Gebhard gehörten, gefoltert und hingerichtet. Und bei der Wiedereroberung von Neuss, das ein Parteigänger Gebhards mit Hilfe niederländischer Truppen besetzt hatte, richteten die eindringenden Spanier am 24. Juni 1586 ein Blutbad unter der Bevölkerung an. An die 2000 Einwohner sollen sie niedergemacht und die Stadt größtenteils zerstört haben. Gebhard hatte den Kampf schon vorher aufgegeben und sich nach Straßburg geflüchtet – der „Kölnische Krieg" war erst im September 1587 beendet, als sich Ernst von Bayern in unbestrittenem Besitz des Erzstiftes wähnen konnte. Doch durch das Eingreifen von Spaniern wie Niederländern blieben die rheinischen Territorien Kriegsschauplatz – der niederländische Freiheitskampf wurde auch am Niederrhein ausgetragen.

Auf der Severinstraße in Köln herrscht große Aufregung.

„Herr, ein Mann, er blutet, er ist leicht verletzt, möchte Euch sprechen!"

Der Diener des Landkomturs ist sehr aufgeregt.

„Der Mann sagt, er hieße Johann von Reuschenberg, er sei ein Verwandter von Euch!"

Heinrich von Reuschenberg, der gerade die Abrechnungen der Kommende Gemert im Herzogtum Brabant nachgeprüft hatte, springt auf.

„Bring den Mann herein, Berthold, und hol einen Wundarzt! Und beeil dich!"

Berthold, der Kammerdiener des Landkomturs, stützt den jungen Mann, als er ihn ins Kontor führt.

„Johann, meines Vetters lieber Sohn, was ist passiert?"

Der Diener hat es geschafft, den jungen Mann in einen Ledersessel zu platzieren. Johann hält ein schmutziges Tuch an seinen linken Arm. Er ist erschöpft, sein Blick wirkt gehetzt. Der Kammerdiener verlässt eilig den Raum.

„Oheim, in was für Zeiten leben wir? Wisst Ihr, was ich soeben erlebt habe, da draußen vor der Stadt? Ein schauderhaftes, grausames Morden, eine Straßenschinderei ohnegleichen – begangen von Kriegsknechten des Kurfürsten, des rechtmäßigen Herrn Erzbischofs!" Johann stöhnt und hält sich die Hände vors Gesicht, die Wunde am linken Arm blutet wieder.

„Beruhige dich, mein lieber Sohn, ein Doctor wird dich gleich verbinden, und dann erzählst du mir, was du erlebt hast!"

Heinrich von Reuschenberg ging seinem Kammerdiener entgegen. Berthold entschuldigte sich, er habe nur einen Bader auffinden können, alle Chirurgen seien auf dem Weg nach Junkersdorf, der ehrbare Rat habe es so befohlen.

„Der Jülicher Konvoi ist überfallen worden, gnädiger Herr, es heißt, 300 brave Christenmenschen seien erschlagen worden. Viele unserer Bürger sind mit Flaschen und Geschirr aufgebrochen, um die Verwundeten zu laben."

Es herrscht große Aufregung in Köln an diesem 3. Juli 1586. Um zwei Uhr nachmittags war die Nachricht in der Stadt eingetroffen. Der Kölner Chronist des 16. Jahrhunderts, Hermann von Weinsberg, notiert in sein Tagebuch: „Die Bürger und viel Volk, jung und alt, sind aufs Feld hinter Melaten gelaufen, sie haben Wein, Bier, Konfekt mitgenommen, die Verwundeten gepflegt und die Toten gesehen, einige Verwundete wurden nach Köln gebracht, etliche zurück nach Bergheim und in ihre Dörfer. Vorerst war die Rede von 200 Toten, 100 Verwundeten, 50 Gefangenen." Unter den Opfern waren auch Nachbarn und Bekannte Weinsbergs, er schreibt, der Rat habe angeordnet, die Verwundeten, deren Zahl im Laufe des Tages immer mehr anwächst, in Herbergen, Scheunen und Ställen unterzubringen. „Allen Balbierern und Wundärzten ward befohlen, die Verwundeten zu verbinden und zu versorgen, viele fromme Leute besuchten die armen Opfer, brachten ihnen köstliche Speise und Trank."

"Wer hat dieses scheußliche Verbrechen begangen?"

Der Landkomtur war ins Haus an der Severinstraße zurückgekehrt. Er habe seine Brüder in der Kommende St. Katharina gebeten, so viele Verwundete aufzunehmen, wie es ihnen möglich sei.

"Noch einmal, mein Junge: Bist du sicher, dass es das Kriegsvolk unseres gnädigen Herrn Ernst war, das dieses Massaker begangen hat?"

Johann von Reuschenberg ging es etwas besser, er war inzwischen verbunden worden, man hatte ihm reichlich zu essen und zu trinken gegeben. Er richtete sich auf.

"Ja, lieber Oheim, es waren Spanier, einen Offizier habe ich sogar erkannt, Marco di Marcio, den Obersten über die Reiter, seine Spanier und erzstiftisches Fußvolk, das in Worringen und Rodenkirchen in Garnison lag, haben sich aufgemacht, um dem Konvoi aufzulauern, weil sie erfahren hatten, dass viel Geld und Gut zu erbeuten war; sie versteckten sich in Kirchen, hinter Ställen, auf Bäumen – und als sie des Konvois ansichtig wurden, griffen sie sofort an, von allen Seiten kamen sie angestürmt, sie schossen und stachen auf alles ein, was ihnen vor ihre Waffen kam, sie warfen Fackeln in die Wagen, die zu brennen begannen, es hob ein furchtbares Hauen und Stechen an, alle schrien durcheinander. Kein Mensch wurde verschont, niemand, ob er sich wehrte oder nicht, wer er auch war, von Stand oder unedel, Mann oder Frau, Jungfrauen, Kinder, klein oder groß, man schoss auf sie, hieb und stach in sie ein wie in einen Heuhaufen. Jungfrauen und junge ehrsame Matronen wurden elendig geschändet, selbst schwangere Weiber haben sie nicht verschont, diese Mordgesellen, und als sie nun fast alles ermordet, plünderten sie die Erschlagenen, die übrigen, die noch lebendig waren, mussten sich nackt ausziehen oder bis aufs Hemd, und dann wurden sie gefangen weggeführt. Gott sei ihrer Seele gnädig."

Der Landkomtur schüttelte den Kopf.

"Schändliche Mordbuben, die so etwas vollbringen! Der Kurfürst muss sie bestrafen, das ist er dem Herzog und der Stadt Köln schuldig."

Dann fragte er Johann, wie er entkommen sei. "Er habe sich unter einem Berg von Leichen tot gestellt", sagte Johann, und als einige von ihrem schrecklichen Tun berauschte Söldner sich um die Beute stritten, sei er in ein nahes Gebüsch gelaufen, wo er sich verstecken konnte.

"Und am Nachmittag kamen dann schon die ersten Kölner Bürger, ich rannte ihnen entgegen."

Die Kölner hätten sich äußerst hilfsbereit und barmherzig gezeigt, ein Kaufmann habe ihn schließlich in die Stadt gebracht.

"Johann, mein Junge", der Landkomtur stand auf, "heute noch schicke ich einen Boten zur Burg Reuschenberg – dein Vater soll wissen, dass dir nichts Ernsthaftes geschehen ist."

Die archäologischen Untersuchungen brachten auch frühneuzeitliche Lederschuhe zutage.

Das Adelsgeschlecht von Reuschenberg gehörte zu den bedeutendsten Familien des Jülicher Landes. Bereits am Ende des 12. Jahrhunderts wurde in Reuschenberg eine erste Burg erbaut, eine so genannte Motte, mit einem umfangreichen Grabensystem und dem zentralen Burghügel, um den herum eine Siedlung errichtet war. Im 16. Jahrhundert erfolgte dann der Bau einer großen, repräsentativen Backsteinanlage, die aus einem mehrstöckigen Hauptgebäude mit Türmen an der Südflanke, weiteren Wohnbauten und einem Wohnturm bestand. Bis in das 19. Jahrhundert blieb diese Anlage in wesentlichen Teilen erhalten.

Unter den Funden: ein Silbergulden mit dem Porträt des späteren Kurfürsten Philipp Wilhelm von 1674.

Die erste gesicherte urkundliche Erwähnung des Hauses Reuschenberg stammt aus dem Jahr 1355, da soll Kuno von Reuschenberg als Amtmann in Bergheim amtiert haben. Er wird noch einmal 1378 in einer Urkunde zugunsten des Erzbischofs Friedrich von Saarwerden erwähnt. Kuno hatte durch Heirat mit Nesa von Setterich die Herrlichkeit Setterich erworben und war der Stammvater der Setterricher Linie derer von Reuschenberg. Auf der Stammburg bei Elsdorf residierte damals sein Bruder Johann von Reuschenberg; dessen Sohn, ebenfalls Johann mit Namen, siegelte bereits mit dem Reuschenberger Wappen (Querbalken, überhöht mit drei Vögeln). Dieser Johann war mit Katharina von Heinsberg verheiratet, die ein reiches Erbe in die Ehe einbrachte. Die Söhne aus dieser Ehe, Konrad, Heinrich und Harper, teilten dann im Jahre 1439 die Güter ihrer Eltern – der älteste, Konrad, erhielt die Stammburg bei Elsdorf mit allem Zubehör.

Aus dieser Linie stammte Franz von Reuschenberg, der seit 1557 als Besitzer der Burg Reuschenberg genannt wird. Er war Hofmeister des Herzogs von Jülich und hatte Hermonna von Steprode zu Gönningen geheiratet. Als Kinder aus dieser Ehe sind Johann, Heinrich (nicht der Landkomtur!), Anna, Margareta und Maria Sophia namentlich bekannt.

Der Landkomtur der Deutschordensballei Aldenbiesen, Heinrich von Reuschenberg, wurde 1528 auf der Burg in Setterich geboren. 1547 wurde er in den Deutschen Orden aufgenommen, in dem er schnell Karriere machen sollte. Seit 1550 war er für die Erträge der rheinischen Güter der Ballei (einer größeren Verwaltungseinheit des Ordens) zuständig, 1551 wurde er zum Komtur der begüterten Kommende Ramersdorf befördert. Nach zwei Jahren als Komtur der Kommende St. Ägidius (Aachen) ernannte man ihn schließlich im Jahre 1566 zum Stellvertreter des Aldenbiesener Landkomturs, damit verbunden war das Amt des Baumeisters des Ordens. Im Jahre 1572 wurde er schließlich Landkomtur der reichen linksrheinischen Ballei, die sich bis in die südlichen Niederlande erstreckte.

Dass man ihn später den „zweiten Gründer" der Ballei Altenbiesen nannte, hat verschiedene Gründe: Zum einen ließ Heinrich von Reuschenberg die im Bau befindliche Kommende in Aldenbiesen vollenden, dann wurde auf seine Anregung hin die – 1542 zerstörte – Kommende in Siersdorf im Renaissancestil wiederhergestellt. Zudem ließ er einen Gutshof in Blatzheim zu einer Wasserburg umbauen, die als Landsitz des Komturs diente (und heute noch „Kommandeursburg" heißt), und nicht zuletzt hat er in Köln die Kommende Jungen-Biesen gegründet, indem er 1573 das Haus zum Bierbaum in der Severinstraße und einige Jahre später den benachbarten Bonnerhof erwarb. 1582 begann man mit dem Umbau dieses Hofes, im Oktober des gleichen Jahres waren – laut Hermann von Weinsberg – die Arbeiten im Haus Bierbaum, das zum Wohnhaus des Komturs bestimmt war, in vollem Gange. Der Hochmeister des Deutschen Ordens hat 1601 die neue Gründung bestätigt. Nicht unerwähnt sollte bleiben, dass der Komtur der Universität Köln zwölf Stipendien stiftete. Hermann von Weinsberg nennt ihn einen „wohledlen, gestrengen, ehrwürdigen Herrn".

Nach zwei Wochen verabschiedete sich Johann von Reuschenberg.

„Seid bedankt, lieber Oheim, für alles, was Ihr für mich getan habt – und vergesst darüber hinaus nicht, was Ihr mir versprochen habt: Ihr wollt Euch dafür einsetzen, dass ich in Euren Orden aufgenommen werde."

Der Landkomtur lächelte. Er deutete auf das Karmeliterkloster, das sich nicht weit entfernt von der Kommende befand: „In der Kirche der Karmeliterbrüder werde ich Dich persönlich zum Ritter schlagen, mein Sohn, das ist Dir versprochen."

Er umarmte den Neffen und hielt das Pferd am Zaumzeug, bis Johann aufgesessen war. „Grüß mir den Herrn Vater, meinen Vetter, und grüß mir die ganze Familie auf Reuschenberg. Und sei vorsichtig auf dem Heimweg – auch heute noch lauern Wegelagerer hinter jedem Busch. Gott sei mit Dir."

Er hatte dem jungen Herrn vier Reisige als Begleiter bereitgestellt. Momentan waren die Straßen sicher – der edle Herr Ernst, der allergnädigste Kurfürst und Erzbischof, hatte sich beim Rat der Stadt Köln inzwischen mehrfach dafür entschuldigt, dass solches Morden seitens seiner Garnisonen geschehen sei. „Es täte ihm herzlich leid", hatte er ausrichten lassen, vor Gott dem Allmächtigen beteuerte er seine Unschuld, und dann hatte er Kommissare in die Reichsstadt geschickt, die die Überlebenden befragten. Etliche Anstifter und die schlimmsten Mordbuben waren dann hingerichtet worden, darunter – so hatte man Heinrich von Reuschenberg mitgeteilt – auch ein Mohr, der dem Kurfürsten vorher lieb und teuer gewesen sein soll. Die erzstiftischen Truppen waren zu äußerster Disziplin ermahnt worden, jeglicher Übergriff gegen Reisende sollte fortan mit dem Tod bestraft werden.

Und so verließ Johann von Reuschenberg die Reichsstadt Köln und erreichte sicher die väterliche Burg.

Heinrich von Reuschenberg starb am 30. März 1603 im Alter von 75 Jahren in Köln. In einer Kapelle des Karmeliterklosters am Waidmarkt fand er seine letzte Ruhestätte – dort errichtete man ihm ein prächtiges Grabdenkmal.

Johann von Reuschenberg trat allerdings nicht in den Deutschen Orden ein, er wurde Jülicher Hofmeister wie sein Vater. Seine Ehe mit Agnes von Brempt blieb kinderlos. Als er 1622 starb, ging die Burg Reuschenberg in den Besitz seiner Schwester Margareta über.

Zum Jahreswechsel 1998/99 wurde die Burg Reuschenberg abgerissen, das Gelände ging im Tagebau auf. Nachdem die Archäologen seit 1997 ihre Untersuchungen auf das Umfeld der Burg konzentriert hatten, wurden nach Abschluss der Abrissarbeiten Grabungen im Kernbereich der Burganlage durchgeführt. Von den zahlreichen bemerkenswerten Fundstücken seien an dieser Stelle nur einige genannt. Hochmittelalterliche Schuhe, die man im Graben der frühesten Burg, der Motte, entdeckte, ein Büchsenlauf aus dem 16. Jahrhundert, ornamental verzierte Bodenfliesen des frühen 16. Jahrhunderts und reiche Glasfunde, darunter Pass- und Stangengläser aus dem frühen 16. Jahrhundert, ein Silbergulden des späteren Kurfürsten Philipp Wilhelm von der Pfalz, der als Graf von Pfalz-Neuburg auch Herzog von Jülich-Berg war; geprägt wurde die Münze im Jahre 1674 in Neuburg an der Donau. Gefunden hat man sie auf der Sohle des Hausbrunnens der Burg. All diese Fundstücke vermitteln spannende Einblicke in das wechselvolle Leben auf einer Burganlage, die vom Hochmittelalter bis in die frühe Neuzeit als Sitz rheinischer Adelsfamilien diente.

A FULGURE ET TEMPESTATE
LIBERET NOS CORPUS
ET SANGUIS CHRISTI
S ANNA ET S CATHARINA
ORENT PRO NOBIS
M GÖRT VON STUMMEL
UND MARGARETHA BARTELS
GOSSEN MICH
A S 1660

Fest gemauert in der Erden

Eine Glockengussstelle bei St. Pankratius in Garzweiler

Einen außergewöhnlichen Fund machten die Archäologen im Bereich der „Alten Kirche" von Garzweiler, die bereits in der Mitte des 19. Jahrhunderts niedergelegt und 1858–1860 durch einen neogotischen Neubau ersetzt worden war. Den Neubau hatte man damals etwa 20 Meter nördlich der alten Pfarrkirche errichtet, sodass im Rahmen der archäologischen Untersuchung des gesamten Geländes auch der Vorgängerbau und das Umfeld der Kirchen in den Blick rückten. Im Zuge der Ausgrabungen, die zwischen 1999 und Januar 2001 dann vorgenommen wurden, stieß man, kaum zwei Meter von der südlichen Außenmauer des romanischen Kirchenbaus entfernt, auf einen Kranz aus Feldbrandziegeln, Holzkohlereste, gebrannten Lehm sowie kleine Bronzestückchen, was zunächst vermuten ließ, dass es sich um einen Schmelzofen zur Metallverarbeitung handelte. Beim Bearbeiten des Befundes wurden auch kleine Bronzeklümpchen und verziegelter Ton geborgen – weitere Fragmente mit anhaftenden Bronzeresten und im Ton eingelegten organischen Fäden ließen schließlich keinen Zweifel mehr daran, dass es sich bei dem Befund um eine Glockengussstelle handelte.

Der Präfekt, wie ihn alle nannten, war zufrieden.

Als Vertreter der Pfarrgemeinde St. Pankratius in Garzweiler war er in die freie Reichsstadt Köln aufgebrochen, um einen wichtigen Auftrag auszuführen. Und er dachte voller Genugtuung daran, dass der Pfarrer in seiner Predigt gesagt hatte, nur er, Johann Roland Weierstrass, ein Mann von Ehre und Vermögen, sei imstande, einen gottesfürchtigen, zuverlässigen Glockengießer ausfindig zu machen, der die Glocken für den neuen Kirchturm fertigen sollte. Und Weierstrass war natürlich fündig geworden – man hatte ihm einen ehrbaren Mann empfohlen, der schon einige Glocken für Kölner Gotteshäuser gegossen hatte, den Meister Goerd von Stommel, der sich darüber hinaus im gesamten Erzstift eines guten Rufes erfreute.

Zweimal hatte Weierstrass mit dem Glockengießer verhandelt, in dessen kleiner Werkstatt in der Brückenstraße. Dort zeichnete Goerd von Stommel lediglich seine Schablonen, die zum Modellieren benötigt wurden. Auf die Frage des Präfekten, wo er denn die Glocken zu gießen gedenke, antwortete der Meister, ganz in sich ruhend: „Neben Eurer Kirche, hochverehrter Herr, neben Eurer Kirche. Ihr solltet lediglich die Metallstoffe besorgen und wenn genug Metall vorhanden ist, werde ich die Glocken für Eure Kirche an Ort und Stelle machen."

Auch über den Arbeitslohn war man sich schnell einig geworden: Der Meister hatte als Lohn für seine Arbeit – er sollte gleich zwei Glocken gießen – einen vernünftigen Preis genannt, auf den Weierstrass, voller Erleichterung, sofort eingehen konnte: „Meister, schlagt ein, das Geschäft soll sein!"

So hatten die beiden Männer mit Handschlag vereinbart, dass Stommel nach Garzweiler kommen sollte, sobald die Gemeinde genug Gussmaterial, Kupfer und Zinnmetalle aufgekauft habe.

„Und wundert Euch nicht", das waren die letzten Worte des Glockengießers, „wenn ich einen Gesellen mitbringe, der Griet heißt, ja, Griet, Margaretha Bartels, ein starkes Weib, das Glocken zu fertigen versteht wie sonst nur ein Meister."

Die Ortschaft Garzweiler (*gartzwilre*) wird erstmals im Jahre 1283 in einer Urkunde des Kölner Stifts St. Maria *ad gradus* erwähnt. Es wird aber angenommen, dass der Ort schon im 7. oder 8. Jahrhundert bestanden haben könnte. Gesichert ist, dass das Gelände noch im 10. Jahrhundert – parallel zu seiner Trockenlegung – besiedelt war, was bisher vor allem durch den Brunnen und einen Erdkeller (der aller Wahrscheinlichkeit nach unter einem Haus angelegt worden ist) belegt ist. Vermutlich im Verlauf des 11. Jahrhunderts entstanden wenig nördlich des Erdkellers ein Grubenhaus und ein größeres Gebäude. In dieser Zeit wurde vermutlich auch die erste Kapelle erbaut. Das gesamte Gelände war damals bereits durch Umfassungsgraben und -wall geschützt. Für das Jahr 1302 ist eine *capella* in Garzweiler dokumentiert, der Vorgängerbau der „Alten Kirche", in dessen Nähe ein Gefolgsmann des Grafen von Jülich eine Hofstätte besaß. Der Kirchhof der Kapelle wurde 1434 zu einem Fluchtkirchhof (in dem in kriegerischen Zeiten auch Tiere untergebracht werden konnten) ausgebaut und erweitert.

Damals war die dem hl. Pankratius geweihte Kapelle eine Filialkirche von Gustorf, einer der ältesten Pfarreien des Kölner Erzbistums. Die Gustorfer Kirche St. Maria Himmelfahrt (Ersterwähnung 1070, eine Pfarrkirche wird zuerst 1269 genannt) war erzbischöfliche Eigenkirche, Gustorf gehörte zum kurkölnischen Amt Liedberg.

Erst im Jahre 1609 erhielt die Kapelle in Garzweiler das Pfarrrecht. 1660 ist dann erstmals ein Kirchturm erwähnt – und der sollte natürlich mit Glocken bestückt sein. Denn jede Pfarrkirche hatte ihre Glocken, bis zum Ende des 14. Jahrhunderts mehrere, die zu unterschiedlichen Zeiten und Anlässen, Mess-, Mittags-, Abend- oder Totenläuten, erklangen. Dann aber, nach der Entwicklung der so genannten „gotischen Rippe", der auch heute noch verwendeten Glockenform (damit konnten der Schlagton präziser festgelegt und aufeinander abgestimmte Glockentöne geschaffen werden), sind in den meisten Pfarrkirchen des Erzstiftes neue Glocken eingesetzt worden – und dieser „Glockenboom" hat zugleich die Entwicklung eines leistungsfähigen Glockengie-

ßerhandwerks begünstigt. In der Eifel, wo man auf eine lange Glockengusstradition zurückblicken kann, wurde das Handwerk von miteinander verwandten „Wandergießern" aus Belgien und Luxemburg ausgeübt. Im rheinischen Raum entstanden vor allem in Köln, Düren, Venlo und Aachen Gießereien, die überregionale Bedeutung erlangten, deren Mitarbeiter aber weiterhin auch als Wanderarbeiter Glocken an Ort und Stelle fertigten, um den schwierigen, kostenaufwändigen Transport auf den unbefestigten Straßen zu vermeiden.

Einen erheblichen Zuwachs an Ansehen – und damit war zumeist auch der soziale Aufstieg verbunden – war den Glockengießern besonders im Laufe des 16. Jahrhunderts beschieden, als sie mehr und mehr auch im verwandten Handwerksbereich des Kanonengusses tätig wurden.

Johann Roland Weierstrass staunte nicht schlecht – Meister Stommel hatte sein Wort gehalten. Genau am vereinbarten Tag, zu Beginn des Monats Mai *anno Domini* 1660, erschien er in Garzweiler. Weierstrass und der Dorfgeistliche, Pater Anton Heiden, erwarteten den Glockengießer vor dem Kirchhof. Goerd von Stommel brachte seine Lehrjungen mit – und, wie versprochen, eine große, starke Maid, die eine schwere Lederschürze über Männerhosen trug, das musste „dat Griet" sein, dachte Weierstrass. Sie hatte ein ebenmäßiges ernstes Gesicht, ihre Hände, das fiel dem Präfekten aber gleich auf, waren für eine Weibsperson viel zu groß und grob.

Auf einem Karren, von einem klapprigen Maultier gezogen, hatten die Glockengießer ihr gesamtes Werkzeug geladen.

„Gott sei mit Euch, Meister, wo wollt Ihr Euer gottgesegnetes Handwerk ausüben?

Genug Metall ist im Übrigen da, alle hier im Dorf haben etwas dazugegeben, der eine mehr, der andere weniger", sagte Weierstrass und setzte eine selbstzufriedene Miene auf. Er hatte natürlich das meiste Geld gespendet.

Goerd von Stommel verbeugte sich vor dem Pfarrer, dann sah er sich um, „hier" – er deutete auf den

Platz vor der Kirchenwand – „hier werden wir die Gussgrube ausheben."

Zugleich wies er seine Leute an, das Werkzeug abzuladen und die Formbank aufzustellen. „Was um Himmels willen ist denn eine Formbank?", fragte sich Weierstrass.

Dann hörte er wie Stommel sagte: „Danach machen wir erst einmal Brotzeit" – und der Präfekt dachte: Gute Idee, denn auch er hatte Hunger.

„Gegossen wird die Glocke aber erst am Freitag, das ist Tradition in unserem Handwerk, zur Todesstunde Christi", sagte der Meister nach einer Weile, „doch damit der Guss gelingt, müssen wir alle vorher beten, es wäre schön, wenn Ihr auch kämet, verehrter Herr, und natürlich auch der Herr Pfarrer."

Wie seit dem Hochmittelalter Glocken gegossen wurden, ist in einer bemerkenswerten Schrift überliefert, in dem um 1100 entstandenen Werk *De diversis artibus* des Theophilus Presbyter, eines Benediktinermönchs, der nach 1100 vermutlich im Reichskloster Helmarshausen lebte (man nimmt an, dass er mit dem Goldschmied Rogerus von Helmarshausen identisch ist, der von 1107 bis 1125 tätig war); in dieser Schrift behandelt der Autor viele Tätigkeitsfelder klösterlicher Handwerkskultur, darunter den Glockenguss

Die neogotische Pfarrkirche St. Pankratius von Garzweiler.

Unweit des ehemaligen romanischen Kirchenbaus entdeckten Archäologen eine Glockengussstelle. Dort goss man 1660 die Glocken für die „Alte Kirche", die im Ersten Weltkrieg eingeschmolzen wurden.

(de campanis fundendis) und das Glashandwerk. Seit dem frühen Mittelalter waren die Klöster nicht nur Träger des Bildungswesens gewesen, in Klöstern wurden auch „technische Künste" ausgeübt; so wurde auch die Glockengießerei von Mönchen betrieben – sie gossen die Glocken zumeist außerhalb ihrer Kirchen, wie Funde der vergangenen Jahre bestätigten. Wahrscheinlich handelt es sich bei einem metallverarbeitenden Ofen des 10. Jahrhunderts, der beim Reichskloster St. Emmeran (Regensburg) ausgegraben wurde, um eine frühe Glockengussanlage. Ebenfalls außerhalb der Klosterkirche ist im 14. Jahrhundert der Glockenguss im Zisterzienserkloster Bebenhausen durchgeführt worden – um nur zwei Beispiele zu nennen.

Das damalige Glockengussverfahren ist, so wie es Theophilus schildert, nicht übermäßig kompliziert, in den wichtigsten Arbeitsstufen stellt sich die Herstel-

lung von Bronzeglocken in etwa so dar: Als Formgerät verfügte der Gießer über eine hölzerne konische Drehspindel, die auf zwei Böcken, der Formbank, horizontal gelagert war. Zunächst formte der Gießer den Kern der Glocke, indem er schichtweise Töpfererde, oft auch Lehm mit Pferdemist um die Spindel legte und trocknen ließ. Hatte die aufgetragene Menge an Töpfererde, die ja dem Inneren der Glocke entsprechen sollte, die gewünschte Größe erreicht, wurde sie, während ein Lehrling die Spindel drehte, mit so genannten Drehsticheln bearbeitet und geglättet. Dann formte der Meister die „falsche Glocke", die auch als „Hemd" oder „Dickung" bezeichnet wurde. Dazu wurde Fett, hauptsächlich Talg, gut durchgeknetet und auf einem Rollbrett zu Tafeln von gleichmäßiger Stärke ausgewalzt. Diese Tafeln legte man um den Kern und formte sie mithilfe eines hei-

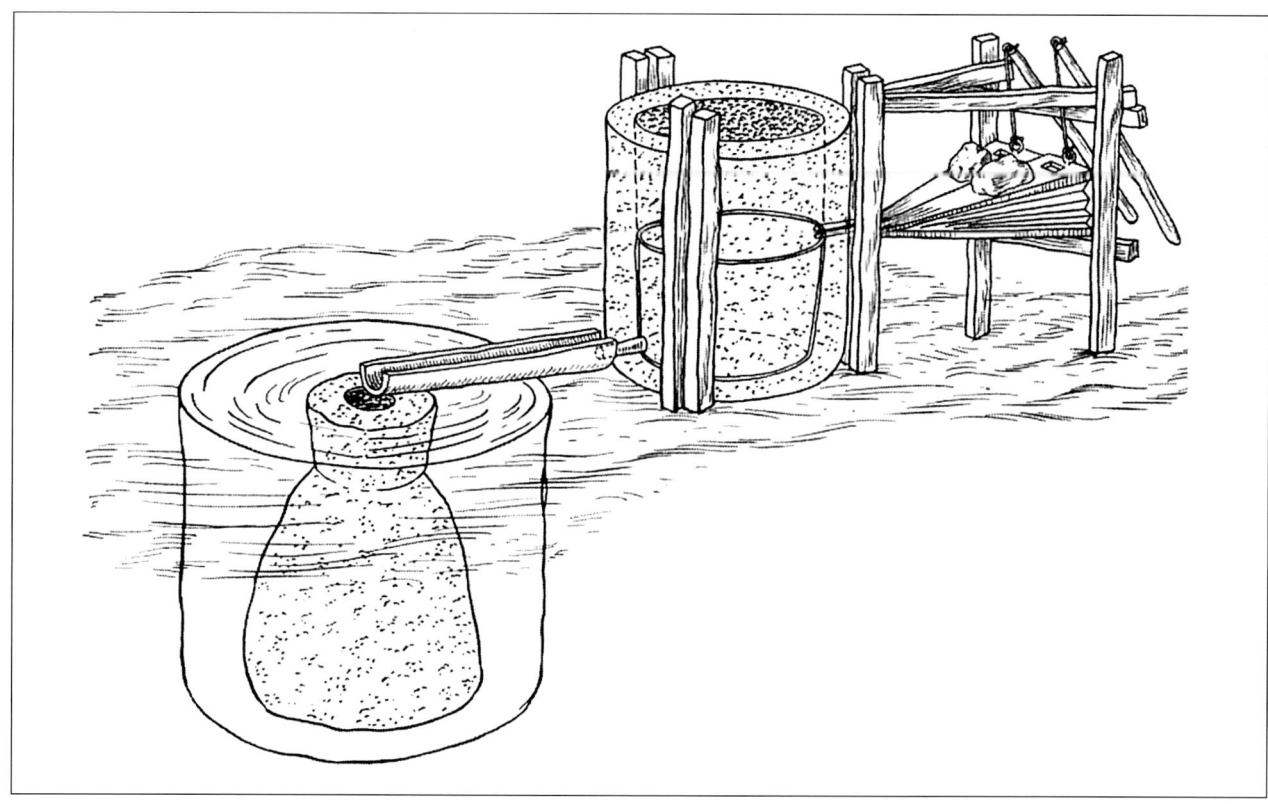

So sah eine mittelalterliche Glockenguss-stelle aus. Rekonstruktionszeichnung nach Theophilus Presbyter.

ßen Eisens zu einer einheitlichen Wandstärke. Das aus Talg gebildete Glockenmodell wurde dann mit einem sorgfältig zubereiteten Formmantel aus Ton bestrichen, den man nach dem Trocknen immer wieder verstärkte. War eine hinreichende Festigkeit der Form gewährleistet, nahm man sie vom Drehgestell. Unter leichtem Klopfen zog der Gießer die Spindel heraus, richtete die Form auf und verschloss die obere Öffnung des Kerns mit Lehm. Schließlich legte man die getrocknete Form auf die Seite und höhlte den Kern so weit aus, dass die Stärke seiner Wandung nicht dicker als ein Fuß maß. Die fertige Form setzte der Gießer in eine Grube auf einen Sockel und mauerte um sie herum den Ofen (mit einer „Feuergasse" in der Mitte). Beim Erhitzen floss der Talg durch zwei von unten in das Modell gebohrte Löcher in bereitgestellte Pfannen ab, die Löcher muss-

ten danach mit großer Sorgfalt verschlossen werden. Nun begann das eigentliche Brennen der Form, bis zur Rotglut – anschließend beseitigte man das Feuer in der Grube, die zugleich mit festgestampfter Erde aufgefüllt wurde. Nun begannen die Glockengießer mit den Vorbereitungen zum Schmelzen des Metalls. Je nach benötigter Menge wurden eine oder mehrere eiserne, mit Ton umkleidete Pfannen oder Töpfe in einen Schachtofen gestellt, der mit Holzkohle beheizt und mit Blasebälgen bestückt war. Waren die Pfannen zum Glühen gebracht, füllte man sie mit Kupfer (und ein wenig Holzkohle) – sobald das Kupfer zu schmelzen begann, wurde ihm das im rechten Verhältnis abgewogene Zinn (80:20) zugesetzt und sorgfältig verrührt. Dann wurde die Form endlich mit der Bronze ausgegossen, indem die Handwerker die Pfanne zur Form trugen und das geschmolzene Me-

Blockbergung der Garzweiler Glockengussstelle zum Abtransport in die Restaurierungswerkstätten des LVR-LandesMuseums Bonn.

tall vorsichtig in den Eingusszapfen einfließen ließen. Nach Theophilus unterbrach man den Gussvorgang ab und an, damit die Bronze sich gleichmäßig setzen konnte. War die Form dann gefüllt und das Metall kaum erkaltet, wurde die Grube schon ausgeschachtet, die Form freigelegt und der Kern ausgestoßen, weil man das Zerspringen der Glocke befürchtete. Die nun aufgerichtete Glocke ließ man weiter auskühlen und beseitigte dann erst den Mantel.

Schon am Nachmittag des dritten Arbeitstages war es soweit: Goerd von Stummel und seine Arbeiter befreiten die neue Glocke vorsichtig von den Mantelteilen. „Das Metall", so sagte der Meister, „sei nun erkaltet, man könne mit der Nachbearbeitung beginnen." Auch dabei tat sich, von Weierstrass staunend beobachtet, „dat Griet" hervor, sie schliff das Innere wie das Äußere der noch etwas unansehnlichen Glocke mit einem handlichen, glatten Stein, nachdem sie zuerst den Eingusszapfen mit einer Feile beseitigt hatte.

Der Glockengießer winkte Weierstrass heran – „seht, mit welcher Umschrift wir die Glocke verziert haben."

Weierstrass bückte sich und las sehr langsam, aber laut vor: „Jesus, Maria, Joseph, Sanctus Pankratius. Lobet den Erlöser. Zu Zeiten des Präfekten Johann Roland Weierstrass und des ehrwürdigsten Herrn Pater Antonius Heiden. Goerd von Stummel goss mich. Anno Domini 1660."

„Das habt Ihr vortrefflich gemacht, ein schöneres Werk habe ich selten zu Angesicht bekommen."

Weierstrass fühlte sich geschmeichelt. Er zog Goerd von Stommel etwas beiseite.

„Ich habe ja zugesehen, wie Ihr die Glocke gefertigt habt, Meister, Ihr und Eure Gesellen – und dat Griet hat ja fast die meiste Arbeit geleistet, ähm, wollt Ihr nicht" – Weierstrass beugte sich konspirativ etwas nach vorne und sprach etwas leiser – „auf der zweiten Glocke nicht auch Griets Namen verewigen?"

Der Glockengießer musste lachen.

„Unser Geselle gefällt Euch, verehrter Herr, das habe ich schon bemerkt – doch Euren Wunsch können wir wohl nicht erfüllen, in unserem Gewerbe sind eigentlich keine Weiber zugelassen, was glaubt Ihr, welche Widerstände ich überwinden musste, bis Griet endlich bei mir arbeiten konnte?"

Weierstrass nickte. Er werde mit dem Herrn Pfarrer reden, sagte er, nun ziemlich kurz angebunden, und verließ den Platz des Glockengusses.

Der Fortschritt in der Gießtechnik brachte es mit sich, dass um 1200 ein neues Formverfahren entwickelt wurde, das so genannte „Mantelabhubverfahren". Die Glockengießer verwendeten nun nicht mehr eine einzige, unteilbare Form, sondern formten den Mantel und das Glockenmodell in der Weise, dass der Mantel abgehoben werden konnte – so konnten vor dem Guss das Innere des Mantels kontrolliert und Fehler noch ausgebessert werden. Die „falsche Glocke", also das Glockenmodell, wurde nicht mehr aus Talg oder Wachs, sondern aus feinem Lehm über eine dünne Fettschicht geformt, die zum Trennen des Kerns diente. Nach dem Abheben des Mantels schlug man die Lehmglocke vom Kern ab – die „falsche Glocke" wurde ja nicht mehr benötigt. Nachdem Kern und Mantel wieder zusammengesetzt worden waren, wurde das flüssige Metall in den Hohlraum gegossen.

Dieses Verfahren hatte zur Folge, dass Schrift und Zier nicht mehr vertieft in das Glockenmodell eingeschnitten werden musste, die Glockengießer schufen beides in Wachs und klebten es auf die „falsche Glocke" oder ritzten den Schmuck und die Umschrift in den abgehobenen Mantel ein. So entstand das bis heute übliche Bild der Glocke – beim Einritzen in den abgehobenen und gebrannten Mantel mussten die Handwerker darauf achten, dass sie die Schrift spiegelverkehrt anbrachten; gelegentlich vergaßen sie es, sodass einige alte Glocken Spiegelschrift aufweisen. Für die Entwicklung des „Mantelabhubverfahrens" war die Anwendung von Schablonen, die nach der Berechnung der Glockenrippe hergestellt wurden, unabdingbare Voraussetzung zum Aufbauen und Glattdrehen der Glockenform. Die Gießer konnten auf diese Weise der Glocke eine vorher festgelegte Form geben und nach dem Guss feststellen, wie sie sich für welchen Klang eignete.

Am Tag vor dem 12. Tag des Monats Mai, des Festtags des hl. Pankratius, war auch die zweite Glocke fertiggestellt.

„Brüder und Schwestern in Christo – lasst uns Gott dem Herrn danken, dass wir diese wunderschönen Glocken, die der ehrbare Meister Stommel für uns hergestellt hat, morgen ihrer Bestimmung übergeben und weihen können."

Pfarrer Anton Heiden hatte das Werk der Kölner Handwerkertruppe mit großer Zufriedenheit begutachtet. Beide Glocken glänzten im Sonnenlicht, nachdem Stommel und seine Lehrjungen sie erst vom Staub und Ruß gereinigt hatten, und dann an ihnen geschliffen und gefeilt hatten. Das hatte einige Tage gedauert, in denen die Gesellen sich schon am Glockenstuhl zu schaffen machten.

Pfarrer Heiden bedankte sich nun auch bei Goerd von Stommel persönlich – „Ihr habt ehrlich und tüchtig gearbeitet und nur soviel Metall angefordert, wie Ihr zum Guss benötigtet."

Er gab allen Gesellen die Hand, auch Griet, der Maid, die etwas errötete.

„Du weißt, Juffer, welche Ehre wir dir zuteil werden ließen?", flüsterte er ihr zu.

Ja – das wusste Griet. Und ihr war auch bewusst, wem sie es zu verdanken hatte, dass – erstmals seit Menschengedenken – eine Weibsperson als Gießer einer Glocke namhaft gemacht wurde, nach dem Meister natürlich.

Vor dem Eingang der Kirche stand ein älterer, pausbäckiger Mann, alle nannten ihn nur den Präfekten.

Griet lächelte und deutete eine kleine Verbeugung an.

Die Glocken, die im Jahre 1660 für die Pfarrkirche St. Pankratius in Garzweiler gefertigt wurden, gibt es heute nicht mehr – sie wurden im Ersten Weltkrieg eingeschmolzen, das so gewonnene Metall wahrscheinlich in kriegswichtige Betriebe abgeführt. Die Umschriften der beiden Glocken sind allerdings überliefert: *Jesus, Maria, Joseph, s. Pancratius. Laudet plebs Salvatorem. Tempore praefecti Joannis Rolandi Weierstras et R. D. P. Antonii Heiden. Goerd von Stommel gus Mich. A. D. 1660.* So die Umschrift der ersten, auf der zweiten war zu lesen: *A fulgure et tempestate liberet nos corpus et sanguis Christi. S. Anna et S. Catharina orent pro nobis. M. Gört von Stummel und Margaretha Bartels gissen mich. A. D. 1660.*

Erhalten waren aber große Teile der Glockengussstelle – was dazu führte, dass man sich entschloss, den gesamten Befund „en bloc" zu bergen. Diese Blockbergung wurde im Herbst 2000 unter schwierigen Bedingungen durchgeführt – zur weiteren Bearbeitung und Konservierung hat man die Garzweiler Glockengussstelle in Gänze ins LVR-LandesMuseum Bonn überstellt.

Pilgerfahrt ins *hillige Coellen*

Ein Dreikönigenpfennig aus Pattern

Bei Ausgrabungen in Pattern bei Aldenhoven wurde im Sommer 1990 auch der Kirchhof der Pfarrkirche St. Matthäus mit zahlreichen mittelalterlichen bis frühneuzeitlichen Bestattungen freigelegt. Im Kircheninnern stießen die Archäologen auf Gräber von Geistlichen und ortsansässigen Adeligen. In einem der Gräber wurde am Gewand des Toten ein kreuzförmiger Anhänger gefunden, ein kleines, aus Messing bestehendes Dreikönigen-Pilgerzeichen, das auf der Vorderseite die Inschrift aufwies: „Heilige Drei Könige, Caspar, Melchior, Balthasar, bit für uns iez und in der Sterpstunt".

Heinrich Cornelius Schnapphahn war erschöpft – und glücklich.

Er war zurückgekehrt in sein Dorf. Trotz großer Schmerzen im linken Knie war er zuvor nach Köln gezogen, um für die Genesung der kleinen Trina zu bitten, der Tochter seiner Nichte Gertrud. Er hatte ein Gelübde abgelegt, er wollte zum Dreikönigenschrein wallfahren, drei Tage in der Hohen Domkirche beten, damit die Heiligen Könige, die als erste Menschen den Heiland zu Gesicht bekommen hatten, Fürbitte einlegten bei Gott dem Allmächtigen, Fürbitte für die kranke Trina. Neun Tage war er dann fort gewesen, denn in seinem Alter – er war 54 Jahre alt – brauchte man für den Weg ins *hillige Coellen* ein wenig länger als üblich. Nun stand er vor Gertruds Haus und strahlte, denn Trina war auf dem Weg der Besserung – „ich fand Erhörung am Gnadenort! Ich fand Erhörung!", rief er immer wieder, „Trinchen wird wieder gesund, den Heiligen Königen sei Dank!" Und wenn er, ob der mühsamen Wanderung nicht so müde gewesen wäre an diesem heißen Julitag *anno* 1700, dann hätte er wohl ein Tänzchen hingelegt und alle Menschen, die er traf, umarmt.

Heinrich Cornelius Schnapphahn diente seit vielen Jahren als Verwalter im Haus Ahr, was nicht immer eine angenehme Aufgabe war, wie er des Öfteren erzählte, wenn er sich mit den alten Männern im Ort zu einem Krug Bier zusammensetzte. Seit *anno* 1671 gehörte der Herrensitz dem gnädigen Herrn Johann Werner von Bock, der Heinrich in seinen Dienst übernommen hatte.

„Immer wieder gilt es, Streit unter dem Gesinde zu schlichten, und was ich mir alles anhören musste von diesem Gesindel, ihr glaubt es nicht. Da gab es einen Knecht, Peter mit Namen, der gehorchte nie, sagte mir, ich wär' eine Missgeburt, ich hätte ihm nichts zu befehlen, da musste der gnädige Herr ihm schon mal eine Ohrfeige geben." Und immer wieder betonte Heinrich, es sei stets sein Bestreben gewesen, das Gesinde immer mit Gerechtigkeit, ohne schroff oder hart zu sein, zu behandeln. Auch wenn die Knechte und Mägde sich immer wieder schlecht aufführten, habe er dies versucht. „Muss man irgendwann rügen und schelten, dann tue man dies ruhig und ohne dabei in Leidenschaft zu verfallen, vor allem meide man Schimpfreden, denn durch sie gibt man sich nur eine Blöße."

Fünf Knechte, vier Mägde, zahlreiche Tagelöhner und die Köchin unterstanden dem alten Schnapphahn. Die Tagesarbeit der Knechte war hauptsächlich Gespannarbeit, sie mussten ackern fast das ganze Jahr hindurch, wegen des Anbaus von Klee und Dickwurz. Sie fuhren Mist, Jauche und Kompost auf die Äcker, sie holten Holz und Reisig aus dem Wald und zerhackten es zu Bündeln. Bei der Heu- und Kornernte, der herbstlichen Kartoffel- und Rübenernte wurde das ganze Gesinde eingespannt, selbst die Köchin ging mit. Die Mägde hatten in den Erntepausen Haus, Hof, Garten und Stall zu bestellen. Sie mussten das Vieh füttern und melken, das Grünfutter mähen, den Stall ausmisten. Auf den bereits gepflügten Äckern wurden sie eingesetzt, um „Schörner zu klopfen", grobe Schollen zu zerhacken. Im Winter wurde täglich bis in die elfte Stunde hinein gesponnen oder Flachs geschwungen. „Viel Arbeit war auch das Wassertragen vom Brunnen, denn das Großvieh braucht viele Mengen davon", seufzte Heinrich, wenn er wieder einmal die ganzen Arbeiten aufzählte, die er zu beaufsichtigen hatte.

Es war das erste Mal, dass er um Dienstbefreiung gebeten hatte, an einem der letzten Tage des Monats Juni. In all seinen Dienstjahren war er nie krank gewesen – doch an diesem Tag war er schon in der Früh zum gnädigen Herrn geeilt, hatte einen Kniefall gemacht und dem Herrn von Bock berichtet, seine geliebte Katharina, „meine Nichte", wie er sagte, „sie ist gerade mal sechs Jahre alt", sei über Nacht erkrankt, sie atme schwer, das Fieber schüttele sie. „Mein Herr, betet auch Ihr zu unserem Herrgott, dass sie nicht stirbt."

Und der alte Verwalter legte seinem Herrn dar, dass er gewillt sei, nach Köln zu pilgern, das erste Mal als Wallfahrer, er war nämlich schon mehrmals in der Reichsstadt am Rhein gewesen in Geschäften für die Herrschaft.

„Herr, ich möchte in der Domkirche zu Köln beten, die Heiligen Drei Könige, so hat unser Pfarrer gesagt, helfen gegen den plötzlichen Tod. Ihr Schrein ist ein Sinnbild für die Pilgerschaft des Lebens, auch das hat der Pfarrer gesagt, ein Sinnbild des Lebens bis hin zur Stunde, in der wir alle vor Gottes Richterstuhl stehen."

Der Herr von Bock und Ahr hatte der Bitte des alten Mannes natürlich stattgegeben. „Geh mit Gott, lieber Heinrich, und bete auch für unser Seelenheil."

Und so hatte sich Heinrich Cornelius Schnapphahn aufgemacht, am 26. Tag des Monats Juni *anno* 1700, auf den Weg ins *hillige Coellen*.

Das „heilige Köln" – *Colonia sancta*, so nannte man Köln in diesen Tagen noch immer. Keine andere europäische Stadt – außer Rom – konnte sich des Besitzes so zahlreicher „heiliger Unterpfande" rühmen, wie es hieß, „kostbare Kleinode, die diese glücklich zu nennende Stadt verehrt", so hatte ein Besucher formuliert. Den Kölnern galten ihre Heiligen und deren Reliquien seit alters her als größter Schatz der Stadt. Ihre Reliquienkultur beruhte seit jeher auf der Vorstellung, die in römischen und fränkischen Nekropolen gefundenen Gebeine seien Überreste christlicher Märtyrer. Die Märtyrerscharen um die hl. Ursula und den hl. Gereon, ihre Geschichten, ihre Legenden, aber auch die Verehrung der heiligen Kölner Bischöfe wie Maternus, Severin, Kunibert und Heribert prägten über Jahrhunderte hinweg entscheidend die Identität und die Außenwirkung des *hilligen Coellen*. Neben den in Köln gefundenen Reliquien von Märtyrern und heiligen Bischöfen gab es aber noch eine ganze Reihe Heiliger, deren Reliquien importiert worden waren. Die Wichtigsten waren und sind bis heute die der Heiligen Drei Könige. Nachdem deren Reliquien im Jahre 1164 im alten karolingischen Dom aufgestellt worden waren, so schrieb ein Chronist, „begann Köln zuzunehmen an Namen und Ruhm, sodass bis heute, angezogen vom Duft der Heiligen Könige, von den Inseln des Meeres und aus verschiedenen Ländern die Gläubigen unaufhörlich zusammenströmen, Iren, Bretonen, Engländer, Spanier, auch aus Italien, Sizilien und Gallien, um hier ihre Gelübde zu erfüllen."

Köln war seither Wallfahrtsort, einer von europäischem Rang, vergleichbar nur mit Rom und Santiago de Compostela. Der stetig wachsende Bestand an Reliquien wurde im Spätmittelalter durch verschiedene „Heiltumsführer", wie etwa das 1492 erschienene „Ablaß- und Heiltumsbüchlein der hylligen stat Colne", den Menschen erklärt. Darin war festgehalten, an welchen Tagen, in welchen Kirchen und in welcher Zahl *Indulgenzen* zu erwerben seien. So konnte man da lesen, dass im Dom neben den Gebeinen der Heiligen Drei Könige der Petrusstab und die Petrusketten aufbewahrt werden. Die hatte der heilige Erzbischof Bruno, einer derjenigen, die den Ruf der *Co-*

Freilegung von Gräbern in der Pfarrkirche St. Matthäus in Pattern.

Ionia Sancta begründeten, der Kathedrale geschenkt. Voller Ehrfurcht und Staunen wurden in dieser Weise auch die Legenden der in den einzelnen Kölner Gotteshäusern verehrten Reliquien erzählt, darunter auch die einer Reihe wunderlicher Reliquien. So wurden in St. Ursula Teile der Weinkrüge aus Kana aufbewahrt und verehrt, in St. Gereon Brotreste von der Speisung der Fünftausend, in St. Pantaleon Teile des Schwangerschaftsgewandes der Gottesmutter. Schließlich gab es in ganz Europa Stätten, an denen Kölner Heilige verehrt wurden. Deren Reliquien verteilten nämlich die Kölner äußerst freigiebig an auswärtige Reliquiensammler. „Je mehr die Heiltümer in der Welt verbreitet werden, desto mehr werden sie verehrt", soll schon Erzbischof Heinrich von Virneburg geäußert haben. Unzähliges „totes Gebein" hat so an zahlreichen Plätzen Europas eine Verbindung zu Köln geschaffen. Wer etwa die Heilige Kapelle der Waldauf-Stiftung zu Hall in Tirol betritt, glaubt sich in eigentümlicher Weise in die berühmte Goldene Kammer der Kölner Kirche St. Ursula versetzt. Die Nordwand der Kapelle ähnelt

der barocken Ausgestaltung der Kölner Kammer, beide sind über und über mit heiligen Häuptern und Gebeinen besetzt. In der Reliquienbüste Nr. 1, so ist in einem Tiroler Heiltumbuch aus dem Jahre 1509 zu lesen, befinden sich „ain glid von der Hand sand Ursula, ain haubt und ein ruckpain von der gesellschaft der Ainlifftausend Mayde aus der heiligen stadt Cöln". In 46 der mehr als 100 Reliquienbüsten sind Kölner Heiltümer aufbewahrt, neben denen der „ainlifftausend Mayde" (elftausend Jungfrauen) etwa ein Zahn des heiligen Bischofs Kunibert sowie Schienbeine und Rippen der Gefährten des hl. Gereon. Florian Waldauf, der Protonotarius Kaiser Maximilians I., hatte die Reliquien 1495 bei einem Besuch in Köln geschenkt bekommen, vom Erzbischof, vom Rat, von Kirchen und Klöstern. 1517 sandte Kaiser Maximilian der portugiesischen Königin Eleonore, seiner Cousine, den Leib der hl. Aucta, einer der Gefährtinnen der hl. Ursula. Per Schiff kamen die Reliquien in der Tejo-Mündung an, wurden dann in festlich geschmückten Booten ins Kloster Madre de Deus gebracht, wo sie von der Königin, dem Prinzen Johann, dem Erzbischof von Lissabon und der portugiesischen Nobilität feierlich in Empfang genommen wurden. In Portugal pflegte man eine besondere Beziehung zu den *virgines Colonienses:* Am Fest der 11 000 Jungfrauen des Jahres 1147 hatte ein christliches Heer, darunter Kreuzfahrer aus Köln, Lissabon erobert, 1217 war die maurische Festung Alcacer do Sal ebenfalls am Ursulafest gefallen. Man glaubte am Tejo, die Reconquista sei mit himmlischer Hilfe der Kölner Jungfrauen geglückt.

Unzählige Pilger strömten seit dem hohen Mittelalter in die mit Heiltümern gesegnete Stadt, um zu beten, um Reliquien zu erwerben, um Buße zu tun und Gnade zu erlangen, um Fürbitte einzulegen, um die Heiligen um Fürbitte zu bitten – so wie unser Heinrich Cornelius Schnapphahn. Die Ursprünge der Wallfahrt liegen in der Spätantike, die älteste Form der Wallfahrt führte nach Palästina, zu jenen Stätten, wo Gottes Sohn als Mensch lebte, nach Bethlehem, Nazareth und Jerusalem. An diesen heiligen Orten fühlte man sich der göttlichen Gnade besonders nah, um für die eigene Unvollkommenheit zu büßen, um für empfangene Wohltaten zu danken, um Hilfe zu erbitten. Als Orte, an denen sich ebenfalls übernatürliche Kräfte offenbarten und Gnadengaben zu erwarten waren, galten seit dem Frühmittelalter etwa San Gargano in Apulien und Mont St. Michel in der Normandie, beides Stätten, die durch Erscheinungen des Erzengels Michael berühmt geworden waren. Erst im Hochmittelalter wurden Wallfahrten zu Gräbern von Aposteln und bedeutenden Märtyrern „populär", in erster Linie die Wallfahrt zu den Gräbern der „Apostelfürsten" Petrus und Paulus in Rom, die nach Santiago de Compostela zum Grab Jakobus' des Älteren, nach Tours zum Grab des hl. Martin oder nach Canterbury, wo Thomas Becket als Heiliger verehrt wurde.

Die Menschen verließen, zumeist erstmals in ihrem Leben, ihre angestammte, vertraute Umgebung, wenn sie sich auf die „heilige Reise" zu solchen Orten begaben. Wallen ist das mittelhochdeutsche Wort für „umherschweifen", Pilger stammt vom lateinischen *peregrinus*, womit „der Fremde" benannt wurde, der auf dem Weg zu einer besonders geheiligten Kultstätte ist. Besonders die großen Fernwallfahrten waren voller Beschwernisse und auch gefährlich. Deshalb bildeten sich vielfach große Gruppen von Wallfahrern, die die lange Strecke gemeinsam bewältigten, oft von professionellen Reiseführern begleitet. Das waren zumeist Leute, die die Wallfahrt schon mehrfach praktiziert hatten. Die Wallfahrer trugen in der Regel die übliche Pilgerkleidung, die Pelerine, den breitkrempigen Hut, der vor Sonne schützte, einen langen Wanderstab, eine kürbisförmige Flasche, eine Tasche sowie das Wallfahrtszeichen, das sie am Zielort erwarben.

Einzelpilger wie Gruppen benutzten bestimmte Routen, den berühmten Jakobsweg, die Via Francigena von Canterbury nach Rom, um zwei Beispiele zu nennen, Wege, die – Folge der Wallfahrten – eine eigene Infrastruktur entwickelt hatten. Ein Netz von Herbergen war entstanden, oft boten aber auch Klöster und fromme Stiftungen am Wege den Wallfahrern Kost und Unterkunft. An den Pilgerwegen hatten sich auf die Bedürfnisse der Wallfahrer spezialisierte Handwerker niedergelassen, Kerzenmacher, Hersteller von Pilgerzeichen, Krämer, die Muscheln, Weihrauch und Textilien verkauften. Geschlossen zogen die Gruppen in feierlicher Prozession in den Gnadenort ein, viele gingen barfuß, andere rutschten auf Knien, schleppten Ketten oder Holzkreuze mit sich, viele fasteten und schwiegen, wenn der Zielort in Reichweite kam. Gemeinsam näherte man sich der Gnadenstätte, betend, dann trug man seine Bitten vor oder dankte für bereits empfangene Hilfe. Im Kreise Gleichgesinnter bekundete der Wallfahrer seine Bußfertigkeit. Dem persönlichen Sündenbekenntnis und den Gebeten, die zum Erwerb des Ablasses vorgesehen waren, folgten die Mitfeier der Messe und der Empfang der Eucharistie.

Oft wurden bei Fernwallfahrten so genannte Anschlusswallfahrten gemacht, das heißt, Pilger zogen etwa von Köln aus nach Aachen weiter. Dort wurden im Dom wertvolle Textilreliquien aufbewahrt, das Kleid Mariens aus der Heiligen Nacht, Windeln des Christkindes, das Enthauptungstuch Johannes des Täufers und das Lendentuch Christi. Seit der Mitte des 14. Jahrhunderts wurden diese Reliquien nur noch alle sieben Jahre den Gläubigen gezeigt, sodass auch die Wallfahrt einen Sieben-Jahres-Turnus erhielt. Von Aachen ging es dann nach Trier, um im dortigen Dom vor dem Heiligen Rock, der legendären Tunika Christi, zu beten.

An den Pilgerwegen gab es aber auch zahlreiche Missstände zu beklagen. Die Pilger wurden von Bankiers, Wechslern und Zöllnern geschröpft, auch in den Herbergen kam es immer wieder zu Betrügereien, und an den Wegen lauerten, als Profiteure des Wallfahrtswesens, Räuber und Diebe, Pferdeabdecker, falsche Ärzte, falsche Bettler und nicht zuletzt Dirnen. In einer überlieferten Predigt sind diese Zustände angesprochen: „Was soll ich von der Dienerin sagen, die auf Geheiß ihrer Herrin das Wasser im Hause vergießt, damit die dürstenden Pilger in der Nacht kein Wasser finden und den Wein des Wirtes kaufen? Was ist mit jener, die nachts mit Zustimmung des Wirtes Hafer und Gerste aus den Futterkrippen stiehlt? Sie seien verdammt! Ebenso treffe der Bann die Wirtsmägde, die sich aus Hurerei und Geldgier nachts den Pilgerbetten zu nähern pflegen. Die Dirnen, die aus diesem Grund an waldreichen Orten den Pilgern entgegentreten, müssen nicht nur exkommuniziert, sondern durch Abschneiden der Nase öffentlich geächtet werden."

Von diesen Missständen wusste Heinrich Cornelius Schnapphahn nichts, als er sich auf den Weg machte. Hinter Düren, wo er in einer schmutzigen Herberge übernachtet hatte, nahm er die alte Landstraße nach Kerpen, und hier traf er gelegentlich auf andere Wallfahrer, Leute aus Luxemburg, Brabant, Flandern, im bunten Schmuck ihrer Gewänder und Trachten, zu Fuß, zu Pferd, auf Karren und in Sänften. Die Leute waren infolge der heißen Frühsommertage verschwitzt, ihre Gewänder verstaubt, manche führten Kranke mit sich, manche liefen auf Krücken, andere hatten blutende Füße. Eine Gruppe aus Maastricht hatte einen sehr gesitteten Anführer, der – so hörte Heinrich zufällig – seine Leute aufforderte, sich so anständig wie möglich zu verhalten. „Haltet euch stets vor Augen, dass ihr als Wallfahrer Vorbild sein sollt."

Einer der Beigesetzten trug ein Pilgerzeichen am Gewand. Die Inschrift lautet: „Heilige Drei Könige, Caspar, Melchior, Balthasar, bit für uns iez und in der Sterpstunt".

Am 28. Juni hatte Heinrich endlich Köln erreicht – wie immer hatte ihn der Anblick der zahllosen Kirchen der Stadt, die man schon von Weitem sehen konnte, zutiefst berührt. „Am Vorabend des Festtages der Heiligen Apostel Peter und Paul betrat ich zum ersten Mal die Haupt- und Domkirche zu Sankt Peter, die ja leider noch unausgebaut steht, viele Besucher bedauern, dass ein so schöner Anfang nicht vollendet worden ist", so erzählte er später seiner Nichte Gertrud.

Der weite innere Raum der Kathedrale bestehe aus vier Reihen Pfeilern – „die sind herrlich anzuschauen, wunderbar auch die Bögen am Hochchor." In der Sakristei zeigte man den Pilgern den großen Schatz, darunter den Stab, den einst der hl. Petrus geführt haben soll. „Silbern und übergoldet ist auch der Schrein, darinnen die Leiber der Heiligen Drei Könige einge-

Der Drei-königenschrein im Kölner Dom zählt zu den bedeutendsten mittelalterlichen Goldschmiedearbeiten.

schlossen sind." Der Schrein war an diesem Tag und am nächsten Tag zur Verehrung für das gläubige Volk geöffnet. Heinrich trug eine Opferkerze vor sich her, stellte sie in der Nähe des Altars auf. Mit den Leuten aus Maastricht betete er das *Magnificat*. Am Schrein wurde die Dreikönigslitanei gesungen. Heinrich hatte sich den Text besorgt, ergriffen las er Gertrud die ersten Verse vor: „Gott Vater vom Himmel, erbarm dich unser, Gott Sohn-Erlöser der Welt, Gott Heiliger Geist, Heilige Dreifaltigkeit ein einiger Gott, Jesu, du König aller Könige, Heilige Maria, Königin über alle Königinnen, bitt für uns, Heiliger Joseph, Ernährer des Königs aller Könige, Heiliger König Caspar, Heiliger König Melchior, Heiliger König Balthasar, Heilige Drei Könige, bittet für uns …"

Am Abend ging Heinrich, der in einem einfachen Gasthaus am Blaubach Unterkunft gefunden hatte, noch einmal in den Dom, den Rosenkranz zu beten. „Im Wechsel von Gebeten und Liedern verlas ein Domvikar eine Anzahl von Fürbitten, anschließend opferten wir unser Geld." Heinrich näherte sich mit gebeugtem Haupt dem Schrein – und richtete sein Gebet an den Ersten der Heiligen Könige: „Gegrüßet seiest du, Heiliger König Caspar, ehrwürdiger Bischof und Bekenner des Herrn, der du dem himmlischen König in seiner Kindheit Gold geopfert hast, ich bitte dich, erweis' mir die Gnade und leg Fürbitte ein für Katharina, mein krankes Patenkind."

Am Festtag Peter und Paul ging er erneut zum Dom, vor dem sich bereits eine große Menschenmenge versammelt hatte. „Es war gar nicht so einfach, in die Kirche hineinzugelangen, und drinnen war ein großes Durcheinander, es fand kein gemeinsamer Gottesdienst statt, und die einen beteten an dem einen Altar, die anderen an einem Schrein." Er opferte wieder eine Kerze und schloss sich Pilgern aus Arnsberg an, die in einer großen Prozession durch die Kathedrale zogen. Am Abend betete er wieder den Rosenkranz – und richtete sein Gebet an den zweiten König: „Gegrüßet seiest du, Heiliger König Melchior, glorioser Bischof und Bekenner unseres Herrn Jesu Christi, der du dem ewigen König in seiner zarten Jugend Weihrauch geopfert hast. Ich bitte dich, erweis' mir die Gnade und leg Fürbitte ein für Katharina, mein krankes Patenkind." Am dritten Tag wiederholte er die gesamte Prozedur, und obwohl der Schrein nicht mehr zugänglich war, wandte er sich an den dritten König: „Gegrüßet seiest du, Heiliger König Balthasar, auserwählter Bischof und Bekenner des hohen Königs Jesu Christi, der du den Schöpfer des Himmelreichs in Gestalt eines kleinen Königs angebetet und ihm Myrrhe geopfert hast. Ich bitte dich, erweis' mir die Gnade und leg Fürbitte ein für Katharina, mein krankes Patenkind."

Am ersten Tag des Monats Juli hatte Heinrich die große Stadt Köln wieder verlassen.

„Ich danke Dir, lieber Oheim", sagte Gertrud leise, sie stand auf, umarmte den alten Mann, bevor sie ins Gemach ging, um der kleinen Trina einen Krug warme Milch zu reichen.

Die Vielzahl der Heiligen, auf die sich die Kölner Bürger berufen konnten, hatte einen praktischen Nutzen zunächst für die gläubigen Kölner selbst: Wenn ein Heiliger im Himmel Fürsprache einlegen konnte, vermochten viele Heilige dieses umso mehr; und je mehr Reliquien die Stadt aufweisen konnte, umso größer wurde der Zustrom der Pilger. Die Ungarn, so wurde im 16. Jahrhundert erzählt, hätten ihre Wallfahrt nach Köln eingerichtet als Sühne für die Schuld ihrer Vorfahren, der Hunnen, die die heiligen Jungfrauen umgebracht hatten. All diesen Pilgern durfte man – das geboten Konzilsbeschlüsse – keine Reliquien verkaufen. Doch unzählige Kölner Handwerker fertigten für die zahllosen Reliquien kunstvolle Behältnisse an, Reliquiare, und die mussten natürlich bezahlt werden.

Die Verbreitung der Wallfahrt nach Köln dokumentieren nicht zuletzt die bei archäologischen Grabungen, beispielsweise in Schweden, Polen, Ungarn und den Niederlanden, aufgefundenen Kölner Pilgerzeichen, eine weitere Einkommensquelle für die Handwerker. Wer sich auf den weiten Weg nach Köln gemacht hatte, konnte die Heimreise nicht ohne einen Beleg antreten. Am besten einen Beweis, der für alle sichtbar direkt am Körper getragen werden konnte – in Köln wurden vor allem kleine Ansteckknadeln mit Petrus, dem Schutzpatron des Doms, den Heiligen Drei Königen und der Heiligen Ursula und ihren Gefährtinnen verkauft. Als sichtbares Zeichen des erworbenen Heils heftete man sich solche Pilgerzeichen an die Kopfbedeckung oder die Kleidung, sie wurden aus leicht zu verarbeitenden Blei-Zinn-Legierungen im Gittergussverfahren zu Hunderttausenden hergestellt und gehören damit zu den ersten Massenartikeln dieser Art überhaupt. Rund um den Dom standen Buden, die die Pilgerzeichen verkauften – allzu teuer dürften sie nicht gewesen sein, denn die Konkurrenz unter den Budenbesitzern war groß.

Auch Heinrich Cornelius Schnapphahn hatte sich am Dom ein Pilgerzeichen mit den Heiligen Drei Königen gekauft, „Dreikönigenpfennig", so nannte man diese Zeichen auch. Alle diese Zeichen, so versicherte ihm der Budenbesitzer, „sind an der Reliquie der Heiligen Könige angerührt worden". Durch „angerührte" Pfennige werde den Pilgern Trost und Hilfe gespendet in den Bedrängnissen des menschlichen Lebens – „und sie schützen gegen den plötzlichen Tod!"

Neun Tage nach seiner Rückkehr war die kleine Trina wieder völlig gesund – und Heinrich zeigte ihr oft sein Pilgerzeichen, wenn er zu einem Schwätzchen zu Gertrud ging. Eigentlich trug er den Dreikönigenpfennig ständig am Gewand, jeder im Dorf sollte sehen, welche Gnadenstätte er aufgesucht hatte!

Und daher legte man einige Jahre später das Pilgerzeichen, auf das er so stolz war, in sein Grab – nachdem Heinrich Cornelius Schnapphahn aus dieser Welt geschieden war.

Als die Franzosen ins Rheinland kamen

Ein Lazarett in Königshoven

Im Herbst 1987 stießen Archäologen bei Grabungen in der Ortschaft Königshoven/Bedburg auf ein Gräberfeld (mit insgesamt 43 Grabgruben, in denen 58 Skelette gefunden wurden), das sich als ein Soldatenfriedhof aus der Zeit der französischen Besatzung des Rheinlandes herausstellte. Der Friedhof ist im Oktober 1794 in der Nähe des Kaltschmiedhofs angelegt worden, wo die französischen Truppen ein Lazarett eingerichtet hatten. Verwundete und Kranke, die dort in den nächsten Wochen und Monaten starben, wurden auf der nahe gelegenen Wiese bestattet, Knöpfe, die man an den Resten von Uniformteilen fand, trugen Schriften wie „République française" und „Artillerie nationale". Der Fund des Friedhofs trug im Übrigen zur Klärung eines weiteren Sachverhaltes bei: Im Frühjahr 1987 war das LVR-Amt für Bodendenkmalpflege im Rheinland darauf aufmerksam gemacht worden, dass auf einem Feld, etwa einen Kilometer westlich von Königshoven, zahlreiche Flintensteine für Steinschlossgewehre gefunden worden seien; bei einer Begehung vor Ort wurden weitere Flintensteine entdeckt – hier befand sich, das ist gesichert, der Anmarschweg einer französischen Tross- und Sanitätsabteilung.

Es war ein denkwürdiger Tag in der Geschichte der freien Reichsstadt Köln, jener 6. Oktober des Jahres 1794: Am frühen Nachmittag, etwa zwischen zwei und drei Uhr, zogen Kolonnen französischer Revolutionstruppen durch das altehrwürdige Hahnentor in Köln ein. Erstmals seit dem Bau der mächtigen Festungsanlagen, die die Bürgerschaft im 12. Jahrhundert begonnen hatte, betraten feindliche Soldaten die Stadt.

Und die Kölner staunten nicht schlecht: „Die Soldaten, vorzüglich die Infanterie, die durchgehend aus Freiwilligen besteht, sehen erbärmlich aus – keine Schuhe, keine Strümpfe, zerrissene Beinkleider, Röcke, die wegen der vielen Risse kaum noch aneinanderhängen, keine Hemden, kurz: Gegen sie waren die Preußen, als sie nach dem ersten Feldzug durch Koblenz zurückzogen, noch ballmäßig gekleidet. An eine Uniform wie bei deutschen Regimentern ist gar nicht zu denken – der eine trägt einen blauen, der andere einen grünen Rock, dieser eine Weste mit Ärmeln, jener einen Überrock, der eine kurze, der andere lange Beinkleider, der eine Schuhe, der andere Stiefel, ein Drit-

ter Überstrümpfe, der eine einen dreieckigen Hut, der andere eine Stallmütze, dieser eine Grenadierhaube, jener einen mit Wachstuch überzogenen Hut", notiert ein Augenzeuge.

Mit der Bewaffnung der siegreichen Armee sah es auch nicht viel besser aus: „Einer führte ein blankes, der andere ein angelaufenes Gewehr, diesem fehlte das Bajonett, einem Dritten der Ladestock; beim Fußvolk wie der Kavallerie trifft man Waffenstücke von allen Truppen, gegen welche die Republik Krieg führte – kaiserliche, holländische, englische, hessische Gewehre und Säbel sieht man bei ihnen in Menge. Das waren also die glorreichen Sieger …"

Am frühen Morgen dieses Tages war der ehemalige Postmeister Elsen den französischen Vorposten entgegengeritten und hatte dem General François Championet erklärt, dass die freie Reichsstadt ihm die Tore öffnen werde. Am Mittag übergab der Bürgermeister Reiner Joseph Anton von Klespe dem General vor dem Hahnentor die Stadtschlüssel, nachdem Championet versichert hatte, dass die französische Nation sich nicht in die Regierungsangelegenheiten „friedfertiger Völker" einzumischen gedenke; Personen, Eigentum, Gesetze und Religion würden in der Stadt geachtet.

Und so marschierten etwa 12 000 Soldaten in Köln ein, sie besetzten die Stadttore und Kaufhäuser, beschlagnahmten die am Rheinufer lagernden Waren. Der Rat hatte die Aufgabe, die Truppen zu verpflegen und in Bürgerhäusern einzuquartieren. Die Soldaten erwiesen sich erstaunlich diszipliniert – „man hört nichts von Diebstahl, Raub und Schändung", beobachtete ein Kleriker. Und so atmeten die Kölner auf, als ihnen auch von einem so genannten „Volksvertreter", Gillet mit Namen, bestätigt wurde, dass „jeder Bürger und Einwohner und auch die Geistlichkeit nicht nur bei ihrem Gottesdienste verbleiben und wie seither geschehen fortfahren, sondern auch in Ansehung ihrer Personen und Privat-Eigenthums alle Sicherheit genießen und dabei geschützt werden sollen."

Ärgerlich hingegen war der Umstand, dass es in der ganzen Stadt von Soldaten nur so wimmelte, Kramläden und Gasthäuser mit Franzosen vollgepfropft waren, die mit ihrem wertlosen Papiergeld, den Assignaten, bezahlten. Eher widerstrebend nahmen dann Magistrat und Zunftvertreter an einem Revolutionsfest teil, das nach dem Eintreffen des Oberkommandierenden der Sambre-Maas-Armee, des Generals Jourdan, auf dem Neumarkt stattfand. Man errichtete einen so genannten Freiheitsbaum, der mit Fahnen und einer Jakobinermütze geschmückt war. Das Ende ihrer reichsstädtischen Freiheit feierten die Kölner also mit einem Tänzchen um einen ziemlich dürren Baum – und der Parole: „Es lebe die Freiheit! Es lebe die Republik!"

Der schlecht bewaffnete Haufen, der die Kölner so in Erstaunen versetzte, hatte – das muss immer wieder hervorgehoben werden – die kaiserliche Armee zu Beginn des Sommers 1794 bei Fleurus in Belgien geschlagen. Nach diesem Sieg war für die Truppen der Französischen Republik der Weg frei ins linksrheinische Gebiet des Deutschen Reichs – dessen offizieller Name noch immer „Heiliges Römisches Reich Deutscher Nation" lautete.

Anfang Oktober 1794 erzwangen die Franzosen dann in der Schlacht von Aldenhoven den Über-

gang über die Rur, deren rechtes Ufer von Düren bis nach Roermond als Verteidigungslinie befestigt worden war; einige Rurbrücken waren zu diesem Zeitpunkt bereits zerstört. Etwa 100 000 Österreichern und Preußen unter dem kaiserlichen General Clairfayt standen nahezu 120 000 französische Soldaten der Sambre-Maas-Armee gegenüber. In der Festung Jülich schlug Clerfayt sein Hauptquartier auf, das Gros der Truppen lagerte außerhalb der Stadt. Im Verlauf der Schlacht, die drei Tage dauerte, vertrieb der französische General Championet die Österreicher von den Aldenhovener Höhen oberhalb der Zitadelle. Die Geschütze der Festung Jülich deckten den Rückzug der geschlagenen Truppen, bis sie über den Fluss gesetzt und die Brücken zerstört hatten. Die Franzosen blieben einen Kanonenschuss von Jülich entfernt stehen und begnügten sich mit gelegentlichem Feuer aus ihren Zwölfpfund-Geschützen. Mit der kaiserlichen Armee verließ die kurpfälzische Garnison in der Nacht vom 2. auf den 3. Oktober die Festung Jülich „in aller Stille" – wie es in einer zeitgenössischen Quelle heißt. Die französischen Truppen konnten an mehreren Stellen den Fluss überqueren, Düren und Jülich fielen, Linnich wurde von den zurückweichenden Österreichern in Brand geschossen.

Der fluchtartige Rückzug der Kaiserlichen führte an Köln vorbei, unterhalb von Mülheim hatte man zwei Brücken errichtet, über die die geschlagenen Truppen ins Rechtsrheinische abzogen, mit ihnen drei Kompanien der Kölnischen Stadtsoldaten. Als die Sambre-Maas-Armee sich der Bannmeile Kölns näherte, war dem ehrwürdigen Magistrat der Reichsstadt Köln gar nichts anderes übrig geblieben, als den Franzosen die kampflose Übergabe anzubieten.

Einer der französischen Soldaten, die in Köln einmarschiert waren, hieß Sébastien Regnier, er war gerade 18 Jahre alt und stammte aus der Auvergne. Sébastien gehörte als Grenadier einer Abteilung an, die zum Schutz einer Sanitätseinheit abgestellt war; diese Einheit erhielt schon nach wenigen Tagen die Order, sich auf den Abmarsch vorzubereiten, man werde, so hieß es, zurück nach Königshoven gehen, wo ein Lazarett

Doppelbestattung im Lazarettfriedhof von Königshoven/Bedburg. Der Friedhof wurde 1794 von den französischen Truppen angelegt.

für die in der Schlacht von Aldenhoven verwundeten Soldaten errichtet worden war.

Sébastien freute sich darauf, in dieses Lazarett zurückzukehren, denn dort wurde sein Freund Albert gepflegt, der aus demselben Dorf stammte. Beim Vormarsch war er verwundet worden, ein Querschläger hatte sich in seine Brust verirrt. Sébastien selbst hatte ihn versorgt, die Wunde mit Salbe bestrichen und schließlich verbunden und er, Sébastien, hatte dafür gesorgt, dass Albert am nächsten Tag ein mit sauberen Laken bezogenes Feldbett bekommen hatte. Einen Tag nach dem Ende der Schlacht hatte man nämlich ein Gehöft am Rande der Ortschaft, den Kaltschmiedshof – was kein Franzose aussprechen konnte – als Hospital eingerichtet; um neun Uhr morgens waren die ersten Karren mit Verwundeten über den Mühlenweg zum Hof gefahren, misstrauisch beäugt von den Deutschen. Die Dörfler hatten sich trotz ihrer Angst sehr verwundert gezeigt ob der zerlumpten Gestalten, die man bei ihnen ablieferte, zumal die Kranken mit ihren Kochlöffeln um Essen baten. Eine alte Frau, das hatten sich die Soldaten später weitererzählt, soll gesagt haben: „Lasst uns helfen, die Franzosen sind Menschen wie wir.“

Sébastien wollte Albert berichten, dass man die große Stadt Cologne eingenommen hatte, ohne einen einzigen Schuss abgegeben zu haben. Und er wollte dem Freund einige Flaschen Wein schenken, die er in einem Kölner Kloster requiriert hatte. Es war ein sonniger Tag dieser 13. Oktober, als sich Sébastiens Einheit dem Dorf Königshoven näherte. Man war wie immer zügig marschiert, zum Ärger der Trossleute. Die Lenker der Gespanne hatten wie immer gemurrt, „das Tempo sei für die Tiere viel zu hoch“, und: „Wozu überhaupt diese Eile?“

Vor dem Lazarettgelände wartete ein Mann, offensichtlich ein Leichtverwundeter. Er zog sein rechtes Bein nach und stützte sich auf einen Stock, als er der Einheit entgegenhumpelte. „Ist einer unter euch, der Sébastien heißt?“, rief er. Sébastien trat aus der Gruppe, in der er marschiert war, heraus – „was ist, Kamerad?“, fragte er etwas außer Atem.

„Albert ist tot – dein Freund ist gestern gestorben, er ist dort hinten begraben, da, auf dieser Wiese.“ Und er zeigte mit seinem linken Arm auf ein nahe gelegenes Gelände, das sich neben einem Obstgarten befand. Und dann holte er aus seiner Hosentasche ein Lederband hervor, das Albert getragen hatte – „das soll ich Dir geben.“

Albert war tot. Sébastien fühlte die Tränen in seinen Augen, er taumelte über den Feldweg, beinahe wäre er in einen Graben gefallen. Einige Soldaten eilten hinzu, um ihn zu stützen. Ich muss es seiner Familie mitteilen – das war sein erster Gedanke, nachdem er sich wieder gefasst hatte.

„Cher Père, Albert est mort" – mit diesen Worten begann der Brief, den Sébastien einem Regimentssekretär diktiert hatte. Er hatte lange suchen müssen, bis er auf einen Kameraden gestoßen war, der des Schreibens kundig war. Und es hatte langes Zureden bedurft, bis der Mann endlich zur Feder gegriffen hatte. Erst als Sébastien ihm einige Flaschen Wein anbot, war man sich einig geworden.

„Dein Sohn ist gefallen, für die Französische Republik, für ihre Ideale: Freiheit, Gleichheit, Brüderlichkeit", so lautete der erste Satz, den übrigens der Sekretär formulierte, weil Sébastien zunächst nichts einfiel – doch er besann sich dann schließlich und erzählte die Geschichte dieses Feldzuges.

„Wir sind hier in Deutschland, nahe des großen Flusses Rhein, unsere Sambre-Maas-Armee, eine Armee des französischen Volkes, das die Fesseln der Knechtschaft abgeworfen hat, eine Armee der Republik, der Dein Sohn angehörte, hat große Siege gegen die Österreicher und die Söldner ihres Kaisers errungen. So stießen wir – nach unserem neuen Kalender gerechnet – am elften Tag des Monats Vendémiaire, am frühen Morgen, in der Nähe eines kleinen Ortes – ich habe mir seinen Namen gemerkt: Die Deutschen nennen ihn Aldenhoven – in Sichtweise des Flüsschens Roer auf den Feind. Um 11 Uhr fiel der erste Schuss und dann ging das Geknatter los, und wir sahen, wie feindliche Vorposten zurückliefen. Bald mischte sich auch der Donner der Kanonen ein, es hieß, unser Bataillon gehöre zum zweiten Treffen, nach kaum einer halben Stunde hieß es: Vorwärts marsch! Und wir standen in Schussweite der feindlichen Kanonen, unsere flinke Marketenderin lief noch von einem zum anderen und schenkte fleißig Wein ein – die Ärmste, sie war die erste Verwundete, eine Kanonenkugel zerschmetterte ihr den linken Fuß, sie wurde fortgetragen. Nur 200 Schritte von uns befand sich unser kommandierender General, der Bürger Jourdan, der das Gefecht beobachtete. Plötzlich kam ein Adjutant

zum General gesprengt, und wieder hieß es: Vorwärts marsch! In den feindlichen Kugelregen hinein! Unsere Aufgabe war es, einige Anhöhen zu nehmen, die der Feind besetzt hatte. 300 bis 400 Schritt davor machten wir halt, es wurden Tirailleurs vorausgeschickt. Jetzt hieß es: Werft euch nieder! Vor uns war ein Graben, in den sich unsere Einheit warf, ich fand keinen Platz mehr in dem Graben, erwischte aber eine hohle Weide, hinter welcher ich mich der Länge nach hinwarf. Die Kugeln pfiffen nur so über uns weg, einige schlugen auch an meine hohle Weide – jetzt wieder eine, und ich fühlte einen Schlag am rechten Fuß, ich sah geschwind hin, es war jedoch nur eine ganz matte Kugel gewesen. So richtig gemütlich war mir hinter diesem Baum indessen nicht, denn es ist eine fatale Empfindung, ohne sich verteidigen zu können, abzuwarten, ob man eins abbekommt. Mehrere unserer Kameraden wurden hier schon verwundet oder totgeschossen, ein neues Kommando hieß uns jetzt aufstehen: Zum Sturm! Wir gingen im Sturmschritt auf die Anhöhe zu, der Feind retirierte teils, teils versteckte er sich hinter Bäumen und feuerte weiter wild auf uns. Unser Haufe schaffte es, die Österreicher zu verjagen, sie rannten den Hügel herunter in ein kleines Dorf, wir teilten uns, sie zu verfolgen, Albert und ich gehörten zu denen, welche auf der rechten Seite auf ein Gehöft zuliefen, das schon brannte, wo es Kugeln in Mengen regnete, von denen jedoch keine traf. Endlich stürzten neun Mann Kaiserliche aus dem Haus und das Handgemenge begann, ich bekam einen unbedeutenden Bajonettstich in die linke Hand, fünf Österreicher wurden von uns erstochen oder mit dem Kolben erschlagen, die anderen vier baten um Pardon und wurden als Gefangene weggeführt. Wir waren etwa 20 Mann, die in einen Garten rannten, hinter dessen Mauern wir Schutz fanden und auf retirierende Feinde schießen konnten. Jenseits des Dorfes stießen wir auf die hinabführende Straße – und feuerten mit dem schönsten Effekt auf den freistehenden Feind! Wären Kanonen und Kavallerie bei der Hand gewesen, so wäre das von großem Nutzen gewesen. Dennoch machte der Feind Miene, weiter zurückzugehen. Hier erhielt einer unserer Kameraden, Pierre,

einen Schuss durch die Lende, Albert und ich trugen ihn hinter die Linie, er blutete stark, wir legten ihm einen Schwamm auf den Kopf und verbanden ihn so gut es ging. Dann avancierten wir wieder zu unserer Abteilung, die sich an einem sehr gefährlichen Platz aufhielt, wo Kanonenkugeln einschlugen, eine halbe Stunde lang, wir lagen auf der Erde, dann ging es im Sturmschritt erneut durchs Feuer, bis wir endlich einen Graben erreichten, der eineinhalb Fuß voll Wasser stand. Nun aber sahen wir, dass der Feind endgültig wich, als es zu dunkeln begann. Nach einer halben Stunde stießen wir auf einen Teil unseres Bataillons, Füsiliere und Gardejäger, welche sich gesammelt hatten, der Kanonendonner währte dann noch bis gegen neun in der Nacht. Brennende Dörfer begrenzten den Horizont, leuchteten uns, die wir auf dem Schlachtfeld biwakierten. Um vier Uhr früh wurden wir zum Aufbruch befohlen, wir sollten Verwundete bergen und auf Karren ins nächste Lazarett transportieren. Wir erfuhren aber auch, dass wir gesiegt hatten – es war ein glorreicher Sieg für die Republik! „Wie's auch immer kommen mag", sagten wir uns, „so lange unsere Herzen noch schlagen, wird kein Franzos' verzagen."

Albert und ich, cher Père, gehörten nach dieser mörderischen Schlacht zu einer Einheit, die einem Tross Verwundeter und einigen Wagen mit Nachschub als Begleitschutz zugeordnet war – dieser Schutz war bitter nötig, wir befanden uns schließlich mitten im Feindesland. Bei Juliers, der Stadt, in deren Nähe einst Chlovis, der erste König der Franken, die Alemannen besiegt hatte, gab es noch eine Brücke, die wir benutzen konnten und so gelangten wir am Nachmittag des nächsten Tages schließlich in die Nähe dieser Ortschaft Königshoven, in der – so hatte es irgendjemand aus dem Kommando beschlossen – eine Sammelstelle für unsere Verwundeten eingerichtet werden sollte. Wir nahmen vorsichtshalber nicht die Hauptstraße, sondern folgten einem aufgewühlten, morastigen Talweg entlang eines kleinen Baches, des Sothbaches, wie ich später erfuhr. Und hier ist es passiert, am späten Nachmittag – plötzlich fiel ein Schuss, der Himmel weiß, wer ihn abgefeuert hat, Albert, der vor mir, neben einem

mit Nachschubgütern beladenen Wagen, marschierte, fiel auf der Stelle um. Er blutete, eine Kugel hatte seine linke Brust knapp neben der Achselhöhle durchschlagen, er war ohnmächtig geworden. Ich griff ihm unter die Arme, hob ihn auf, ich schrie den Fahrer des Wagens an, Platz zu machen für den Verwundeten, der Mann sah mich an wie ein Irrer, dann hielt er den Wagen an, sprang vom Bock herunter, ging ans hintere Ende und lockerte die Seile eines ausgedienten Pulverfasses, das sogleich vom Wagen herunterfiel. Ich legte Albert auf den Wagen, setzte mich neben ihn und rief nach einem Sanitäter, der Verbandszeug mitbrachte.

Wir Grenadiere waren zum Schutz der Sanitäter abgestellt – aber immer wieder mussten auch wir nach den Gefechten feststellen, wie wenig man für die unglücklichen Verwundeten tun konnte, es gebricht allen Anstalten zur Hilfeleistung. So tapfer unsere Armeen auch kämpfen: Um unser Lazarettwesen ist es ganz schlecht bestellt. Die Wundärzte verbinden und amputieren zwar schon während der Kämpfe und in den Tagen danach eine große Menge Verwundeter, aber Tausende bleiben ohne Verband und sterben. Es fehlt an Beförderungsmitteln, sie fortzuschaffen, denn in den verheerten und verlassenen Ortschaften lassen sich meistens keine Karren auftreiben, deshalb blieben viele, die bereits verbunden waren, einfach liegen und kamen dann um. Die leicht Verwundeten und die, welche einigermaßen kriechen konnten, schleppten

Die Flintensteine benutzte man in Steinschlossgewehren zum Zünden des Pulvers.

Detail eines Batterieschlosses mit eingesetztem französischen Flintenstein.

sich den Truppen nach oder gingen auf gut Glück ein Stück zurück, bis sie irgendwo eine verlassene Hütte fanden – oder gleichfalls den Tod. Manche suchten in den seitwärts des Schlachtfeldes gelegenen Ortschaften Zuflucht und man erzählt, dass viele von ihnen von den Deutschen umgebracht worden seien, was ich indessen nicht glaube.

Ich hatte dafür Sorge getragen, dass Albert, der wieder zu sich gekommen war, gut verpflegt wurde, ja, ich hatte ihm sogar ein Bett in diesem provisorischen Hospital verschafft. Später ging ich in die Scheune, wo sich Szenen des Jammers und Elends auf Schritt und Tritt darboten, mir wurde wegen des üblen Geruchs schlecht, ich eilte schnell wieder hinaus. Denn in der Scheune waren Schwerverletzte untergebracht, auf nacktem Fußboden, zwischen Kot und Kehricht gebettet, so siechten sie dahin. Der Gestank modernder Körper drang bis in den Hof, das Ächzen und Stöhnen der Sterbenden quälte mich noch in der folgenden Nacht, Klagen und Verwünschungen, Schmerz und Verzweiflung allerorten, in den eiternden Wunden setzte sich Ungeziefer fest, aber es

waren zu wenig Ärzte da, die die Unglücklichen pflegten und ihre Wunden reinigten. Die meisten derer, die starben, waren gerade mal 15, 16 Jahre alt, ich habe nur wenige gesehen, die älter waren. Viele von ihnen stammten aus dem Süden, aus Marseille und Umgebung. Das Schlimmste aber war, dass auch jene, die nur leichte Schuss- oder Hiebverletzungen erlitten hatten, dahinsiechten, an ihren Wundinfektionen, an Wundstarrkrampf, an Typhus oder Ruhr starben. Ich ging schnell wieder hinaus. Und ich war froh, dass ich zu denen gehörte, die am nächsten Morgen beim Vormarsch gegen die Stadt Cologne dabei sein sollten.

Doch bevor wir loszogen, erinnerte mich dieser mürrische Viehtreiber, der den Karren gelenkt hatte, dass wir zurück zum Bach gehen müssten, es gelte, das Pulverfass zu bergen. „Da sind mindestens 5000 Flintensteine drin!", murmelte er. Unsere Einheit war mit großkalibrigen Steinschloss-Infanteriegewehren ausgestattet, jede Truppe musste in ihrem Tross eine ausreichende Menge an Flintensteinen mit sich führen. Er hatte ein Packpferd besorgt, schweigend machten

Das „Corps de la Place de Juliers" präsentiert den Einsatz von Geschützen, hier an der Österreichischen Schanze in Blankenheim.

wir uns auf den Weg. Als wir uns der Stelle näherten, wo sich das Unglück abgespielt hatte, blickte der Mann ratlos um sich, er lief den Hang des Bachtals hinauf, schüttelte den Kopf – weit und breit kein Pulverfass zu sehen, im feuchten, aufgewühlten Untergrund waren nur noch die Spuren der Wagenräder zu sehen. „Die Deutschen, diese verfluchten Deutschen – sie haben unsere Flintensteine geklaut!" Ich war mir da nicht ganz so sicher – natürlich war für die Bauern die Versuchung groß, sich in den Besitz dieser begehrten Ware zu setzen; vielleicht hatten aber nachrückende Kameraden das Fass geborgen. Es tauchte jedenfalls, so hörte ich später, nie wieder auf.

Heute bin ich, nachdem ich zehn Tage in Cologne gelegen habe, zurückgekehrt in dieses Hospital, ich wollte Albert gesund pflegen – doch er ist gestorben, an Wundstarrkrampf, wie mir ein Medicus erzählte. Albert est mort.

Ich bin in großer Trauer mit Euch vereint, cher Père.

Euer Sébastien Regnier

22 vendémiaire des Jahres III der Französischen Republik, im Feindesland."

Die Spur des Soldaten Regnier hat sich dann verloren.

Die Fahne, die die Truppen eines der Kommandeure der Sambre-Maas-Armee, des Generals Jean Baptiste Bernadotte, bei der Überquerung der Rur in der Nähe von Ratheim mitgeführt hatten, erhielt später die Inschrift „Aldenhoven". Dies ist auch der Name, der als Ort des Sieges der französischen Armee im Arc de Triomphe in Paris eingraviert worden ist. In französischen Quellen wird diese Schlacht auch als die von Jülich (frz. Juliers) bezeichnet.

Abbildungsnachweis

Titel oben, S. 118: A. Schuler, LVR-Amt für Bodendenkmalpflege im Rheinland

Titel unten, S. 18, 20, 26, 30; 37, 45, 46, 84, 90, 94, 102: LVR-LandesMuseum Bonn

Rückseite, S. 8, 16, 24, 32, 40, 48, 56, 64, 72, 80, 88, 96, 104, 112, 120, 128, 136, 144, 152, 160: F. Spangenberg

S. 10, 58, 62, 70, 86, 106, 165, 167: M. Thuns, LVR-Amt für Bodendenkmalpflege im Rheinland

S. 13: aus J. Thissen, Die Neanderkirche von 1843 – ein „neues" Bild von Neanders Thal. Archäologie im Rheinland 2004 (Stuttgart 2005) S. 35 Abb. 14a

S. 14: Neanderthal Museum Mettmann

S. 18, 20, 26, 30, 37, 45, 46, 84, 90, 94, 102: LVR-LandesMuseum Bonn

S. 22: aus M. Street, in: H. Hellenkemper, H. G. Horn, H. Koschik, B. Trier (Hrsg.), Geschichte im Herzen Europas – Archäologie in Nordrhein-Westfalen. Katalog der Landesausstellung Nordrhein-Westfalen 1990 (Köln 1990) S. 121

S. 29: U. Geilenbrügge, LVR-Amt für Bodendenkmalpflege im Rheinland

S. 35: Th. Ibeling, Martin Wurzel Archäologie und Umwelttechnik GmbH

S. 38: A. Rüschmann, Institut für Ur- und Frühgeschichte, Universität zu Köln

S. 42, 92: St. Taubmann, LVR-LandesMuseum Bonn

S. 43, 59, 139, 141, 142, 163: LVR-Amt für Bodendenkmalpflege im Rheinland

S. 44: S. Mentzel, LVR-Amt für Bodendenkmalpflege im Rheinland

S. 50: Th. Zühmer, Rheinisches Landesmuseum Trier

S. 77, 99, 109: A. Thünker DGPh, Bad Münstereifel

S. 53: H. Lilienthal, LVR-LandesMuseum Bonn

S. 54, 75: © Römisch-Germanisches Museum Köln/Rheinisches Bildarchiv Köln

S. 61: M. Weber, Gemeinde Nettersheim

S. 67: H. Stahl, Modell Lichhof 12, Köln

S. 69: F. R. Lenz

S. 78: J. Hermanns, LVR-Amt für Bodendenkmalpflege im Rheinland

S. 83: www.legio8augusta.de, Fotos M. Böttler

S. 85: J. J. M. Wippern, LVR-Amt für Bodendenkmalpflege im Rheinland

S. 93: W. Gaitzsch, LVR-Amt für Bodendenkmalpflege im Rheinland

S. 100: J. Christen, Reiss-Engelhorn-Museen Mannheim

S. 111: G. M. Forneck

S. 115, 122/123, 125, 147: D. Franzen, LVR-Amt für Bodendenkmalpflege im Rheinland

S. 116: F. Lürken, LVR-Amt für Bodendenkmalpflege im Rheinland

S. 124: S. Schmies, LVR-LandesMuseum Bonn, nach W. Czysz, Die ältesten Wassermühlen. Archäologische Entdeckungen im Paartal bei Dasing (Thierhaupten 1998) S. 21

S. 131: W. Schürmann, LVR-Amt für Bodendenkmalpflege im Rheinland

S. 132: Herzog August Bibliothek Wolfenbüttel: [Signatur: Cod. Guelf. 3.1 Aug. 2°, folio 37r]

S. 133: W. Schürmann, LVR-Amt für Bodendenkmalpflege im Rheinland

S. 138: G. Amtmann, LVR-Amt für Bodendenkmalpflege im Rheinland

S. 148, 150: J. Janssens, LVR-Amt für Bodendenkmalpflege im Rheinland

S. 149: aus: M. Schmauder, Die Glockengussstelle von St. Pankratius in Garzweiler. Archäologie im Rheinland 2000 (Stuttgart 2001) S. 122 Abb. 108

S. 155: A. Brown, LVR-Amt für Bodendenkmalpflege im Rheinland

S. 157: E. Rogge nach Vorlage L. Velling, LVR-Amt für Bodendenkmalpflege im Rheinland

S. 158: © Dombauarchiv Köln, Matz und Schenk

S. 166: K. Drechsel, LVR-Amt für Bodendenkmalpflege im Rheinland